DIETER KLEMM

Der Zwischenausschuß nach dem Grundgesetz
und der Bayerischen Verfassung

Schriften zum Öffentlichen Recht

Band 142

Der Zwischenausschuß
nach dem Grundgesetz und der
Bayerischen Verfassung

Von

Dr. Dieter Klemm

DUNCKER & HUMBLOT / BERLIN

Alle Rechte vorbehalten
© 1971 Duncker & Humblot, Berlin 41
Gedruckt 1971 bei Buchdruckerei Richard Schröter, Berlin 61
Printed in Germany

ISBN 3 428 02378 1

Vorwort

Der „ständige Ausschuß" (Art. 45 GG) und der Zwischenausschuß (Art. 26 BV) sind von der jeweiligen Verfassung zwingend vorgeschriebene Institutionen. Dennoch sind der „ständige Ausschuß" noch nie und der bayerische Zwischenausschuß nur in den ersten Nachkriegsjahren tätig geworden, obwohl beide Verfassungen auf eine mehr als zwanzigjährige Geschichte zurückblicken können. Diese Diskrepanz zwischen Verfassungstext und Verfassungswirklichkeit, welche durch die von der h. L. vorgenommene Einreihung des Ausschusses in die wenigen (eine Verfassung maßgeblich prägenden) eigenständigen Verfassungsorgane noch augenfälliger wird, bildete den Anlaß zur vorliegenden Untersuchung. Die Arbeit, welche die parlamentarische Regierungskontrolle behandeln muß, soll auch ein Beitrag zum gewandelten Verständnis des Verhältnisses zwischen Parlament und Regierung sein.

Die vorliegende Abhandlung hat als Inaugural-Dissertation der Juristischen Fakultät der Ludwig-Maximilians-Universität München vorgelegen.

Für die Anregung zu diesem Thema und vor allem für die stete und wertvolle Hilfsbereitschaft, die sich zudem nicht auf den rein fachlichen Bereich beschränkte, danke ich ganz besonders meinem verehrten Lehrer, Herrn Privatdozent Dr. Heinrich Scholler. Der Wissenschaftlichen Abteilung des Deutschen Bundestags, dem Landtagsamt des Bayerischen Landtags sowie Herrn Ströbele im Archiv des Bayerischen Landtags danke ich für ihre aufschlußreichen Hinweise. Zu großem Dank bin ich schließlich verpflichtet Herrn Ministerialrat a. D. Dr. J. Broermann für die Aufnahme der Arbeit in sein Verlagsprogramm und dem Stifterverband für die Deutsche Wissenschaft für das mir gewährte Stipendium.

Dieter Klemm

Inhaltsübersicht

Erster Teil

Die Rechtsstellung des Zwischenausschusses

§ 1 Einleitung	15
§ 2 Der Organbegriff	16
I. Die Notwendigkeit der Begriffsklärung	16
II. Das Organ im normativen Sinn	18
1. Das Organ als Zuständigkeitskomplex	18
2. Das Organ als Subjekt	19
3. Das Organ als Subjekt transitorischer Wahrnehmungszuständigkeiten	20
4. Organ und Organwalter	20
§ 3 Eigenständiges Verfassungsorgan und Unterorgane: das Parlament und die Parlamentsausschüsse	21
A. *Das eigenständige Verfassungsorgan*	21
I. Begriff	21
1. Die organisatorische Eigenständigkeit	21
2. Das Verfassungsorgan	22
II. Insbesondere: das Parlament	22
B. *Die Unterorgane*	23
I. Das Wesen der „Organe" nichtrechtsfähiger Organisationen	23
II. Die Parlamentsausschüsse	24
§ 4 Der Zwischenausschuß als Unterorgan des Parlaments (organisatorische Einordnung)	25
A. *Der Zwischenausschuß als subjektivierter Zuständigkeitskomplex*	25
1. Der Ausschuß nach Art. 45 GG	25
2. Der Ausschuß nach Art. 26 BV	26
B. *„Eigenständigkeit" des Zwischenausschusses*	26
I. Die organisatorische Stellung auf Grund der Art. 45 GG und 26 BV	26
1. Wortlaut	26
2. Systematische Stellung	27
3. Aufnahme der Art. 45 GG und 26 BV in die Staatsverfassungen	28

        4. Art. 45 GG im Zusammenhang mit anderen Verfassungsartikeln 29
           a) Art. 49 GG 29
           b) Art. 93 I Nr. 1 GG i. V. m. § 63 BVerfGG 30
    II. Die Geschäftsordnungen des Deutschen Bundestags und des Bayerischen Landtags 31
        1. Geschäftsordnung des Deutschen Bundestags 31
        2. Geschäftsordnung für den Bayerischen Landtag 32
    III. Organisatorische Einordnung 33
        1. Art. 45 GG 33
        2. Art. 26 BV 34

§ 5 Funktionelle Einordnung des Zwischenausschusses 35
    I. Der funktionelle Aspekt des Organbegriffs 35
    II. Wahrung der Rechte des Parlaments gegenüber der Regierung zwischen zwei Wahlperioden 35

§ 6 Das Parlament als Substrat der Zurechnung des Zwischenausschuß-Verhaltens 39
    I. Fragestellung 39
    II. Der Zwischenausschuß als Organ der Institution Parlament 40
        1. Das Parlament — die Parlamente 40
        2. Die Kontinuität der Institution Parlament 41
        3. Die Institution Parlament als Substrat der Zurechnung des Zwischenausschuß-Verhaltens 42
    III. Organ eines konkreten Parlaments? 43
        1. Organ des auseinandergegangenen Parlaments? 43
           a) „Organ-Kontinuität" des Zwischenausschusses 43
           b) Grundsatz der personellen Diskontinuität 44
        2. Der Zwischenausschuß nach Art. 26 BV „außerhalb der Tagung" 46
           a) Der Landtag „außerhalb der Tagung" 46
           b) Der Zwischenausschuß „außerhalb der Tagung" als Organ des konkreten Landtags 50
           c) Folgerungen aus der Rechtsstellung während der Wahlperiode auf die Rechtsstellung zwischen zwei Wahlperioden? 51
        3. Organ des künftigen Parlaments? 52

§ 7 Überblick über die Geschichte des Zwischenausschusses 53
    I. Gemeindeutsches Verfassungsrecht 53
    II. Die Verfassung des Deutschen Reichs vom 16. 4. 1871 56
        1. Die Kommissionen 56
        2. Die Ausfüllung der Tagungslücken 57
        3. Die parlamentarische Kontrolle der Regierung 57
    III. Tendenzen zur Bildung eines Zwischenausschusses bis zur Weimarer Verfassung 58
        1. Erweiterte Zuständigkeit des Reichshaushaltsausschusses 58
        2. Der Hilfsdienstausschuß des Reichstags 59

Inhaltsübersicht

IV. Der Zwischenausschuß der Weimarer Verfassung 60
V. Die Entstehungsgeschichte von Art. 45 GG 61
VI. Die Entwicklung des Zwischenausschusses in Bayern 62
VII. Folgerungen aus der Geschichte des Zwischenausschusses für dessen Rechtsstellung 62

Zweiter Teil

Die Funktionen der Zwischenausschüsse nach Art. 45 GG und Art. 26 BV

§ 1 Der Tätigkeitszeitraum der Zwischenausschüsse 64
    A. Die Zeitspanne zwischen zwei Wahlperioden 65
        I. Beginn des Tätigkeitszeitraums 65
            1. Beendigung der Wahlperiode durch Zeitablauf 65
            2. Auflösung des Parlaments 65
                a) Bundestag 65
                b) Landtag 66
            3. Abberufung des Landtags 66
        II. Ende des Tätigkeitszeitraums 67
            1. Art. 45 GG 67
            2. Art. 26 BV 68
    B. „Außerhalb der Tagung" (Art. 26 BV) 69
    C. Zutreffende Benennung 71

§ 2 Die Aufgabe der Zwischenausschüsse 71
        I. Der Begriff „Regierung" in Art. 45 GG und Art. 26 BV 72
            1. Die „Bundesregierung" in Art. 45 I 1 GG. Ihre parlamentarische Verantwortung 72
            2. Die „Staatsregierung" in Art. 26 I 1 GG 76
        II. Wahrung der Rechte des Parlaments gegenüber der Regierung .. 77
            1. Verwaltungskontrolle 78
            2. Das leitende Prinzip der Kontrolle 79
            3. Bereich der Rechtsetzung 81
                a) Verordnungen 81
                b) Gesetzesvorbereitung 82
            4. Der Zwischenausschuß als Bindeglied zwischen Regierung und Parlament 83

§ 3 Negative Abgrenzung des Aufgabenkreises 83
        1. Auswärtige Angelegenheiten 83
        2. Wehrkontrolle 86
        3. Fortführung der laufenden Geschäfte des Parlaments 87

§ 4 Die Befugnisse (negative Abgrenzung) 87
    A. Aufgabe und Befugnis 87

Inhaltsübersicht

B. *Negative Abgrenzung der Befugnisse*	89
I. Beschränkung auf die Befugnisse des Parlaments	89
II. Die dem „ständigen Ausschuß" nach Art. 45 II GG ausdrücklich entzogenen Befugnisse	92
1. Gesetzgebungsrecht	92
2. Recht der Bundeskanzlerwahl	93
III. Die dem Zwischenausschuß nach Art. 26 I 2 BV ausdrücklich entzogenen Befugnisse	94
1. Recht der Ministeranklage	94
2. Das Recht, Gesetze zu beschließen und Volksbegehren zu behandeln	94
IV. Weitere Abgrenzungen der Ausschuß-Befugnisse	95
1. Nur Befugnisse eines Untersuchungsausschusses?	96
2. Auf das Plenum zugeschnittene Rechte	96
3. „Generelles Verbot irreparabler Maßnahmen"	97
4. Weisungsfreiheit des Zwischenausschusses	99
V. Übertragung der dem Zwischenausschuß versagten Rechte	100
§ 5 Informationsbefugnisse	101
I. Rechte eines Untersuchungsausschusses	102
II. Zitierungsrecht und Zutritts- und Anhörungsrecht der Regierungsmitglieder	104
1. Art. 43 GG, Art. 24 BV	104
a) Zitierungsrecht	104
b) Zutritts- und Anhörungsrecht der Regierungsmitglieder	105
2. Fragerecht (Interpellationsrecht)	106
§ 6 Befugnisse bei Feststellung zu beanstandender Maßnahmen	108
I. Vorbereitung von Beschlüssen des Plenums	108
II. Recht zur Einberufung des Parlaments	108
III. Entschließungen an die Regierung	110
IV. Petitionsüberweisungsrecht	111
V. Kontrolle durch die „öffentliche Meinung"	112
VI. Der Zwischenausschuß als Antragsteller in der Organstreitigkeit	113
1. Der Ausschuß nach Art. 45 GG	113
2. Der Ausschuß nach Art. 26 BV	115
§ 7 Der Zwischenausschuß als Notstandsorgan?	116
I. Nach dem GG	116
II. Nach der BV	117
§ 8 Die Rechte der Mitglieder des Zwischenausschusses	119
1. Immunität	120
2. Die weiteren Rechte	121

§ 9 Der Zwischenausschuß als parlamentarisches Hilfsorgan 122
    I. Kein Verfassungsorgan im funktionellen Sinn 122
    II. Kein Parlament 123
    III. Parlamentarisches Hilfsorgan 124
    IV. Der Zwischenausschuß als Behörde 124

Dritter Teil

Die Bestellung, die Organisation und das Verfahren des Zwischenausschusses

§ 1 Bestellung und Zusammensetzung 126
    1. Bestellung 126
    2. Stärke und Zusammensetzung 127
    3. Die Ausschußmitglieder 127
    4. Konstituierung und Vorsitz 128
§ 2 Geschäftsordnung und Geschäftsgang 128
    I. Geschäftsordnung 128
       1. Keine unmittelbare Geltung der Geschäftsordnung des Parlaments für den Zwischenausschuß 129
       2. Die „Ständigkeit" der Ausschüsse nach Art. 45 GG und § 61 GeschO BT 130
       3. Anwendbarkeit der Vorschriften der Geschäftsordnung über die Ausschüsse 130
    II. Das Verfahren im einzelnen 131
       1. Einberufung 131
       2. Öffentlichkeit 132
       3. Weitere Verfahrensregeln 133

Schlußbetrachtung

Staatspolitische Zweckmäßigkeit des Zwischenausschusses   134

Leitsätze   139

Anlagen   142

Literaturverzeichnis   144

Abkürzungsverzeichnis

a. A.	anderer Ansicht; am Anfang
Abg.	Abgeordneter
Alt.	Alternative
Annalen des DR	Annalen des Deutschen Reichs
AöR	Archiv des öffentlichen Rechts (Tübingen)
arg.	argumentum
Bay BS	Bereinigte Sammlung des bayerischen Landesrechts
Bay VBl	Bayerische Verwaltungsblätter (München)
BGBl	Bundesgesetzblatt
BT	Bundestag
BV	Verfassung des Freistaates Bayern vom 2. 12. 1946 (Bay BS I S. 3)
BV 1919	Verfassungsurkunde des Freistaates Bayern vom 14. 8. 1919 (GVBl S. 531)
BVerfG	Bundesverfassungsgericht
BVerfGG	Gesetz über das Bundesverfassungsgericht vom 12. 3. 1951 (BGBl III 1104-1)
Diss.	Dissertation
DJZ	Deutsche Juristen-Zeitung (München, Berlin)
DÖV	Die öffentliche Verwaltung (Stuttgart, Köln)
DV	Deutsche Verwaltung (Hamburg)
DVBl	Deutsches Verwaltungsblatt (Köln, Berlin)
E	Entscheidungen (in amtlicher Sammlung)
Gem GeschO II BMin	Gemeinsame Geschäftsordnung der Bundesministerien, Besonderer Teil (abgedruckt bei Lechner-Hülshoff, S. 399 ff.)
GeschO BReg	Geschäftsordnung der Bundesregierung vom 11. 5. 1951 (GMBl S. 137 i. d. F. vom 17. 3. 1967, GMBl S. 130 und vom 27. 7. 1967, GMBl S. 430)
GeschO BT	Geschäftsordnung des Deutschen Bundestages (BGBl III 1101-1); zuletzt geändert durch Bekanntmachung vom 4. 7. 1969, BGBl I S. 779
GeschO LT	Geschäftsordnung für den Bayerischen Landtag vom 1. 10. 1968
GeschO RT	Geschäftsordnung für den Reichstag vom 12. 12. 1922 (RGBl 1923 Teil II S. 101)
GG	Grundgesetz für die Bundesrepublik Deutschland vom 23. 5. 1949 (BGBl S. 1); zuletzt geändert durch 26. Gesetz zur Änderung des GG vom 26. 8. 1969 (BGBl I S. 1357)
GMBl	Gemeinsames Ministerialblatt
GVBl	Gesetz- und Verordnungsblatt
HChE	Entwurf des sog. Verfassungskonvents, der vom 10. - 23. 8. 1948 in Herrenchiemsee tagte
HdbDStR	Handbuch des Deutschen Staatsrechts, herausgegeben von Gerhard Anschütz und Richard Thoma, 2 Bände, Tübingen 1930 bzw. 1932

h. L.	herrschende Lehre
h. M.	herrschende Meinung
JöR	Jahrbuch des öffentlichen Rechts (Tübingen)
JuS	Juristische Schulung (München, Frankfurt)
JZ	Juristenzeitung (Tübingen)
LT	Landtag
LWG	Gesetz über Landtagswahl, Volksbegehren und Volksentscheid i. d. F. der Bekanntmachung vom 14. 4. 1968 (GVBl S. 81); geändert durch Gesetz vom 24. 6. 1969 (GVBl S. 149)
MDR	Monatsschrift für Deutsches Recht (Hamburg)
n. F.	neue Folge
NJW	Neue Juristische Wochenschrift (München, Berlin)
OVG	Oberverwaltungsgericht
OVGE	Entscheidungen der Oberverwaltungsgerichte in Münster und Lüneburg
Preuß. Verf.	Verfassung des Freistaates Preußen
PVS	Politische Vierteljahresschrift (Köln, Opladen)
RGBl	Reichsgesetzblatt
RGSt	Entscheidungen des Reichsgerichts in Strafsachen
RGZ	Entscheidungen des Reichsgerichts in Zivilsachen
RiA	Das Recht im Amt (Neuwied/Rh., Berlin)
RT	Reichstag
RT Verh.	Verhandlungen des Reichstags
RV	Verfassung des Deutschen Reichs vom 16. 4. 1871 (RGBl S. 64) i. d. F. aller Änderungen bis zur Aufhebung durch Art. 178 WV
Sp.	Spalte
StaatsGH	Staatsgerichtshof
Sten. Ber.	Stenographische Berichte
U.	Urteil
Verf.	Verfassung
Verf.A.	Verfassungsausschuß
VerfGH	Verfassungsgerichtshof
Verh. d. DJT	Verhandlungen des Deutschen Juristentages (Tübingen)
Verw.-Arch.	Verwaltungsarchiv (Köln, Berlin)
VGH	Verwaltungsgerichtshof
VVDStRL	Veröffentlichungen der Vereinigung der Deutschen Staatsrechtslehrer (Berlin)
WV	Verfassung des Deutschen Reichs vom 11. 8. 1919 (RGBl S. 1383) (Weimarer Verfassung)
ZgesStW	Zeitschrift für die gesamte Staatswissenschaft (Tübingen)

Erster Teil

Die Rechtsstellung des Zwischenausschusses

§ 1 Einleitung

Den Gegenstand der Untersuchung bilden der „ständige Ausschuß" nach Art. 45 GG[1] und der Zwischenausschuß nach Art. 26 BV[2].

Die Institution des Zwischenausschusses ist nicht traditionslos, sondern hat Vorbilder in der WV (Art. 35 II, III) bzw. in der BV 1919 (§ 30 III, IV) und in früheren Verfassungen. Die Vergleiche, mit denen man die Institution zu erklären versucht, zeigen, daß dennoch deren Rechtsstellung nicht ohne Schwierigkeiten zu erfassen ist. So hat man beispielsweise den Zwischenausschuß „Rumpfparlament" oder „kleiner Landtag" genannt[3]. Abgesehen von den Deutungen ohne juristisch exakte Aussage über die Rechtsstellung des Ausschusses lassen sich zwei Auffassungen über die rechtliche Stellung unterscheiden: der Zwischenausschuß ist entweder eigenständiges Verfassungsorgan oder Unterorgan des Parlaments[4].

Die Untersuchung der Rechtsstellung ist deshalb nötig, weil zwischen dieser und den Ausschußbefugnissen eine Wechselbeziehung besteht[5].

---

[1] „Der Bundestag bestellt einen ständigen Ausschuß, der die Rechte des Bundestages gegenüber der Bundesregierung zwischen zwei Wahlperioden zu wahren hat. Der ständige Ausschuß hat auch die Rechte eines Untersuchungsausschusses.
Weitergehende Befugnisse, insbesondere das Recht der Gesetzgebung, der Wahl des Bundeskanzlers und der Anklage des Bundespräsidenten stehen dem ständigen Ausschuß nicht zu." — Er hat im Deutschen BT die Bezeichnung „Ausschuß zur Wahrung der Rechte der Volksvertretung".

[2] „Der Landtag bestellt zur Wahrung der Rechte der Volksvertretung gegenüber der Staatsregierung und zur Behandlung dringlicher Staatsangelegenheiten für die Zeit außerhalb der Tagung und nach Beendigung der Wahldauer sowie nach der Auflösung oder der Abberufung des Landtags bis zum Zusammentritt des neuen Landtags einen Zwischenausschuß. Dieser Ausschuß hat die Befugnisse des Landtags, doch kann er nicht Ministeranklage erheben und nicht Gesetze beschließen oder Volksbegehren behandeln. Für diesen Ausschuß gelten die Bestimmung des Art. 25."

[3] Unten 2. Teil § 9.

[4] Unten 1. Teil § 6.

[5] Vgl. *Dennewitz-Schneider*, in: Bonner Kommentar, Art. 45 Anm. II 1; *Abicht*, S. 12; sowie *Kipp*, DÖV 1957, S. 513, 515.

Welche Rechte der Ausschuß im einzelnen hat, läßt sich nur aus seiner Rechtsstellung folgern. Zu deren Bestimmung wiederum tragen wesentlich die ausdrücklichen Angaben in Art. 45 GG (26 BV) über die Rechte bei, die dem Zwischenausschuß zustehen oder versagt sind. Die Rechtsstellung des Interimsorgans ist außerdem maßgebend für dessen Stellung in Organstreitigkeiten und für die Geltung der Parlaments-Geschäftsordnungen für den Ausschuß.

Damit ist auch der Aufbau der Arbeit vorgezeichnet. In diesem ersten Teil wird die Rechtsstellung des Ausschusses untersucht, wobei so weit wie nötig die Ausschußfunktionen einbezogen werden, die dann im zweiten Teil der Arbeit im einzelnen zu behandeln sind. Dieser schließt mit der nun möglichen Präzisierung der rechtlichen Stellung in funktioneller Hinsicht[6]. Im dritten Teil werden Bestellung, Organisation und Verfahren des Zwischenausschusses dargestellt. Die Schlußbetrachtung befaßt sich mit der inneren Berechtigung und praktischen Bedeutung der Institution.

Anlaß zu einer mitunter etwas weiter ausholenden Betrachtungsweise gibt die Erkenntnis, daß Sinn und Umfang der vom Zwischenausschuß auszuübenden parlamentarischen Kontrolle zwangsläufig durch das Verhältnis zwischen den obersten Staatsorganen Parlament und Regierung und ihre je verschiedenen Teilaufgaben mitbestimmt werden.

Art. 45 GG und der entsprechende Art. 26 BV werden grundsätzlich zusammen unter Hervorhebung der jeweiligen Besonderheiten behandelt. Die Bezeichnung Zwischenausschuß wird in dieser Arbeit für beide Ausschüsse, den des BT und den des Bayerischen LT, verwandt, während mit „ständiger Ausschuß" allein der Ausschuß nach Art. 45 GG gemeint ist.

§ 2 Der Organbegriff

I. Die Notwendigkeit der Begriffsklärung

Bevor die Organschaft des Zwischenausschusses untersucht wird, soll in knappen Umrissen geklärt werden, in welcher Bedeutung der Organbegriff bei den folgenden Erörterungen verwandt wird. Die Notwendigkeit dieses Vorgehens ergibt sich daraus, daß der Organbegriff vieldeutig (geblieben) ist[1].

Die Notwendigkeit des Organbegriffs wird sogar bezweifelt und an seiner Stelle der — farblose — Begriff der Institution für ausreichend

---

[6] Unten 2. Teil § 9.
[1] Vgl. etwa *Wolff*, Vertretung, S. 224; *Bachof*, Teilrechtsfähige Verbände, in: AöR 83, Fußn. 47 auf S. 244; *Maurer*, Wehrbeauftragter, S. 19; *Kipp*, DÖV 1957, S. 519 Fußn. 42.

gehalten. Nach dieser Auffassung steht die mit einer bestimmten Kompetenz ausgestattete Institution „im Wirkungszusammenhang zahlreicher anderer über-, neben- und untergeordneter Institutionen, die in ihrer Gesamtheit die Institution Staat bilden"[2]. Auf die Zurechnung des menschlichen Handelns auf die „Institution" und weiter auf die „Gesamtinstitution" wird verzichtet[3]. Gerade hier aber, wo es um die richtige Einordnung des Zwischenausschusses innerhalb der „Gesamtinstitution" Staat geht, ist die „Institution" zu unbestimmt, weil das rechtliche Verhältnis einer Institution zu den anderen einschließlich der „Gesamtinstitution" mit jenem Begriff nicht hinreichend deutlich wird.

Im Gegensatz zu der Aussage, jede „Institution" sei „Teil der Gesamtinstitution" und in ihrem Handeln sei sie beides, nämlich „Institution des konkreten Amtes und Staat"[4], kann einer Einrichtung mittels des Organbegriffs — falls seine Begriffsmerkmale erfüllt sind — und der Zuordnung zu einer bestimmten Organisation der genaue rechtliche Standort zugewiesen werden, woraus dann weitere Folgerungen möglich sind[5].

Die Meinungen darüber, ob die verfassungsmäßig für den Verband handelnden Menschen oder die rechtlichen Einrichtungen, unter deren Bezeichnung gehandelt wird, als Organe aufzufassen sind, gehen auseinander. Der Ausgangspunkt für beide Ansichten ist derselbe: allein durch den Menschen können Organisationen wollen und handeln; nur Menschen können natürliche Handlungen ausführen und einen natürlichen Willen haben, nicht aber Organisationen, insbesondere personifizierte Organisationen (juristische Personen)[6].

Soweit der Wille von einzelnen Menschen der juristischen Person Staat zugerechnet wird — die Zurechnung ergibt sich aus Bestimmungen dar-

---

[2] *Forsthoff*, Verwaltungsrecht 1. Bd., S. 417.
[3] *Forsthoff*, a.a.O., S. 418.
[4] *Forsthoff*, a.a.O., S. 417.
[5] Der Begriff der „Institution" ist zudem nicht im Rahmen der allgemeinen Staatslehre entwickelt worden, sondern in erster Linie für den Bereich der Verwaltung, hier mit der Begründung, daß das Verwaltungshandeln wegen des Arbeitscharakters der Verwaltung juristisch nicht im Begriff des Willensaktes zu erfassen sei (*Forsthoff*, a.a.O., S. 417). Aber auch da ist der Verzicht auf das Willensmoment bedenklich, weil *alles* staatliche Handeln im Grunde auf menschlichem Handeln beruht und dieses wiederum auf „Wissen und Wollen, Vorstellung und Willen" (*Küchenhoff*, Staatslehre, S. 125 unter Bezugnahme auf *Arthur Schopenhauer*; *Nawiasky*, Staatsrechtslehre, S. 69). Davon abgesehen ist der Organbegriff nötig, um „die arbeitsteilige Zusammenfassung mehrerer Ämter zu einem Handlungs- und Funktionssubjekt" zu erfassen, was allein mit dem Behördenbegriff nicht möglich ist. Erst durch den Organbegriff, dem „grundlegenden Begriff des Organisationsrechts", kann die Handlungsfähigkeit einer Organisation genügend erklärt werden (*Wolff*, Verwaltungsrecht II, § 74 I a (S. 41); gegen die Ansicht *Forsthoffs* auch *Kipp*, DÖV 1957, S. 518 Fußn. 41).
[6] *Nawiasky*, a.a.O., S. 69; *Dreier*, Organlehre, Sp. 1425; *Küchenhoff*, Staatslehre, S. 125; das gilt auch für das Organ selbst, *Wolff*, Verwaltungsrecht II, § 74 V (S. 55).

über, welche Einzelwillen unter welchen Voraussetzungen für den Staat gelten sollen —, werden nach einer Auffassung diese Menschen als Staatsorgane bezeichnet[7]. Die Zuständigkeit der Staatsorgane ist in aller Regel durch Rechtsnormen abstrakt nach sachlichen, zeitlichen und örtlichen Gesichtspunkten festgelegt. Dazu wird ausgeführt, daß auf Grund dieser Tatsache nur der Eindruck erweckt werde, als ob das Staatsorgan eine von den einzelnen Menschen abstrahierte, für sich existierende Einrichtung sei; in Wahrheit bestünden aber solche objektiven Organe nicht[8].

Diese Definition des Staatsorgans führt jedoch zu dem unbefriedigenden Ergebnis, daß ein Organ immer nur vorübergehend rechtlich existiert, nämlich nur dann, wenn und solange es für die Organisation tätig ist[9]. Der noch nie in Funktion getretene Ausschuß nach Art. 45 GG wäre demnach rechtlich nicht vorhanden. Zwischen zwei Wahlperioden und außerhalb der Tagung könnte es kein Parlament geben. Insbesondere wird die auf den Einzelmenschen abstellende Definition dem „normativ-institutionellen Moment" des Organbegriffs nicht gerecht. Durch Gesetz und Satzung werden Zuständigkeitskomplexe geschaffen, wobei freilich die im Organ zusammengefaßten Zuständigkeiten von einzelnen Menschen versehen werden müssen[10].

II. Das Organ im normativen Sinn

Aus den genannten Gründen ist der Organbegriff, der das Organ als eine bezüglich der Organwalter objektivierte Institution begreift, vorzuziehen. Im folgenden sollen kurz die wesentlichsten Elemente des Organs im normativen Sinn herausgestellt werden.

1. Das Organ als Zuständigkeitskomplex

Wie bereits angedeutet, sind für das Organ konstitutiv die auf dieses bezogenen Zuständigkeiten[11, 12].

---

[7] *Nawiasky*, Staatsrechtslehre, S. 70, 73; ähnlich bei „zusammengesetzten Organen" *Kelsen*, Staatslehre, S. 280: „Der Einzelmensch, dessen Handlung zusammen mit der anderer Menschen die Gesamtfunktion setzt, ist Teilorgan"; vgl. dazu *Wolff*, Verwaltungsrecht II, § 74 I e (S. 43); *Dreier*, Organlehre, Sp. 1424, 1425.

[8] *Nawiasky*, Staatsrechtslehre, S. 71: „Richtigerweise aber kann man von einem Staatsorgan nur in jedem Einzelfall sprechen, in dem ein Individuum auf Grund der Anordnung einer Rechtsnorm für den Staat handelt. Da sind nur die Einzelmenschen..., nicht etwa die Staatsorgane als solche, losgelöst von ihren Trägern."

[9] *Dreier*, a.a.O., Sp. 1425.

[10] *Dreier*, a.a.O.; *Wolff*, Vertretung, S. 235.

[11] *Wolff*, Verwaltungsrecht II, § 74 I f 1 (S. 43) und § 72 I a 2 (S. 13); *Dreier*, a.a.O.; vgl. auch *Dagtoglou*, Kollegialorgane, S. 31.

[12] Das bedeutet jedoch nicht, daß das Organ einen ihm eigentümlichen Kompetenzbereich haben muß, *Wolff*, a.a.O., § 74 I f 7 (S. 48).

„Das Organ ist ... ein durch die Organisation objektiv eingeräumter, durch seine Bezogenheit auf ein oder mehrere organisatorisch verbundene Pflichtsubjekte (die Organwalter), aber unter Abstraktion von deren Individualität (abstrakt, institutionell) bestimmter Komplex von Berechtigungen und Verpflichtungen. ... Es ist, kürzer ausgedrückt, ein durch die Organisation begründeter Zuständigkeitskomplex[13]."

2. Das Organ als Subjekt

Darüber hinaus ist dieser Zuständigkeitskomplex subjektiviert. Er ist ein „innerorganisatorisches juristisches Subjekt". Das bedeutet, daß das Organ intern als Zuständigkeitsendsubjekt erscheint[14]. Weit verbreitet ist die Ansicht, daß die Zuständigkeiten der Organe im Innenverhältnis, also in der Sphäre der Organe einer Institution untereinander, als subjektive Rechte und Pflichten aufzufassen seien und man demgemäß das Rechtssubjekt „Organ" weitergehend als „Organpersönlichkeit" bezeichnen könne[15]. Ob diese Aussage für die Organe generell zutrifft, kann hier dahinstehen, da für die in diesem Zusammenhang allein interessierenden Organe des Verfassungsrechtskreises Besonderheiten gelten[16].

Wie sehr auch über die „Organpersönlichkeit" diskutiert wird, so einig ist man sich darüber, daß das Organ als solches keine juristische Person ist. Das Organ genießt keine allgemeine Rechtsfähigkeit[17]. Im „Außenverhältnis", d. h. bezüglich der allgemeinen Rechtsordnung, hat das Organ in der Regel nicht in eigener Trägerschaft Rechte und Pflichten, vielmehr übt es nur die Rechte und Pflichten der Mutterinstitution aus. Demgemäß ist hinsichtlich der den Staatsorganen nach positivem Recht zustehenden Rechte und Pflichten der Staat alleiniger Träger[18].

---

[13] *Wolff*, Vertretung, S. 236; s. auch S. 229.
[14] *Wolff*, Verwaltungsrecht II, § 74 I f 1 (S. 43 f.); zur Rechtssubjektivität s. ders., Verwaltungsrecht I, § 32 III a (S. 180).
[15] *Gierke*, Genossenschaftstheorie, S. 173 f.; gegen eine „Organpersönlichkeit": *G. Jellinek*, Staatslehre, S. 559 ff.; ders., System der subjektiven öffentlichen Rechte, S. 223 ff.; zu der Lehre von der Organpersönlichkeit s. *Schornstein*, S. 18—41, der einen systematischen Überblick über die damals vertretenen Lehren bietet; *Thoma*, Das System der subjektiven öffentlichen Rechte und Pflichten, in: HdbDStR Bd. 2, S. 610 ff. mit weiteren Nachw.; *Bachof*, Teilrechtsfähige Verbände, AöR Bd. 83, S. 257 f.; zu dem Verhältnis der „organischen" zu der „anorganischen Lehre" s. *Wolff*, Vertretung, S. 225—228; *Schornstein*, S. 18 f.
[16] Dazu unten 2. Teil § 6 VI.
[17] *Bernatzik*, AöR Bd. 5 (1890), S. 169 ff.; *Gierke*, Genossenschaftstheorie, S. 172 f.; ders., Deutsches Privatrecht I, S. 483; *G. Jellinek*, Staatslehre, S. 560; *Krüger*, Staatslehre, S. 263 f.; *Wolff*, Verwaltungsrecht I, § 32 III b 2 (S. 181) und Verwaltungsrecht II, § 74 I f 1 (S. 43 f.).
[18] s. etwa *Laun*, Staatslehre, S. 80.

3. Das Organ als Subjekt transitorischer Wahrnehmungszuständigkeiten

Aus dem Gesagten ergibt sich bereits weitgehend, welchen Sinngehalt die Zuständigkeiten im organisationsrechtlichen Sinn nach ihrer regelmäßigen Ausgestaltung haben. Sie sind grundsätzlich auf organisatorischen Rechtssätzen beruhende, objektive Berechtigungen oder Verpflichtungen zu einem Tun oder Unterlassen. Deren Inhalt besteht darin, daß das Organ bestimmte, der Organisation als eigene zustehende Aufgaben für diese wahrzunehmen berechtigt bzw. verpflichtet ist. Die Zuständigkeit im organisationsrechtlichen Sinn kann demgemäß mit „Aufgaben"- (im Gegensatz zur „Rechts- und Pflichtzuständigkeit") und „Wahrnehmungszuständigkeit" (im Gegensatz zur „Eigen"- oder „Endzuständigkeit") umschrieben werden[19]. Das Tun oder Unterlassen der Organe wird grundsätzlich der Organisation, deren Organe sie sind, zugerechnet, d. h. ihr Handeln ist rechtlich das der Organisation[20]. In der Zurechnung ist die Zuordnung der durch das organschaftliche Handeln begründeten Rechte und Pflichten mit inbegriffen[21]. Im Gegensatz zu den „Gliedern" einer Organisation sind demnach die Organe nicht selbst Träger der durch ihr Handeln ausgelösten Rechte und Pflichten; sie sind Subjekte „transitorischer" Wahrnehmungszuständigkeiten[22].

4. Organ und Organwalter

Schließlich sei hervorgehoben, daß das Organ als ein durch organisatorische Rechtssätze geschaffenes Subjekt sich von den Menschen unterscheidet, welche die in diesem zusammengefaßten Zuständigkeiten versehen[23]. Da das Organ als institutionelles Subjekt aufgefaßt wird, ist es unabhängig von der Individualität, dem Wechsel und dem Beisammensein jener Menschen[24], die zweckmäßig „Organwalter" genannt werden[25].

---

[19] *Dreier*, a.a.O.; *Wolff*, Verwaltungsrecht II, § 72 I b 2 (S. 13) und I c (S. 14—16); zu den Begriffen „Zuständigkeit" und „Kompetenz" s. auch: ders., Vertretung, S. 236 f.

[20] *Laun*, Staatslehre, S. 79; *Küchenhoff*, Staatslehre, S. 127; *Wolff*, Verwaltungsrecht II, § 72 I c 4 (S. 15) und § 74 I f 5 (S. 45) sowie § 74 II a (S. 48 f.) zu den „Gliedern" einer Organisation; *Dreier*, a.a.O., Sp. 1426 f.; *Goessl*, Organstreitigkeiten, S. 54.

[21] *Wolff*, Verwaltungsrecht II, § 72 I c 4 (S. 15); *Dreier*, a.a.O., Sp. 1426.

[22] *Wolff*, a.a.O.; *Dreier*, a.a.O.

[23] *Wolff*, Verwaltungsrecht II, § 74 I f 2 (S. 45); ders., Vertretung, S. 229 mit weiteren Nachweisen; *Küchenhoff*, Staatslehre, S. 89; *Dagtoglou*, Kollegialorgane, S. 44.

[24] *Wolff*, Verwaltungsrecht II, § 74 I f 4 (S. 45); ders., Vertretung, S. 236; *Küchenhoff*, a.a.O.; *Dreier*, a.a.O.

[25] *Wolff*, Verwaltungsrecht II, § 74 IV a, b (S. 52 f.) (auch zu dem Begriff „Organträger", welcher der juristischen Person, deren Aufgaben das Organ wahrnimmt, vorbehalten sein soll); ders., Vertretung, S. 229 und S. 230—235 mit weiteren Nachweisen; *Dreier*, a.a.O., Sp. 1425; *Bachof*, Teilrechtsfähige Verbände, AöR 83, S. 244 Fußn. 47.

Zusammenfassend läßt sich das Organ im normativen Sinn folgendermaßen definieren[26]: es ist ein durch organisatorische Rechtssätze (oder ermächtigten Einzelakt) gebildetes eigenständiges[27], institutionelles Subjekt von Zuständigkeiten zur transitorischen Wahrnehmung der Eigenzuständigkeiten einer organisatorischen Einheit[28]. „Staatsorgane" sind „diejenigen institutionellen Subjekte von Wahrnehmungszuständigkeiten, deren Verhalten dem Staat zugerechnet wird"[29].

§ 3 Eigenständiges Verfassungsorgan und Unterorgane: das Parlament und die Parlamentsausschüsse

Bezüglich der Rechtsstellung des Zwischenausschusses bieten sich zwei Möglichkeiten an: er ist entweder eigenständiges Verfassungsorgan oder Unterorgan des Parlaments. Daher soll im folgenden das Wesen dieser beiden Formen von institutionalisierten Funktionseinheiten skizziert werden, wobei auf die Rechtsstellung der Parlamente und der Parlamentsausschüsse eingegangen wird, welche je als Beispiele für die jeweilige Form dienen sollen. Die Wahl des Parlaments als Vertreter eines eigenständigen Verfassungsorgans liegt nahe, weil auf diese Weise gleichzeitig die Darstellung der Organisationen ermöglicht wird, in die der Zwischenausschuß organisatorisch gestellt sein könnte, die der Parlamentsausschüsse, weil der Zwischen-„Ausschuß" — falls er sich als Unterorgan des Parlaments erweisen sollte — ein Parlamentsausschuß wäre.

A. Das eigenständige Verfassungsorgan

I. Begriff

1. Die organisatorische Eigenständigkeit

Eine organisatorische Funktionseinheit ist nur dann „eigenständig" und damit ein Organ, wenn ihr Verhalten rechtlich unvermittelt einer juristischen Person zugerechnet wird[1]. „Eigenständiges (Verfassungs-)

---

[26] *Wolff*, Verwaltungsrecht II, § 74 I f (S. 43); s. auch Nordrh.-Westf. VerfGH, DÖV 1955, S. 248 = OVG Münster, OVGE 9, 74 mit weiteren Nachweisen.
[27] Dazu unten § 3.
[28] Unten § 3.
[29] *Wolff*, Staatsorganisation, in: Evangel. Staatslexikon, Sp. 2198.
[1] *Wolff*, Verwaltungsrecht II, § 74 I f 5 u. 6 (S. 45—47); *Dreier*, Organlehre, Sp. 1426; Nordrh.-Westf. VerfGH, DÖV 1955, S. 248 = OVG Münster, OVGE 9, 74.

Organ" — so wird zuweilen die Rechtsstellung des Zwischenausschusses bezeichnet[2] — ist also im Grunde ein Pleonasmus, der jedoch in Kauf genommen wird, um die Organe in diesem engeren Sinn schärfer gegenüber den Unterorganen, die häufig ebenfalls „Organe" genannt werden, abzugrenzen.

2. Das Verfassungsorgan

Der Begriff des „Verfassungsorgans" wird in zweifacher Bedeutung gebraucht. In seiner funktionellen Bedeutung meint man damit diejenigen Organe, „deren Entstehen, Bestehen und verfassungsmäßige Tätigkeit recht eigentlich den Staat konstituieren und seine Einheit sichern"[3].

Der Begriff im organisatorischen Sinn ist für die organisatorische Einordnung des Zwischenausschusses von geringer Aussagekraft: „Verfassungsorgane" sind die durch die Verfassung der jeweiligen Organisation selbst gebildeten Organe[4]. In einem rein formellen Sinn wird unter „Verfassungsorgan" auch jedes in der Verfassung genannte Organ verstanden[5]; mittels des so definierten Begriffs kann jedoch keine organisatorische Einordnung einer Institution vorgenommen werden. Das BVerfG fordert ebenfalls, daß das Verfassungsorgan in der Verfassung selbst verankert ist[6]. Dieses formelle Begriffsmerkmal hält es aber nicht für ausreichend; vielmehr müssen funktionelle Elemente hinzutreten[7].

II. Insbesondere: das Parlament

Das Parlament ist ein „eigenständiges" Organ des Staates. In bezug auf die allgemeine Rechtsordnung wird sein Verhalten unmittelbar dem Staat zugerechnet; berechtigtes und verpflichtetes Rechtssubjekt ist die juristische Person Staat[8].

Der Bundestag wie der bayerische Landtag weisen zwar eine körperschaftliche Struktur auf[9], sie sind aber keine Körperschaften des öffent-

---

[2] Unten 1. Teil § 6 I.
[3] BVerfG, JöR n. F. Bd. 6, S. 194 (198); näheres s. unten 2. Teil § 9.
[4] *Wolff*, Verwaltungsrecht II, § 75 I b (S. 58); zur „Bildung" eines Organs, d. h. „Anordnung, daß ein Funktionssubjekt bestimmter Art bestehen soll", s. ders., a.a.O., § 74 III a (S. 51) und *Dreier*, a.a.O., Sp. 1427.
[5] Vgl. *Thoma*, JöR n. F. Bd. 6, S. 161 (166); hiergegen *Goessl*, Organstreitigkeiten, S. 96 Fußn. 377 und S. 101.
[6] BVerfG, JöR n. F. Bd. 6, S. 194 (197).
[7] Vgl. *Goessl*, Organstreitigkeiten, S. 100 mit Fußn. 402.
[8] Für den BT: *Maunz*, in Maunz-Dürig, Art. 38 Randnr. 7; für den LT s. *Schweiger*, in: Nawiasky-Leusser u. a., BV Art. 13 Randnr. 3.
[9] Vgl. *Thoma*, Das System der subjektiven öffentlichen Rechte und Pflichten, HdbDStR Bd. II, S. 614 f.: „Quasikörperschaft"; *Lohmann*, Bundestag, S. 35: „körperschaftliches Verfassungsorgan"; vgl. auch Art. 59 II GG.

lichen Rechts[10], zu deren Begriff die Rechtsfähigkeit gehört[11]. Die Parlamente genießen keine allgemeine Rechtsfähigkeit; sie sind keine juristischen Personen[12], sondern lediglich teilrechtsfähige (d. h. in bezug auf die innere Verfassung des Staates) Organisationen[13].

B. Die Unterorgane

I. Das Wesen der „Organe" nichtrechtsfähiger Organisationen

Nur juristische Personen können Organe i. e. S. haben[14]. Es gibt jedoch insbesondere im Verfassungsbereich solche (nichtrechtsfähige) Organe, die ihrerseits wieder institutionalisierte Zuständigkeitskomplexe aufweisen. Bei diesen Ämtern bzw. Kollegien innerhalb eines Organs handelt es sich um Organteile. Unterorgane sind demnach Teile von selbst wieder organisierten Organen[15]. Als „Quasiorgane" werden Organe im uneigentlichen Sinn bezeichnet, die bei teilrechtsfähigen oder nichtrechtsfähigen Organisationen eingerichtet sind. Unterorgane von nichtrechtsfähigen Organen sind also stets Quasiorgane[16].

Die von den Organwaltern gesetzten Tatbestände werden dem Organ, allerdings nicht als einem Endpunkt, zugerechnet. Es können stets zwei Zurechnungen unterschieden werden: die zum Organ und die zur juristischen Person[17], bei einem Unterorgan sogar drei Zurechnungen: vorgeschaltet ist die Zurechnung zum Unterorgan.

Die Unter- bzw. Quasiorgane werden vielfach auch kurz Organe genannt. Das ist auch nicht weiter schädlich, wenn man sich der tatsächlichen Rechtsnatur dieser Institutionen bewußt bleibt, da die Organschaft in erster Linie der Handlungsfähigkeit von Organisationen dient, weniger deren Rechtsfähigkeit. Wird von der für die Subjektivierung des Unterorgans maßgeblichen Teilrechtsordnung ausgegangen, so erscheinen die Unterorgane als Organe. Es kommt also für die Rechtsstellung einer Institution auf die jeweilige Ebene an, in welche die einschlägige

---

[10] BT: *Maunz*, a.a.O.; *v. Mangoldt-Klein*, S. 871; Bayer. LT: *Schweiger*, a.a.O.; s. auch *Wolff*, Vertretung, S. 250 Fußn. 2; aus dem älteren Schrifttum vgl. etwa *Stier-Somlo*, in: HdbDStR Bd. 1, S. 385.
[11] W. *Weber*, Die Körperschaften, Anstalten und Stiftungen des öffentlichen Rechts, S. 16 f.; s. auch *Bachof*, Teilrechtsfähige Verbände, AöR 83, S. 252.
[12] *v. Mangoldt-Klein*, S. 871; *Schweitzer*, NJW 1956, S. 85.
[13] Vgl. *Wolff*, Verwaltungsrecht II, § 71 II, III c (S. 4 f., 8) und § 74 I f 1 (S. 44).
[14] *Wolff*, Verwaltungsrecht II, § 74 I f 6 u. 9 (S. 43, 46 f. u. 48).
[15] *Wolff*, Verwaltungsrecht II, § 74 I f 6 (S. 46 f.) und § 74 V e (S. 56); vom Organteil sind die Teilorgane i. S. *Kelsens* auseinanderzuhalten.
[16] *Wolff*, Verwaltungsrecht II, § 74 I f 9.
[17] *Wolff*, Vertretung, S. 243, insbesondere Fußn. 2, S. 250.

II. Die Parlamentsausschüsse

Teilrechtsordnung gestellt ist. Daran wird die Relativität des Organbegriffs deutlich[18].

Das Parlament ist ein (nichtrechtsfähiges) oberstes Staatsorgan. Folgte man der Ansicht, daß Staatsorgane ihrerseits nicht Organe haben können[19], dann wäre es schon aus diesem Grund unmöglich, daß der Zwischenausschuß als Parlamentsorgan aufzufassen sei. Bei Berücksichtigung der Relativität des Organbegriffs ist die genannte Ansicht in ihrer Ausschließlichkeit nicht haltbar.

Die Anwendung des Satzes von der Relativität des Organbegriffs auf die Parlamentsausschüsse hat folgende Bedeutung: abgesehen von der vorwiegend das Außenverhältnis betreffenden allgemeinen Rechtsordnung ist die erste Stufe von Rechtsbeziehungen die (innere) Verfassung des Staates, also im wesentlichen der organisatorische Teil des GG bzw. der BV; in dieser Ebene sind die „Rechte und Pflichten" des Parlaments und der anderen Staatsverfassungsorgane untereinander geregelt. Das Parlament seinerseits hat wiederum eine „Verfassung". Dieses innere Parlamentsrecht ist durch Normen der Staatsverfassung und durch die vom Parlament selbst erlassene Geschäftsordnung geregelt. Durch das mit „Organverfassungsrecht" bezeichnete Recht wird eine „innere Sphäre zweiten Grades" geschaffen, in welcher wiederum Funktionseinheiten subjektiviert bzw. „Organe", auch kollegiale, gebildet werden. Um solche Organe „zweiten Grades" handelt es sich bei den gewöhnlichen Parlamentsausschüssen[20]. Sie werden meist kurz als „Organe" des Parlaments bezeichnet[21].

Das Verhalten der Ausschüsse wird demgemäß zunächst dem Parlament (transitorisch) zugerechnet[22]; über dieses Staatsverfassungsorgan erfolgt (mittelbar) die endgültige Zurechnung des Ausschußhandelns

---

[18] *Wolff*, Verwaltungsrecht II, § 74 I f 6 (S. 47); *Thoma*, Das System der subjektiven öffentlichen Rechte und Pflichten, HdbDStR Bd. 2, S. 614 f.

[19] *Krüger*, Staatslehre, S. 264: „Der Staat kennt ... keine Ämter von Ämtern oder Organe von Organen"; vgl. *Wolff*, Vertretung, S. 246 mit Fußn. 2.

[20] *Thoma*, Das System der subjektiven öffentlichen Rechte und Pflichten, in: HdbDStR Bd. 2, S. 614 f.

[21] So schon *Hatschek*, Parlamentsrecht, S. 240 ff.; *Dechamps*, Ausschüsse, S. 94 für die Ausschüsse des kaiserl. RT; *Perels*, Geschäftsgang und Geschäftsformen, in: HdbDStR Bd. 1, S. 450 für die Ausschüsse des Weimarer RT; für die Bundestagsausschüsse: *v. Mangoldt-Klein*, S. 908, 911; *Giese*, GG Art. 40, Anm. II 2; *Maunz*, in: Maunz-Dürig, Art. 40 Rdnrn. 3 f. mit weiteren Nachweisen; *Lohmann*, Bundestag, S. 35; s. auch § 60 I 1 GeschO BT; vgl. aber auch *Dagtoglou*, Kollegialorgane, S. 40, 56, widersprüchlich S. 41 mit Fußn. 70 und S. 44 mit Fußn. 1; für die Ausschüsse des bayerischen LT: *Schweiger*, in: Nawiasky-Leusser u. a., BV Art. 20 Randnr. 11: „interne Hilfsorgane des Landtags"; s. auch § 24 I GeschO LT.

[22] *Maunz*, a.a.O., Art. 40 Randnr. 4; *Schweiger*, a.a.O., Art. 20 Randnr. 2.

zum Staat. Angesichts der so verlaufenden Zurechnung werden die Ausschüsse des BT auch „Organe des Bundes" genannt[23]. Auf eine solche Benennung wird hier aber zweckmäßigerweise verzichtet, weil bei ihr die organisationsrechtliche Eigenständigkeit bzw. deren Fehlen nicht deutlich wird, worauf es aber bei der Rechtsstellung des Zwischenausschusses gerade ankommt. Ebenso wird in diesem Zusammenhang der Begriff des mittelbaren Staatsorgans vermieden, da dieser für die Organe der Selbstverwaltungskörperschaften vorbehalten sein soll[24]. Dagegen wird die unselbständige Organstellung der regelmäßigen Parlamentsausschüsse durch die Bezeichnung als „eingegliederte" Ausschüsse (im Gegensatz zu den „nebengeordneten" Ausschüssen) deutlich[25].

Abschließend sei hervorgehoben, daß also das Gegensatzpaar eigenständiges (Verfassungs-)Organ und Unterorgan (des Parlaments) bzw. die Alternative Organ und Organteil sich entsprechen, wobei jenes ein Unterfall der letzteren ist; wenn von Organen des Parlaments gesprochen wird, so ist das lediglich eine abgekürzte Ausdrucksweise für Unterorgane oder Quasiorgane der Volksvertretung.

§ 4 Der Zwischenausschuß als Unterorgan des Parlaments (organisatorische Einordnung)

A. Der Zwischenausschuß als subjektivierter Zuständigkeitskomplex

1. Der Ausschuß nach Art. 45 GG

Der „ständige Ausschuß" hat „die Rechte des Bundestages gegenüber der Bundesregierung zwischen zwei Wahlperioden zu wahren" (Art. 45 I 1 GG). Damit ist zum einen die vom Zwischenausschuß wahrzunehmende Aufgabe (der Kompetenzbereich) genannt[1]; zum anderen ergeben sich hieraus i. V. m. Art. 45 I 2 GG die Befugnisse oder Zuständigkeiten i. e. S. des Zwischenausschusses[2]. In welcher Art und Weise der Zwischenausschuß die ihm übertragene Aufgabe zu erfüllen hat und welche konkreten Befugnisse ihm hierfür zustehen, kann erst durch Auslegung der Verfas-

---

[23] *Maunz*, a.a.O.
[24] *Laun*, Staatslehre, S. 80; vgl. *Wolff*, Verwaltungsrecht II, § 75 I a (S. 56 ff.); G. *Jellinek*, Staatslehre, S. 559; andererseits *Nawiasky*, Staatsrechtslehre, S. 74 f.
[25] Vgl. *Bachof*, Teilrechtsfähige Verbände, AöR Bd. 83, S. 244.
[1] Vgl. *Maunz*, in: Maunz-Dürig, Art. 45 Randnr. 8; des näheren s. unten 2. Teil § 2.
[2] *Maunz*, a.a.O.; dazu unten 2. Teil § 4.

sungsnorm festgestellt werden. Dies ändert jedoch nichts daran, daß dem Zwischenausschuß die „Verpflichtung und Berechtigung, bestimmte Angelegenheiten ... in bestimmten Arten, Weisen und Formen wahrzunehmen"[3], zugewiesen und die Zuständigkeiten durch organisatorische Rechtssätze begründet sind[4].

Art. 45 GG, eine Norm des organisatorischen Teils des GG, gehört zum Organisationsrecht i. e. S., das den Aufbau, die Bildung und die Zuständigkeiten der Organe und Organteile regelt.

Intern, sei es in der Relation zu selbständigen Verfassungsorganen, sei es in der zu Parlamentsorganen — welcher Ebene der Zwischenausschuß tatsächlich angehört, ist noch zu prüfen —, erscheint der Ausschuß als Endsubjekt der genannten Zuständigkeiten.

2. Der Ausschuß nach Art. 26 BV

Entsprechendes gilt für den bayerischen Zwischenausschuß. Ihm ist als weitere Aufgabe die Behandlung dringlicher Staatsangelegenheiten aufgetragen (Art. 26 I 1 BV). Daß die Zuständigkeiten von verschiedener Art sind, steht der Organschaft nicht entgegen[5].

B. „Eigenständigkeit" des Zwischenausschusses

Wichtiger als die Art der Kompetenzen ist die Stellung des Zwischenausschusses innerhalb der Gesamtinstitution für die Beurteilung seines Organcharakters. Hierfür ist insbesondere seine Eigenständigkeit maßgebend. Liegt sie in bezug auf die Institution Parlament vor (andere oberste Staatsorgane kommen als „Mutterorganisation" nicht in Betracht), so ist der Zwischenausschuß eigenständiges „Verfassungsorgan", andernfalls bloßer Organteil des Parlaments.

I. Die organisatorische Stellung
auf Grund der Art. 45 GG und 26 BV

1. Wortlaut

„Der Bundestag bestellt einen ständigen Ausschuß ..." (Art. 45 I 1 GG) bzw. „Der Landtag bestellt ... einen Zwischenausschuß" (Art. 26 I 1 BV).

---

[3] *Wolff*, Verwaltungsrecht II, § 72 I c (S. 14).
[4] Vgl. *Wolff*, Verwaltungsrecht II, § 74 I f 2, 3 (S. 45) und § 72 I c 3 (S. 15); zum Wesen organisatorischer Normen s. ders., Vertretung, S. 225 Fußn. 3 mit weiteren Nachweisen; zum organisatorischen Verfassungsrecht s. *Goessl*, Organstreitigkeiten, S. 99—101 mit weiteren Nachweisen.
[5] *Wolff*, Verwaltungsrecht II, § 74 I f 1 (S. 44).

Dies sind die einzigen unmittelbaren Aussagen im Verfassungstext zur organisatorischen Stellung des Ausschusses. Aus ihnen läßt sich immerhin entnehmen: der Zwischenausschuß wird von nur einem Organ, dem Parlament, eingerichtet; andere Verfassungsorgane — etwa der Bundespräsident oder der Bundesrat — wirken bei der Bestellung nicht mit. Die Einrichtung durch nur eine Institution spricht dafür, daß das kreierte[6] „Organ" Zwischenausschuß bloßer Organteil ist[7].

Die Wahl der Organwalter durch eine Institution gibt einen Hinweis darauf, daß das entsprechende Organ (Unter-)Organ jener Institution ist, allerdings auch nicht mehr als einen Hinweis, weil zwar das Recht zur Wahl der eigenen Organe wesentlicher Bestandteil des Selbstorganisationsrechts ist[8], umgekehrt aber das Recht zur Bestellung eines Organs nicht immer auf dem Selbstorganisationsrecht beruht.

Die Rechtsnatur wird im Verfassungstext mit „Ausschuß" umschrieben. Das bedeutet, daß die Mitglieder des Zwischenausschusses aus den Organwaltern des größeren Kreationsorgans, also des Parlaments, ausgewählt werden[9]. Mitglieder des Zwischenausschusses können nur Abgeordnete sein. Personell handelt es sich also um einen Parlamentsausschuß[10].

2. Systematische Stellung

Die *systematische Stellung* des Artikels innerhalb der Verfassung deutet ebenfalls auf eine Zuordnung des Zwischenausschusses zum Parlament hin. Art. 45 GG ist in den mit „Der Bundestag" überschriebenen III. Abschnitt des GG, Art. 26 BV in den mit „Der Landtag" betitelten 2. Abschnitt der BV aufgenommen. Allerdings kann auch daraus kein zwingender Schluß gezogen werden.

So wird der Wehrbeauftragte des Bundestages, dessen Rechtsstellung in Art. 45 b GG verankert ist, also in einem ebenfalls in dem Abschnitt

---

[6] Zu kreierten und Kreations-Organen s. statt vieler *Küchenhoff*, Staatslehre, S. 92.
[7] Vgl. *Wolff*, Verwaltungsrecht II, § 74 I f 6 (S. 47).
[8] *Schweiger*, in: Nawiasky-Leusser u. a., BV Art. 20 Randnr. 2.
[9] Vgl. *Böckenförde*, Organisationsgewalt, S. 244 f.; *Wolff*, Verwaltungsrecht II, § 75 III a (S. 67).
[10] *Maunz*, a.a.O., Art. 45 Randnr. 5; *Lammers* (DJZ 29 [1924] Sp. 974) verneint den Ausschußcharakter des Zwischenausschusses gem. Art. 35 WV ohne nähere Begründung; der Hinweis darauf, daß die Institution seine Rechte und Pflichten unmittelbar aus der Reichsverfassung herleite, vermag die Ausschußeigenschaft nicht zu widerlegen. Gegen den Ausschußcharakter des Überwachungsausschusses in der Zeit zwischen zwei Wahlperioden auch *Abicht*, S. 14 f., weil der Ausschußbegriff angeblich erfordere, daß neben dem Ausschuß das (konkrete) Plenum, aus dem jener gebildet worden ist, nicht nur bei der Bestellung, sondern auch beim Tätigwerden des Ausschusses vorhanden sein müsse. — Es liegt eine Organverbindung in Form der Angliederung vor, vgl. *Dreier*, Organlehre, Sp. 1430.

über den BT stehenden Artikel, als eigenständiges Verfassungsorgan angesehen, soweit er durch das GG „zum Schutze der Grundrechte" berufen ist[11]. Immerhin ist die Einrichtung des Wehrbeauftragten im Gegensatz zu der des Zwischenausschusses in der deutschen Rechtsordnung neuartig[12]. Auf Grund der Fremdheit der Institution in der deutschen Rechtsüberlieferung stößt eine zutreffende systematische Stellung des Artikels auf größere Schwierigkeiten als sonst[13]. Vor allem aber ist der Wehrbeauftragte bei seiner Funktion, die derjenigen des Zwischenausschusses entspricht, nämlich bei der Ausübung der parlamentarischen Kontrolle, sogar ausdrücklich „Hilfsorgan des Bundestages".

Der hier behandelte Gesichtspunkt darf allerdings deshalb nicht überbetont werden, weil der durch die Stellung der Artikel in der Verfassung zum Ausdruck gekommene Bezug zum Parlament auch ausschließlich funktionell erklärt werden könnte.

3. Aufnahme der Art. 45 GG und 26 BV in die Staatsverfassungen

Die Aufnahme der Art. 45 GG und 26 BV in die jeweiligen Staatsverfassungen selbst und nicht allein in die Geschäftsordnungen der Parlamente könnte andererseits nahelegen, die Zwischenausschüsse als eigenständige Staatsorgane zu betrachten[14]. Daß daraus jedoch keine derartigen Folgerungen gezogen werden können, ergibt sich schon aus der Einbeziehung einwandfreier parlamentarischer Unterorgane in die Verfassung. So finden etwa die Untersuchungsausschüsse in Art. 44 GG bzw. Art. 25 BV ihre Rechtsgrundlagen. Auch die Ausschüsse für auswärtige Angelegenheiten und für Verteidigung (Art. 45 a GG) „sind zwar verfassungsrechtlich vorgeschriebene Einrichtungen; sie werden dadurch aber nicht zu eigenständigen Verfassungsorganen"[15]. Die Organisation des Parlaments einschließlich der Schaffung seiner Organe ist außer durch die selbst erlassene Geschäftsordnung in wesentlichen Punkten durch Verfassungsartikel geregelt[16]. Die Einbeziehung von Art. 45 GG

---

[11] Zur Rechtsstellung des Wehrbeauftragten: *Maurer*, Wehrbeauftragter, S. 17 ff. mit weiteren Nachweisen; *Lerche*, Grundrechte IV 1, S. 527 ff. mit weiteren Nachweisen.
[12] *v. Mangoldt-Klein*, S. 958 mit weiteren Nachweisen.
[13] Vgl. etwa *v. Mangoldt-Klein*, S. 868: „zu bemängeln am Aufbau des Abschnittes ist insbesondere, daß ... der Art. 45 b ... überhaupt nur sehr bedingt in den ganzen Abschnitt gehört, soweit die weitaus wichtigste Aufgabe des Wehrbeauftragten, der Schutz der Grundrechte, in Rede steht".
[14] So wohl *Maunz*, a.a.O.: durch Art. 45 wird „für parlamentslose Zeiten eine Institution von Verfassungswegen erst geschaffen"; für Art. 35 II WV: *F. Giese*, WV Art. 35 Anm. II 4: „nach Beendigung der Wahlperiode ... nicht Organ eines RT, sondern ein unmittelbar auf der Verfassung beruhendes Reichsorgan".
[15] *Dürig*, in: Maunz-Dürig, Art. 45 a Randnr. 3.
[16] Vgl. *Thoma*, Das System der subjektiven öffentlichen Rechte und Pflichten, in: HdbDStR Bd. 2, S. 615 und oben § 3 B II.

bzw. 26 BV in die Staatsverfassung ist vornehmlich mit der großen praktischen Bedeutung, die dem Zwischenausschuß vom Verfassungsgesetzgeber beigemessen wurde, zu erklären.

Versteht man unter Verfassungsorganen solche Institutionen, die ihre Rechtsgrundlage in der Staatsverfassung (im GG bzw. in der BV) haben[17], so sind die Zwischenausschüsse, da sie durch die Staatsverfassung selbst gebildet sind, „Verfassungsorgane"[18]. Von welcher Organisation (Staat unmittelbar oder Parlament) steht damit noch nicht fest, weil Art. 45 GG (26 BV) auch der inneren Verfassung des Parlaments zugerechnet werden könnte. Der so verstandene Begriff „Verfassungsorgan" und der Begriff „Unterorgan des Parlaments" bilden demnach keinen echten Gegensatz[19].

4. Art. 45 GG im Zusammenhang mit anderen Verfassungsartikeln

Da Art. 45 GG selbst über die organisatorische Stellung des Zwischenausschusses keine eindeutigen Angaben macht, bleibt der Zusammenhang des Artikels mit anderen Bestimmungen zu untersuchen, der einen entsprechenden Aufschluß geben könnte. In Betracht kommen:

a) Art. 49 GG

Gem. Art. 49 GG gilt für die Mitglieder des „ständigen Ausschusses" sowie für deren erste Stellvertreter Art. 46 GG auch für die Zeit zwischen zwei Wahlperioden. Demgegenüber heißt es in Art. 46 I 1 GG, daß ein Abgeordneter „zu keiner Zeit wegen seiner Abstimmung oder wegen einer Äußerung, die er im Bundestag *oder in einem seiner Ausschüsse* getan hat", verfolgt werden darf. Man könnte geneigt sein, mittels eines Umkehrschlusses daraus zu entnehmen, daß der „ständige Ausschuß" kein Ausschuß des BT sei. Jedoch abgesehen davon, daß Art. 49 GG insoweit lediglich eine Klarstellung[20] des bereits in Art. 46 I 1 GG Gesagten sein könnte — schon deshalb ist der Umkehrschluß nicht zwingend —, verlängert Art. 49 GG den zeitlichen Geltungsbereich von Art. 46 GG und anderer Artikel für bestimmte Organwalter über die Wahlperiode hinaus[21]. Denn grundsätzlich bestehen die den Abgeordneten als solchen

---

[17] *Dreier*, a.a.O., Sp. 1428; *Nawiasky*, Staatsrechtslehre, S. 75; oben § 3 A I 2.
[18] *Maunz*, a.a.O.
[19] So aber anscheinend *Maunz*, a.a.O.
[20] Bei der Beratung im Verf. A. der Nationalversammlung (WV) war für selbstverständlich gehalten worden, daß den Mitgliedern der Zwischenausschüsse (Art. 35 WV) Immunität auch nach Ende der Wahlperiode zusteht, RT Verh. Bd. 336, S. 456; dafür auch *F. Giese*, WV Art. 35 Anm. 4. Zu den Meinungsverschiedenheiten bis zur Einfügung von Art. 40 a WV (Gesetz vom 22. 5. 1926, RGBl. I, S. 242) s. weiter *Anschütz*, WV Art. 35 Anm. 6; *Poetzsch*, JöR Bd. 13 (1925), S. 125; *Lammers*, DJZ 29 (1924), Sp. 973—975 (vertritt Gegenansicht).
[21] Daher „auch" in Art. 49 GG; während der Wahlperiode tritt der Zwischenausschuß nicht in Funktion.

eingeräumten Rechte nur während der Wahlperiode[22]. Aus einer entfernter liegenden Regelung der Abgeordnetenrechte, nämlich aus § 14 Diätengesetz 1968[23], folgt, daß der Gesetzgeber den „ständigen Ausschuß" als einen Teil des BT auffaßt.

b) Art. 93 I Nr. 1 GG i. V. m. § 63 BVerfGG

In Art. 93 I Nr. 1 GG wird zwischen obersten Bundesorganen und anderen Beteiligten, die durch das GG oder in der Geschäftsordnung eines obersten Bundesorgans mit eigenen Rechten ausgestattet sind, unterschieden. Zu welcher Gruppe der Zwischenausschuß gehört, ergibt sich aus der Verfassungsbestimmung selbst nicht. Zieht man jedoch den die Parteifähigkeit in Organstreitigkeiten regelnden § 63 BVerfGG hinzu, so scheint der Zwischenausschuß zu den „obersten Bundesorganen" zu gehören[24]. Der Ausschuß nach Art. 45 GG wird hier nämlich inmitten der obersten Bundesorgane genannt, während „die im Grundgesetz oder in den Geschäftsordnungen des Bundestags und des Bundesrats mit eigenen Rechten ausgestatteten Teile dieser Organe" eigens aufgeführt sind.

Für eine exakte organisatorische Einordnung des Zwischenausschusses ist § 63 BVerfGG jedoch wenig geeignet. Die Bestimmung (unter Verfassungsrang) regelt die rein prozessuale Frage der abstrakten Klageberechtigung. Hingegen richtet sich nach dem zugrunde liegenden materiellen verfassungsrechtlichen Verhältnis, was als oberstes Bundesorgan bzw. als bloßer Organteil anzusehen ist. Die ausdrückliche Aufnahme des Art. 45 GG in § 63 BVerfGG ist außer mit der dem Zwischenausschuß beigemessenen, in bestimmten Fällen nicht unerheblichen politischen Bedeutung[25] damit zu erklären, daß der Ausschuß bestimmte Funktionen eines obersten Staatsorgans zwischen zwei Wahlperioden auszuüben hat und vor allem mit der Eigentümlichkeit seiner Aufgabe, die Rechte des Parlaments gegenüber der Regierung zu wahren, woraus sich besonders leicht eine Organstreitigkeit ergeben kann[26]. Da schließlich § 63 BVerfGG den Zwischenausschuß nicht ausdrücklich als oberstes Staatsorgan bezeichnet, ist die Bestimmung mit der Einordnung des Ausschusses nach Art. 45 GG als Unterorgan des Parlaments vereinbar[27].

---

[22] Vgl. *Lammers*, DJZ 29 (1924), Sp. 974 (betr. Immunität; gilt aber entspr. für Indemnität, Sp. 975).
[23] G. über die Entschädigung der Mitglieder des Bundestages vom 3. 5. 1968 (BGBl. I S. 334): „... wenn der Bundestag, abgesehen von den in § 17 Abs. 1 aufgeführten Ausschüssen (sc. gem. Art. 45 und 45 a GG), seine Tätigkeit bereits abgeschlossen hat."
[24] So *Lechner*, BVerfGG Anm. zu § 63 und § 13 Ziff. 5 Anm. I 3 d aa.
[25] Vgl. *Maunz*, a.a.O., Art. 45 Randnr. 3 a. E.
[26] Vgl. *Geiger*, BVerfGG § 63 Anm. 2.
[27] Vgl. auch *Goessl*, Organstreitigkeiten, S. 124, wo der „ständige Ausschuß" unter der Überschrift „Teile des Bundestags" behandelt wird, und unten 2. Teil § 6 VI; zur Rechtslage unter der WV s. *Friesenhahn*, Die Staatsgerichtsbarkeit,

II. Die Geschäftsordnungen des Deutschen Bundestags und des Bayerischen Landtags

Wenn eine Institution nicht durch die Organisation der juristischen Person selbst, sondern erst durch die Organisation eines ihrer Organe geschaffen worden ist, so ist jene Institution meist nur Organteil (Unterorgan)[28]. Da aber der Zwischenausschuß in der Staatsverfassung geregelt ist, bleibt nur die Frage danach, ob er wie die anerkannten Parlamentsorgane seine Rechtsgrundlage neben der Verfassung wenigstens auch in der Geschäftsordnung des Parlaments hat, was ebenfalls für seine Unterorganschaft spräche, und nicht etwa in einem eigenen Gesetz[29].

1. Geschäftsordnung des Deutschen Bundestages

Die GeschO BT[30] bestimmt unter der Abschnittsüberschrift "Bundestagsvertretung zwischen zwei Wahlperioden" in § 131 II, daß die Rechte des Bundestags im übrigen (sc. abgesehen von den Geschäften des Präsidiums, § 131 I) durch den Ausschuß nach Art. 45 GG wahrgenommen werden. § 60 GeschO BT spricht schlechthin von „Ausschüssen", so daß damit auch der Zwischenausschuß gemeint sein kann. Überdies gebraucht § 61 GeschO BT den Begriff „ständige Ausschüsse", also denselben, wie er in Art. 45 GG enthalten ist[31]. Schließlich kann eben aus dem Fehlen von besonderen Vorschriften (einer speziellen Geschäftsordnung oder einem Gesetz) über die Bestellung, die Organisation und das Verfahren des Zwischenausschusses[32] darauf geschlossen werden, daß die Anwendbarkeit der §§ 60 ff. GeschO BT auf den Zwischenausschuß für gegeben gehalten wurde. Gem. § 60 I 1 GeschO BT sind „die Ausschüsse" „Organe des Bundestages", nach dem hier gebrauchten Organbegriff also Unterorgane des Parlaments. Dementsprechend sind die „ständigen" (Fach-) Ausschüsse einzuordnen[33].

Zwischen den Ausschüssen i. S. der Geschäftsordnung und dem Zwischenausschuß bestehen jedoch Unterschiede, so daß dessen Subsumierung unter § 60 bzw. § 61 GeschO BT nicht zweifelsfrei ist. Erst aus der

---

in: HdbDStR Bd. 2, S. 537, wo die sog. Überwachungsausschüsse für parteifähig gehalten werden nicht „als höchste Staatsorgane", sondern als durch die Verfassung mit besonderen Aufgaben betraute Ausschüsse des Parlaments.

[28] *Wolff*, Verwaltungsrecht II, § 74 I f 6 (S. 46).
[29] Vgl. *Maurer*, Wehrbeauftragter, S. 30.
[30] BGBl. III 1101—1.
[31] s. aber unten 3. Teil § 2 I 2.
[32] Vgl. demgegenüber für den sog. Vermittlungsausschuß § 67 II GeschO BT i. V. m. der Gemeinsamen Geschäftsordnung des Bundestages und des Bundesrates für den Ausschuß nach Art. 77 GG vom 19. 4. 1951, BGBl. III, 1101-2; das Gesetz über den Wehrbeauftragten des Bundestages vom 26. 6. 1957 (BGBl. I, S. 652).
[33] Vgl. *v. Mangoldt-Klein*, S. 911 f.; *Maunz*, a.a.O., Art. 40 Randnr. 3.

Rechtsstellung und den Funktionen des Zwischenausschusses kann auf die Anwendbarkeit der Geschäftsordnung vor allem hinsichtlich des Verfahrens im Zwischenausschuß geschlossen werden[34]. Umgekehrt können der Geschäftsordnung für die Rechtsstellung des Zwischenausschusses lediglich die oben gegebenen Hinweise entnommen werden.

2. Geschäftsordnung für den Bayerischen Landtag

Ausführlicher als in der GeschO BT ist der Zwischenausschuß in der GeschO LT[35] behandelt. Zu Art. 26 und 32 BV tritt als Rechtsgrundlage für den Ausschuß der V. Abschnitt der GeschO LT mit den §§ 19—21[36].

Darin sind Vorschriften über die Stärke und Zusammensetzung des Ausschusses enthalten (§ 20 GeschO LT), zu deren Erlaß der LT auf Grund seines Rechts zur Bestellung des Zwischenausschusses ohne weiteres befugt ist, aber auch solche über die Ausschuß-Befugnisse (allerdings nur in Form einer Verweisung auf die BV, § 19 GeschO LT) und über die Wahl des Vorsitzenden und seiner Stellvertreter im Zwischenausschuß (§ 21 GeschO LT). Ob diese die innere Organisation des Ausschusses betreffende Regelung noch unter die dem LT eingeräumte Bestellungsbefugnis (Art. 26 I 1 BV) fällt, ist fraglich, da selbst die GeschO LT (vgl. § 20 I 2) unter „bestellen" nur die Wahl der Ausschußmitglieder und deren Stellvertreter begreift. Die parlamentarische Geschäftsordnung kann auf Grund ihrer Rechtsnatur als autonomer Satzung bindende Regelungen nicht für andere eigenständige Staatsorgane, sondern nur für Organteile des Landtags enthalten[37]. Die Aufnahme von Vorschriften, die über die bloße Bestellung des Zwischenausschusses hinausgehen, spricht deshalb dafür, daß die GeschO LT den Zwischenausschuß als Unterorgan des Parlaments betrachtet.

„Die Ausschüsse" sind gem. § 24 I GeschO LT „Organe des Landtags". Trotz des klaren Wortlauts[38] kann § 24 I GeschO LT nicht ohne weiteres

---
[34] s. unten 3. Teil § 2.
[35] Vom 1. 10. 1968 — Art. 20 III BV.
[36] s. außerdem § 100 II 2 GeschO LT.
[37] Vgl. *Schweiger*, in: Nawiasky-Leusser u. a., BV Art. 20 Randnrn. 16 f. und unten 3. Teil § 2 I.
[38] Vgl. auch Bericht des Geschäftsordnungsausschusses (Berichterstatter: Abg. Bezold. — Bayer. LT, II. Wahlperiode. 224. Sitzung am 27. 10. 1954, Stenograph. Bericht S. 2364), aus dem zu entnehmen ist, daß man nur echte Parlamentsausschüsse als „Ausschüsse" bezeichnen wollte: „Wir haben Klarheit geschaffen in der Bedeutung der Ausschüsse, der Kommissionen und bestimmter Beiräte. Es ist heute nicht alles Ausschuß, was sich Ausschuß nennt. Der Sicherheitsausschuß und der Kreditausschuß z. B. ... sind im eigentlichen Sinn der Geschäftsordnung keine Ausschüsse; denn sie haben nicht die Aufgabe, die Arbeit des Plenums vorzubereiten, da die Dinge nicht ins Plenum kommen. Wir haben ihnen den Namen ‚Kommissionen' gegeben und ihre rechtliche Form genau festgelegt." — Zu den Kommissionen s. § 51 GeschO LT und *Schweiger* in Nawiasky-Leusser u. a., BV Art. 20 Randnr. 12.

als Argument für die Unterorganschaft des Zwischen-„Ausschusses" verwendet werden, da dieser nicht unter den „ständigen Ausschüssen" des § 24 II GeschO LT aufgeführt, sondern außerhalb des Abschnitts über „die Ausschüsse" in einem eigenen Abschnitt geregelt ist. Hinzukommen auch hier die Unterschiede bei den regelmäßigen Ausschüssen und dem Zwischenausschuß in deren Funktionen.

III. Organisatorische Einordnung

Für die Stellung einer Institution im Rechtssystem sind auch die haushaltsrechtliche und personalvertretungsrechtliche Stellung, die Zurechnung der fiskalischen Hilfsgeschäfte und dergleichen von Bedeutung[39].

1. Art. 45 GG

Da der „ständige Ausschuß" bisher nicht in Funktion getreten ist, fehlen in bezug auf jene Kriterien praktische Erfahrungen. Es ist jedoch davon auszugehen, daß dem Interimsausschuß kein völlig unabhängiger Verwaltungsapparat zugeordnet wird; er kann sich der gesamten „Verwaltung des Deutschen Bundestages", z. B. auch der Wissenschaftlichen Abteilung[40], bedienen, die kontinuierlich fortbesteht[41].

Im ersten Deutschen Bundestag wurde dem „ständigen Ausschuß" vorsorglich das Sekretariat des Rechtsausschusses zugewiesen. Die folgenden Bundestage haben sich auf die Beschlußfassung über Einsetzung und Stärke des Ausschusses sowie die Benennung der Mitglieder durch die Fraktionen beschränkt. Wenn der Zeitraum „zwischen zwei Wahlperioden" begonnen hat und der Ausschuß tätig werden will, werden spätestens diesem ausreichende Hilfskräfte aus der Verwaltung des Deutschen Bundestags zugeteilt. Die Sitzungsprotokolle müßten dann vom Sekretariat des Ausschusses gegebenenfalls in Verbindung mit dem Stenographischen Dienst erstellt werden. Die Erledigung des Schriftverkehrs obläge dem Sekretariat, soweit nicht die Spitze der Verwaltung des Deutschen Bundestags eingeschaltet wird.

Die fiskalische Betreuung des „ständigen Ausschusses" müßte sich auf den Etat des Deutschen Bundestags stützen, der auf das Rechnungsjahr und nicht auf die Wahlperiode abgestellt ist. Ausgaben im Rahmen des

---

[39] *Wolff*, Verwaltungsrecht II, § 74 I f 5 (S. 46); vgl. auch *Bachof*, Teilrechtsfähige Verbände, AöR Bd. 83, S. 211 sowie S. 246.

[40] Dazu etwa *Creutzig*, DVBl. 1967, S. 226.

[41] Auskunft der Wissenschaftlichen Abteilung — Juristische Dokumentation — des Deutschen Bundestages (Schreiben vom 6. Juni 1968), die auch dem Folgenden zugrundeliegt.

Haushaltsplans weist der BT-Präsident, der bis zum Zusammentreten eines neuen BT seine Geschäfte fortführt[42], bei der Bundestagskasse an[43].

Die Bediensteten des BT werden nach § 7 IV GeschO BT[44] von dem Präsidenten, welcher oberste Dienstbehörde ist, eingestellt und entlassen. Es gibt keine Vorschrift, nach welcher der „ständige Ausschuß" insoweit mit eigenen Rechten ausgestattet wäre. Da es sich bei den Hilfskräften des Ausschusses um Bedienstete der Verwaltung des Deutschen Bundestags handelt, müßte die personalvertretungsrechtliche Betreuung durch den Personalrat des BT erfolgen.

2. Art. 26 BV

Auch dem Zwischenausschuß nach Art. 26 BV ist im Falle seines Tätigwerdens kein eigener, vom LT völlig unabhängiger Verwaltungsapparat zugeordnet, sondern der Ausschuß bedient sich unmittelbar des Landtagsamts[45]. Er selber tätigt weder fiskalische Hilfsgeschäfte noch schließt er Anstellungsverträge, sondern das Landtagsamt erledigt für ihn die u. U. erforderliche Materialbeschaffung und stellt ihm das notwendige Personal zur Verfügung. In haushaltsrechtlicher Hinsicht unterscheidet sich der Zwischenausschuß nicht von den anderen Landtagsausschüssen, da die Mittel für alle Ausschüsse vom Landtagsamt zur Verfügung gestellt werden. Die Sitzungsprotokolle des Zwischenausschusses werden (ebenso wie die des Plenums) von den Stenographen der Bayerischen Landesanstalt für Kurzschrift aufgenommen. Oberste Dienstbehörde des für den Zwischenausschuß tätigen Personals des Landtagsamtes ist gem. § 186 II Bay BG[46] das Präsidium des LT, der Landtagspräsident übt die Dienstaufsicht aus.

Der Sitz des Ausschusses schließlich ist mit demjenigen des Parlaments identisch.

Als Teilergebnis ist also festzuhalten, daß sowohl der „ständige Ausschuß" nach Art. 45 GG als auch der Zwischenausschuß nach Art. 26 BV mit dem Parlament durchgehend organisatorisch verknüpft sind. Diese organisatorische Einordnung weist darauf hin, daß der Zwischenausschuß ein Unterorgan des Parlaments ist.

---

[42] Vgl. § 131 I GeschO BT.

[43] Vgl. § 7 III GeschO BT.

[44] s. auch § 176 BBG (Bundesbeamtengesetz i. d. F. vom 22. 10. 1965, BGBl. I, S. 1776).

[45] Auskunft des Bayerischen Landtags — Landtagsamt — mit Schreiben vom 22. 5. 1968, auch zu den folgenden Punkten.

[46] Bayerisches Beamtengesetz i. d. F. der Bekanntmachung vom 20. 12. 1966 (GVBl. 1967, S. 153, ber. S. 314).

§ 5 Funktionelle Einordnung des Zwischenausschusses

I. Der funktionelle Aspekt des Organbegriffs

Die Organschaft erfordert nicht nur eine organisatorische Einordnung in das Muttergebilde, sondern auch die Wahrnehmung bestimmter Funktionen. Das allgemeine Verhältnis zwischen Parlament und Zwischenausschuß wird durch dessen funktionelle Einordnung maßgeblich mitbestimmt. Bei dem hier gebrauchten Organbegriff kommt dieses Element darin zum Ausdruck, daß das Organ zur transitorischen Wahrnehmung der Eigenzuständigkeiten einer Organisation geschaffen ist. Zuständigkeit des Organs bedeutet — wie dargelegt — die Zuordnung der einer Organisation eigenzuständigen Aufgaben auf das innerorganisatorische Wahrnehmungssubjekt[1]. Falls sich der Zwischenausschuß auch funktionell als (Unter-)Organ erwiese, ist unter „Eigenzuständigkeit der Organisation" die *interne* Endzuständigkeit des Parlaments, d. h. gegenüber den anderen eigenständigen Organen der Gesamtinstitution Staat zu verstehen[2]. In dem anderen Fall der eigenständigen Organschaft des Zwischenausschusses käme seine funktionelle Stellung deutlicher dadurch zum Ausdruck, daß auf *seine* innerorganisatorische Endzuständigkeit gegenüber den anderen Staatsorganen, insbesondere auch gegenüber dem Parlament hingewiesen würde, da die Eigenzuständigkeit i. e. S. des Staates bei beiden Alternativen gegeben ist, bei der zuerst genannten lediglich unter Zwischenschaltung einer weiteren Institution.

Der „ständige Ausschuß" nach Art. 45 GG ist ausschließlich, der Zwischenausschuß nach Art. 26 BV ist auch und in erster Linie[3] zur Wahrung der Rechte des Parlaments gegenüber der Regierung zwischen zwei Wahlperioden zuständig. Für ihre funktionelle Einordnung kommt es darauf an, ob diese Funktion zu den Aufgaben des Parlaments gehört oder ob es sich um eine gegenüber den parlamentarischen Kompetenzen verselbständigte oder andersartige Aufgabe handelt.

II. Wahrung der Rechte des Parlaments gegenüber der Regierung zwischen zwei Wahlperioden

Der Funktionsbereich des Zwischenausschusses ist in der Verfassung knapp, aber in einem für die funktionelle Zuordnung ausreichenden Maße umschrieben[4]. Die Wahrung der Rechte des Parlaments gegenüber

---
[1] *Wolff*, Verwaltungsrecht II, § 72 I b 2 (S. 13).
[2] s. oben § 3.
[3] *Schweiger* in Nawiasky-Leusser u. a., BV Art. 26 Randnr. 3.
[4] In dem Zusammenhang braucht noch nicht auf die Einzelheiten der Funktionen eingegangen zu werden; dazu s. unten 2. Teil.

der Regierung zwischen zwei Wahlperioden ist nicht bloßer Selbstzweck, sondern ihre Bedeutung liegt darin, die Regierung in der Zeitspanne, in welcher ein konkretes Parlament fehlt, nicht ohne parlamentarische Kontrolle[5], einem Bestandteil des parlamentarischen Prinzips[6], zu lassen[7]. Zu weitgehend ist die Formulierung von § 131 II GeschO BT, wo — unter der Abschnittsüberschrift „Bundestagsvertretung zwischen zwei Wahlperioden" — gesagt wird, daß die Rechte des BT, grundsätzlich also sämtliche Rechte des Parlaments, im übrigen, sc. allein mit Ausnahme der vom Zwischenpräsidium auszuübenden Funktionen, durch den Ausschuß nach Art. 45 GG wahrgenommen werden.

Die Kontrollfunktion kommt durch die dem Zwischenausschuß auch gegebene Bezeichnung *„Überwachungsausschuß"*[8] zum Ausdruck. Diese die Aufgabe des Ausschusses klarer herausstellende Benennung spielte bei der Entstehungsgeschichte des Art. 35 II WV, auf die wegen der gleichartigen Zielsetzung von Art. 45 GG und Art. 35 II WV zurückgegriffen werden kann, eine aufschlußreiche Rolle. Bei den Verhandlungen über die WV wurde folgende Verfassungsbestimmung beantragt: Der Reichstag bestellt „zur Überwachung der Tätigkeit der Reichsregierung" einen ständigen Ausschuß[9]. Gegen diese Formulierung wurde eingewandt, sie sei „für die Organe der Regierung verletzend"[10]. Dementsprechend beschloß man eine "freundlichere Ausdrucksweise", nämlich die Worte „zur Überwachung der Tätigkeit der Reichsregierung" in „zur Wahrung der Rechte der Volksvertretung gegenüber der Reichsregie-

---

[5] Dazu s. unten 2. Teil § 2 II.
[6] Vgl. *Jesch*, Gesetz und Verwaltung, S. 95 und 97.
[7] Für Art. 45 GG: *Eschenburg*, Staat und Gesellschaft, S. 553; *Maunz* in Maunz-Dürig, Art. 45 Randnr. 3; *Dennewitz-Schneider*, in: Bonner Kommentar Art. 45 Anm. II 2; *v. Mangoldt*, GG, S. 251; *v. Mangoldt-Klein*, S. 952 (II 2); *Schlochauer*, Öffentliches Recht, S. 57; *Hesse*, Grundzüge, S. 215; *Seifert-Geeb-Steiniger*, Erl. zu Art. 45 (S. 140 d); für Art. 35 II WV: Berichterstatter *Katzenstein*, RT Verh. Bd. 327, S. 1264; *Anschütz*, WV Art. 35 Anm. 4; *Hubrich*, S. 76; *Perels*, Geschäftsgang und Geschäftsformen, in: HdbDStR Bd. 1, S. 454; *Giese*, WV Art. 35 Anm. II 4; *Gebhard*, Handkommentar, Art. 35 Anm. 6; *Abicht*, S. 24.
[8] Für Art. 45 GG: *Praß*, DV 1949, S. 319; *v. Mangoldt-Klein*, S. 952 (III 1); *Feldmann-Geisel*, S. 131; *Maunz*, a.a.O., Art. 45 Randnr. 5; für Bayern s. Art. 22 II und III des Vorentwurfs für die BV 1946 von *Hoegner*; für Art. 35 II WV: *Dennewitz-Schneider*, in: Bonner Kommentar, Art. 45 Anm. III; *Anschütz*, WV Art. 35 Anm. 4; *Heuß*, Parlamentsausschuß, S. 147 f.; *Perels*, Geschäftsgang und Geschäftsformen, in: HdbDStR Bd. 1, S. 454; *Stier-Somlo*, Staatsrecht, S. 590, 593; *F. Giese*, WV Art. 35 Anm. II 4; *Straßburg*, S. 25 f., der sich allerdings „aus formalen Gründen" gegen diese Bezeichnung wendet; gegen diese auch *Lammers*, DJZ 29 (1924), Sp. 973; *Hatschek*, Staatsrecht I, S. 705; Reichsinnenminister Freiherr *von Gayl* vor dem Ausschuß am 25. 7. 1932, abgedruckt bei *Poetzsch-Heffter*, JöR Bd. 21 (1933/34), S. 94; s. auch die Auseinandersetzungen um die Bezeichnung „Überwachungsausschuß" bei der Festlegung des Textes der GeschO RT vom 12. 12. 1922, dargestellt bei *Schreyer*, S. 73 f.
[9] RT Verh. Bd. 336, S. 267 f. (Verf. A.); vgl. auch *Apelt*, WV, S. 98.
[10] So der Abg. *Schücking*, RT Verh. Bd. 327, S. 1293 D.

II. Wahrung der Rechte des Parlaments gegenüber der Regierung 37

rung" umzuwandeln, ohne daß aber der Sache nach etwas anderes zum Ausdruck kommen sollte[11]. Die Bezeichnung „Überwachungsausschuß" hat sich aber dennoch, eben weil sie die Funktion des Zwischenausschusses zutreffend umschreibt, auch späterhin behauptet.

Die Überwachung oder Kontrolle der Regierung durch den Zwischenausschuß ist eine Funktion des Parlaments. Diese Zuordnung ergibt sich bereits aus dem Wortlaut der Art. 45 GG und 26 BV, wonach der Zwischenausschuß „die Rechte des Bundestages gegenüber der Bundesregierung zu wahren hat" bzw. „zur Wahrung der Rechte der Volksvertretung gegenüber der Staatsregierung" bestellt ist. Der Rückgriff auf die Entstehungsgeschichte von Art. 35 II WV bestätigt die vorgenommene funktionelle Einordnung: die Einsetzung des Überwachungsausschusses „bezweckt, die Überwachung der Regierung *durch das Parlament* sicherzustellen, namentlich auch die Ständigkeit der Überwachung festzulegen"[12].

Die Kontrollfunktionen des Zwischenausschusses, welche dieser zwischen zwei Wahlperioden ausübt, sind grundsätzlich dieselben wie diejenigen eines konkreten Parlaments während der Wahlperiode; dem Überwachungsausschuß sind lediglich einige, wenn auch sehr wichtige Befugnisse des Parlaments gegenüber der Regierung entzogen. Der Funktionsbereich des Zwischenausschusses und derjenige des Parlaments verhalten sich also wie der kleinere Kreis zum größeren. Die funktionelle Einordnung des Ausschusses in den parlamentarischen Bereich kommt zum Ausdruck durch die im Schrifttum gebrauchten Umschreibungen wie „parlamentarisches Hilfsorgan"[13] oder „Organ des Parlamentarismus"[14].

Im Rahmen des in Art. 20 II 2 GG bzw. Art. 5 BV statuierten *Gewaltenteilungsprinzips*[15] ist der Zwischenausschuß infolgedessen den Organen der Gesetzgebung zuzuordnen. Zu der in einem materiellen Sinn als Tätigkeitsinhalt verstandenen Gesetzgebung, d. h. zur Setzung von

---

[11] RT Verh. Bd. 327, S. 1291 B, 1299 B (46. Sitzung der Nationalversammlung am 4. 7. 1919); dazu *Abicht*, S. 10; *Hubrich*, S. 76 f. Fußn. 6.

[12] Abg. *Katzenstein*, RT Verh. Bd. 336, S. 267 (Verf. A.); ebenso *Stier-Somlo*, Übersicht über die Zuständigkeit des Deutschen RT, in: HdbDStR Bd. 1, S. 410; ders., Staatsrecht, S. 593; s. auch *Hubrich*, S. 76: „Dieser Ausschuß hat das Kontrollrecht des R. T. während des Nichtversammeltseins desselben auszuüben."

[13] Unten 2. Teil § 9 III.

[14] *Maunz*, in Maunz-Dürig, Art. 45 Randnr. 5.

[15] Dazu statt vieler *Maunz-Dürig*, Art. 20 Randnrn. 74—85; *Friesenhahn*, VVDStRL H. 16, S. 37 ff. mit weiteren Nachweisen (Fußn. 71); *Bäumlin*, S. 227 ff.; *Goltz*, DÖV 1965, S. 607 ff.; zu Gewaltentrennung und parlamentar. Prinzip s. *Jesch*, Gesetz und Verwaltung, S. 96 Fußn. 107; *Nawiasky*, in Nawiasky-Leusser u. a., BV unter III 5, 1—2; *Schweiger*, ebd., Art. 5 Randnr 2; *Beck*, S. 3 ff.; *Kratzer*, Die Gewaltentrennung in Bayern, BayVBl. 1962, S. 293 ff.; aber auch unten Schlußbetrachtung.

Rechtsnormen ist er zwar gerade nicht befugt[16], er nimmt aber teil an der „Hemmung" der Regierungsgewalt durch „die Organe der Gesetzgebung". Diese formelle Funktion ist maßgeblich für die Einordnung einer Institution in das konventionelle Dreiteilungsschema der Gewalten[17], wie es in der Verfassung positivrechtlich festgelegt ist und von dem man darum auszugehen hat. Der Zweck der Gewaltenteilung ist die Trennung der Gewalten i. S. einer Gewaltenhemmung[18]. Diese hat die verfassungsrechtlich gewährleistete, möglichst große gegenseitige Abhängigkeit der einzelnen Staatsorgane voneinander beim Setzen von Staatsakten zum Inhalt. Zwischen den drei Gewalten soll ein ausgewogenes Kräfteverhältnis bestehen, so daß die eine Gewalt die andere hemmt, um den Mißbrauch der Staatsgewalt zu verhindern. Die gegenseitige Abhängigkeit besteht vor allem in einer wechselseitigen Kontrolle (Interorgan-Kontrolle). Zu den Wesensmerkmalen einer verfassungsmäßigen Ordnung, in der das parlamentarische Regierungssystem verankert ist, zählen die politischen Abhängigkeit der Regierung vom Parlament und damit auch die Kontrolle der Regierung durch das Parlament. Soweit das Parlament die Befugnis hat, durch eigene Untersuchungen die Exekutive zu kontrollieren, bildet diese Zuständigkeit keine verfassungswidrige Durchbrechung des Gewaltentrennungsprinzips[19]. Um jene Kontrollfunktion im System der Gewaltenteilung und -hemmung auch zwischen zwei Wahlperioden sicherzustellen, wurde der Zwischenausschuß geschaffen.

Zum Teil wird die Auffassung vertreten, daß von einem (Unter-)Organ nur dann gesprochen werden könne, wenn es die Gesamtheit der Mutterorganisation repräsentiere und für sie handle[20]. Ob dieser engere Begriff, welcher für die Rechtsstellung insbesondere der Fraktionen eine Rolle spielt, berechtigt ist, kann dahinstehen, da der Zwischenausschuß die Rechte des Parlaments insgesamt zu wahren und nicht für irgendwelche Teile desselben zu handeln hat.

Der Zwischenausschuß ist nach alledem berechtigt und verpflichtet, bestimmte Funktionen, die zu den Aufgaben des Parlaments gehören, zeitweilig für dieses wahrzunehmen; er hat Organzuständigkeit[21]. Das be-

---

[16] In diesem Sinn ist wohl auch *Hamann*, GG Erl. zu Art. 45, zu verstehen, wenn er sagt, der Ausschuß sei „weder Organ der Gesetzgebung noch der politischen Willensbildung".
[17] Dazu *Maunz-Dürig*, Art. 20 Randnrn. 76 f.; *Fr. Meyer*, S. 147 ff.; s. auch unten 2. Teil § 2 und Schlußbetrachtung.
[18] Statt vieler *Maunz-Dürig*, Art. 20 Randnr. 78 mit weiteren Nachweisen; *Giese-Schunck*, Art. 20 Anm. II 6.
[19] *Ule*, JZ 1957, S. 428; vgl. auch *Bäumlin*, S. 230: „Sie (sc. die Kontrolle des Parlaments über Regierung und Verwaltung) widerspricht nicht einer richtig verstandenen Gewaltenteilung, sondern gehört sogar wesentlich zur Verwirklichung ihrer Idee."
[20] *Maunz*, in Maunz-Dürig, Art. 40 Randnr. 14 mit weiteren Nachweisen; *Altmann*, DÖV 1956, S. 753.
[21] Vgl. *Wolff*, Verwaltungsrecht II, § 72 I b 4 (S. 15).

deutet, daß das Handeln des Zwischenausschusses dem Parlament zuzurechnen ist; indem der Zwischenausschuß seine Zuständigkeit wahrnimmt, erfüllt er — im Verhältnis zu anderen Staatsorganen gesehen — eine „Eigenberechtigung" und „Eigenverpflichtung" des Parlaments.

§ 6 Das Parlament als Substrat der Zurechnung des Zwischenausschuß-Verhaltens

I. Fragestellung

Obgleich der Zwischenausschuß sowohl in seiner organisatorischen Stellung als auch in seinen Funktionen klare Verbindungslinien zum Parlament aufweist, stößt seine Einordnung als Unterorgan des Parlaments auf Schwierigkeiten. Sie ergeben sich aus der Zuständigkeit des Ausschusses in zeitlicher Hinsicht.

Zugerechnet wird einer Institution das Verhalten ihres Organs. Maßgeblich für die Zurechnung der Organakte des Zwischenausschusses ist also weniger der Zeitpunkt seiner Bestellung, als vielmehr der Zeitraum seines Tätigwerdens. Dieser liegt beim „ständigen Ausschuß" nach Art. 45 GG ausnahmslos, beim Zwischenausschuß nach Art. 26 BV vor allem zwischen zwei Wahlperioden.

Innerhalb der Wirkungsdauer der Zwischenausschüsse[1] nach Auflösung des Parlaments können zwei Abschnitte unterschieden werden: die Zeit ab der Auflösung bis zum Tag der Wahl des neuen Parlaments und die Zeit vom Wahltag bis zum ersten Zusammentritt des neuen Parlaments. Innerhalb des erstgenannten Abschnitts fehlt ein Parlament, innerhalb des zweiten sind zwar bereits die Organwalter eines neuen Parlaments gewählt, aber auch hier existiert noch nicht das neu gewählte Parlament, sondern es bedarf erst der Konstituierung[2]. Allein letzteres gilt für den Regelfall des Endes der Wahlperiode durch Zeitablauf (vgl. Art. 39 I 3 GG, 16 II BV). Die Konstituierung erfolgt aber erst beim erstmaligen Zusammentritt des neuen Parlaments (Art. 39 II GG, § 1 GeschO BT; Art. 16 I 2 BV)[3]. Die Verlegung des Zeitpunkts, ab wel-

---

[1] Im einzelnen unten 2. Teil § 1.
[2] Vgl. *Koch*, Bulletin 1957, S. 1853. — Unter dem konkreten Parlament ist demnach das „eingerichtete" Organ i. S. *Wolffs*, Verwaltungsrecht II, § 74 IV a zu verstehen; die Bestimmung der Organwalter, also die Wahl der Abgeordneten, ist dabei nur eine Phase der „Einrichtung".
[3] Vgl. *Maunz*, in Maunz-Dürig, Art. 39 Randnr. 10; *Lohmann*, Bundestag, S. 33; *Schweiger*, in Nawiasky-Leusser u. a., BV Art. 16 Randnr. 4.

chem das neugewählte Parlament besteht, auf den Tag des ersten Zusammentritts ergibt sich auch daraus, daß die Neuwahl bei Beendigung der Wahlperiode durch Zeitablauf anders als unter der WV (Art. 23 I 2) noch vor dem Ende der alten Wahlperiode erfolgt (Art. 39 I 3 GG; 16 II BV) und weder zwei Parlamente nebeneinander fungieren können noch die Wahlperiode des alten Parlaments verkürzt werden darf[4].

Dieses Fehlen eines konkreten Substrats für die Zurechnung des Zwischenausschuß-Verhaltens wird nun zum Anlaß genommen, den Zwischenausschuß als eigenständiges Verfassungsorgan[5] zu bezeichnen. Es wird hierfür angeführt, daß der Zwischenausschuß erst in Aktion trete, wenn das konkrete Parlament bereits auseinandergegangen ist; er sei „selbständiges Organ des Parlamentarismus", das sowohl vom auseinandergegangenen als auch vom kommenden Parlament abstrahiert werden müsse; es sei kaum möglich zu erklären, inwiefern ein Organ noch nach seiner Auflösung durch ein erst mit diesem Augenblick entstehendes anderes Organ weiterwirken sollte. Demgegenüber wird die Ansicht vertreten, der Zwischenausschuß sei Organ des Parlaments[6].

II. Der Zwischenausschuß als Organ der Institution Parlament

1. Das Parlament — die Parlamente

„Parlament" bedeutet einmal die abstrakte, in der Verfassung vorgesehene Institution als solche. Mit Parlament wird zum anderen aber auch das konkrete Kollegium der jeweiligen Abgeordneten bezeichnet.

---

[4] Vgl. *Schweiger*, a.a.O.
[5] So *Maunz*, in Maunz-Dürig, Art. 45 Randnr. 5 und Art. 44 Randnr. 13 (trotzdem zählt *Maunz*, a.a.O., Art. 38 Randnr. 8, Art. 40 Randnrn. 3 und 7 den Ausschuß nach Art. 45 GG zu den (obligatorischen) Unterorganen des BT!); *Dürig*, ebd., Art. 45a Randnr. 3; *F. Giese* (für Art. 35 II WV) WV Art. 35 Anm. II 4: „nach Beendigung der Wahlperiode nicht mehr und noch nicht Organ eines RT"; *Abicht*, S. 14 f.; Reichsinnenminister Freiherr von *Gayl* vor dem Überwachungsausschuß am 25. 7. 1932 (abgedruckt bei *Poetzsch-Heffter*, JöR Bd. 21 (1933/34), S. 94): „weder ein Organ des aufgelösten Reichstags noch ein Organ des künftigen Reichstags, sondern ein selbständiges, von der Verfassung eingesetztes Zwischenorgan"; *Schlochauer*, Öffentliches Recht, S. 57 („ein eigenes Bundesorgan"); *Schäfer*, Bundestag, S. 106; *Klein*, in Maunz-Sigloch u. a., BVerfGG § 5 Randnr. 22: „verfassungsrechtlich-eigenständiges Organ"; *Schweiger*, in Nawiasky-Leusser u. a., BV Art. 26 Randnr. 2: „nicht nur ein Hilfsorgan des Landtags, auch nicht ein Teil von ihm, sondern ein selbständiges oberstes Staatsorgan i. S. von Art. 64 BV"; s. aber auch ders., a.a.O., Art. 64 Randnr. 4: „zu letzteren (sc. den in der Verf. mit eigenen Rechten ausgestatteten Teilen des obersten Staatsorgans) zählen ... ferner aber wohl auch ... der Zwischenausschuß nach Art. 26 BV"!
[6] *Hatschek*, Staatsrecht I, S. 706; *Straßburg*, S. 45 (für Art. 35 II WV); *F. Giese*, GG, Art. 40 Anm. II 2; wohl auch *Glum*, Struktur der BRD, S. 213; *Nawiasky*, Grundgedanken des GG, S. 87; *v. Mangoldt-Klein*, S. 952: „im organisatorischen Sinne Organ der gesetzgebenden Gewalt".

Gleichwohl sind aber das Kollegialorgan Parlament als Institution und die Parlamente in ihrer jeweiligen Zusammensetzung auseinanderzuhalten. Sie unterscheiden sich u. a. darin, daß die Institution Parlament stets vorhanden sein muß — andernfalls könnte nicht von einer parlamentarischen Demokratie gesprochen werden —, während dieses Erfordernis für die konkrete Versammlung von Abgeordneten nicht besteht, welche die in dem Organ vorgesehene Willenstätigkeit zu entfalten haben. Dementsprechend wird bei der Institution Parlament in aller Regel nur in der Einzahl gesprochen, während mit den „Parlamenten" meist die konkreten Kollegien gemeint werden[7]. Damit ist auch erklärt, warum die Bezeichnung mittels Ordnungszahlen (1., 2. usw. Bundestag) der Singularität der Institution Parlament nicht widerspricht. „Eine solche Zahl bezeichnet nicht verschiedene abstrakt-institutionelle Organe, sondern nur die verschieden zusammengesetzte Gesamtheit der Mitglieder eines Organs in aufeinanderfolgenden Wahlperioden[8]."

2. Die Kontinuität der Institution Parlament

Art. 39 GG bzw. 16 BV regelt die Wahlperiode des „Bundestags" bzw. des „Landtags". Obgleich in den Verfassungsbestimmungen vom Parlament allgemein die Rede ist, betrifft die Regelung nicht das Parlament i. S. eines abstrakt-institutionellen Organs, sondern das Parlament als konkretes Kollegium[9]. Der Gebrauch der Einzahl ist damit zu erklären, daß die Wahlperiode sich auf jede neugewählte Abgeordnetenschaft bezieht.

Das Parlament als abstrakt-institutionelles Staatsverfassungsorgan besteht rechtlich infolgedessen auch während der Zeit vom Ende der Wahlperiode des zuletzt amtierenden Abgeordnetenkollegiums bis zum (konstituierenden) Zusammentritt der neugewählten Abgeordnetenschaft[10]. Zwischen zwei Wahlperioden bleiben die das Organ Parlament konstituierenden Zuständigkeiten nach wie vor auf dieselbe Institution bezogen; sie werden nicht etwa mit dem Ende einer Wahlperiode auf andere Staatsorgane aufgeteilt. Das Parlament besitzt nach wie vor die ihm durch die

---

[7] Vgl. *Dürig*, in Maunz-Dürig, Art. 17 Randnr. 59 und *Maunz*, ebd., Art. 39 Randnr. 14; *v. Mangoldt-Klein*, S. 898 (unter 4).
[8] *Küchenhoff*, Staatslehre, S. 179.
[9] *v. Mangoldt-Klein*, S. 898 (unter 4); vgl. auch *Schweiger*, in Nawiasky-Leusser u. a., BV Art. 16 Randnr. 2.
[10] Zum ganzen *Lukas*, Parlament, S. 20 f.; s. auch *Wolff*, Vertretung, S. 236 insbes. Fußn. 1; *Krüger*, Staatslehre, S. 125 f., 130; *Waldecker*, Preuß. Verf. Art. 26 Anm. 1; *v. Mangoldt-Klein*, S. 899 (unter 5 a) u. S. 900 f.; vgl. auch BVerfG, U. vom 16. März 1955 — 2 BvK 1/54 — BVerfGE 4 S. 144—156 (152); sowie *Wolff*, Verwaltungsrecht II, § 75 I d 2 (S. 59 f.); a. A. *Schulze*, S. 460: „ein Staatsorgan in Gestalt eines Kollegiums, welchem sogar die Permanenz abgeht, da es nach Auflösung oder Schluß der Kammern an jedem erkennbaren Organe der Volksvertretung fehlt".

Verfassung eingeräumten Rechte und auferlegten Pflichten „in der Substanz und zur Ausübung"; sie können lediglich mangels personellen Bestandes in dieser Zeit grundsätzlich nicht aktuell ausgeübt werden[11]. Eine Ausnahme davon bilden die parlamentarischen Funktionen, deren Ruhen auch nur während der kurzen Zeitspanne zwischen zwei Wahlperioden für unzweckmäßig erachtet wird und die, insbesondere die parlamentarische Kontrolle, eben vom Zwischenausschuß ausgeübt werden.

Insofern ist der Zwischenausschuß ein Argument gerade für die Kontinuität des abstrakt-institutionellen Organs Parlament[12]. Um diese in der Interimszeit zu sichern in der Form, daß die Funktionsfähigkeit des Parlaments erhalten wird, ist der Zwischenausschuß geschaffen.

Der Grundsatz der Diskontinuität der Wahlperioden bezieht sich nicht auf das Parlament als verfassungsrechtliche Institution, da er eine Rechtsfolge der Beendigung einer Wahlperiode ist[13], welche wiederum das abstrakt-institutionelle Organ nicht erfaßt, sondern allein auf das durch seine konkret-personelle Zusammensetzung bestimmte Parlament (personelle Diskontinuität)[14]. Die Willensbildung ist zeitlich auf die Legislaturperiode durch die Besetzung mit bestimmten Abgeordneten beschränkt (Diskontinuität der Willensbildung)[15]. Die Institution als solche existiert hingegen ohne Unterbrechung.

3. Die Institution Parlament als Substrat der Zurechnung des Zwischenausschuß-Verhaltens

Der Zwischenausschuß ist, wie ausgeführt wurde, funktionell und organisatorisch dem Parlament einzuordnen. Da das Parlament als Institution fortwährend existiert, steht der Unterorganschaft des Zwischenausschusses nicht mehr dessen zeitlicher Funktionsbereich entgegen. Ein Organ, damit auch das Parlament, ist sowohl vom Wechsel der Organwalter als auch von ihrem Beisammensein unabhängig[16]. Eine Institution verliert durch ein kurzzeitiges Fehlen der in ihr zusammengefaßten Menschen nicht ihren Organcharakter und damit auch nicht die Fähigkeit, Unterorgane zu haben, deren Verhalten ihr zugerechnet wird.

Der Zwischenausschuß ist also ein (Unter-)Organ des Parlaments als Institution.

---

[11] Vgl. *v. Mangoldt-Klein*, S. 896 (unter a).
[12] Vgl. *Piloty*, § 30 Anm. 6; *Waldecker*, Preuß. Verf. Art. 26 Anm. 3; a. A. *Scheuner*, DÖV 1965, S. 512, wo aber nicht zwischen abstrakter und konkreter Institution unterschieden wird; vgl. auch *v. Mangoldt-Klein*, S. 952 (unter III 2).
[13] Vgl. *v. Mangoldt-Klein*, S. 899.
[14] *Maunz*, in Maunz-Dürig, Art. 39 Randnr. 14; *v. Mangoldt-Klein*, S. 899 (unter 5 a).
[15] *Wolff*, Verwaltungsrecht II, § 75 I d 2 (S. 59).
[16] Oben § 2 II 4.

Die Unterorganschaft des Zwischenausschusses ist auch aus praktischen Gründen sinnvoll. Dieser kann „als Bundestag" bzw. „als Landtag" handeln und nicht nur „für" das Parlament. (Damit ist freilich nicht gesagt, daß der Zwischenausschuß ein Parlament ist.) Hinter seinen Handlungen liegt infolgedessen ein stärkeres politisches Gewicht.

III. Organ eines konkreten Parlaments?

Da der Zwischenausschuß ein Unterorgan des abstrakt-institutionellen Organs Parlament ist, muß als nächster Schritt untersucht werden, ob der Ausschuß Unterorgan auch eines konkreten BT oder LT ist.

1. Organ des auseinandergegangenen Parlaments?

a) „Organ-Kontinuität" des Zwischenausschusses

Das über die Kontinuität des Parlaments Gesagte gilt für den Zwischenausschuß als abstrakt-institutionelles Organ entsprechend. Die Identität des Interimsausschusses als Institution wird durch die Bestellung neuer Organwalter nicht berührt. Es besteht ein Unterschied zu den geschäftsordnungsmäßigen Fachausschüssen, die der „Organ-Diskontinuität" unterliegen, da bei diesen „eine ständige Fluktuation nicht nur der Organwalterschaft, sondern auch der Ausschüsse selbst vorhanden ist"; die allgemeinen Fachausschüsse werden „eingesetzt" (§ 61 GeschO BT), d. h. die „Konstituierung" eines neuen Ausschusses betrifft außer seiner Organwalterschaft auch das abstrakt-institutionelle Organ selbst[17]. Der Zwischenausschuß wird dagegen für die jeweilige Interimszeit bestellt, d. h. es werden nur neue Organwalter gewählt, während die Institution als solche von Verfassungs wegen immer (abstrakt) vorhanden ist[18]. Die Gegenansicht[19] wird damit begründet, daß der „ständige Ausschuß" nur zwischen zwei Wahlperioden tätig wird. Auf die Wirkungsdauer darf aber bei der Frage nach der Kontinuität des abstrakt-institutionellen

---

[17] *v. Mangoldt-Klein*, S. 901; im Ergebnis ebenso *Maunz*, in Maunz-Dürig, Art. 39 Randnr. 15; a. A. für BV *Schweiger*, in Nawiasky-Leusser u. a., BV Art. 16 Randnr. 2: „die in der Verfassung selbst verankerten Organe des Landtags bleiben als Institutionen bestehen, also die Ausschüsse als solche (Art. 24 BV)", sogar „die Untersuchungsausschüsse als solche (Art. 25 BV)". Die von Verfassungs wegen eingeräumte bloße Möglichkeit bzw. nur für bestimmte Eventualitäten auferlegte Pflicht, ein Organ einzusetzen, begründet jedoch noch nicht dessen Organ-Kontinuität. Auch die genannten Ausschüsse des LT werden jeweils neu „gebildet" (§ 24 II, III GeschO LT) bzw. „eingesetzt" (Art. 25 I BV), d. h. jene Organe bestehen auch abstrakt-institutionell nicht schon auf Grund der Verfassung, sondern — gegebenenfalls — erst durch Beschluß des Parlaments.
[18] *Maunz*, in Maunz-Dürig, Art. 39 Randnr. 15; *Waldecker*, Preuß. Verf. Art. 26 Anm. 3.
[19] *v. Mangoldt-Klein*, a.a.O.

Organs[20] nicht abgestellt werden, da andernfalls das abstrakt-institutionelle Parlament wegen des auf die Wahlperiode beschränkten Tätigkeitszeitraums der Organ-Kontinuität entbehrte, was auch von der Gegenansicht nicht angenommen wird[21]. In bezug auf die Wirkungsdauer ist der Zwischenausschuß das Gegenstück zum Parlament, nur daß sein Tätigkeitszeitraum freilich unverhältnismäßig kleiner ist.

Die Organ-Kontinuität des Ausschusses hat für dessen rechtliche Einordnung allerdings nicht diejenige Bedeutung wie die des Parlaments, da die die Organschaft bestimmende Zurechnung des Organverhaltens die Organwalterschaft voraussetzt, welche allein „sich verhalten" kann. Nur die Organwalter, nicht das Organ als Komplex von Normen, können Tatbestände setzen.

b) *Grundsatz der personellen Diskontinuität*

Das durch seine konkret-personelle Zusammensetzung bestimmte Parlament findet mit dem Ablauf der Wahlperiode oder durch Auflösung (oder — in Bayern — durch Abberufung) sein Ende. Diese personelle Diskontinuität[22] hat zur Folge, daß auch die Existenz der Unterorgane des Parlaments hinsichtlich ihrer personellen Zusammensetzung beendet wird (nicht jedoch die abstrakte Existenz der obligatorischen verfassungsmäßigen Organe)[23]. Folglich kann es nach Beendigung der Wahlperiode grundsätzlich kein konkretes Organ eines konkreten Parlaments mehr geben.

Das Prinzip der Diskontinuität der Unterorgane ist ein gewohnheitsrechtlicher Satz[24]. Ob dieser Grundsatz Verfassungsrang hat oder nicht[25], kann hier dahinstehen, da er jedenfalls durch Verfassungsnormen wie Art. 45 GG (Art. 26 BV) durchbrochen werden könnte[26]. Eine derartige

---

[20] Nur diese meinen auch *v. Mangoldt-Klein* (S. 900 f.), wenn von „Organ-Kontinuität" die Rede ist.
[21] *v. Mangoldt-Klein,* a.a.O.
[22] Dazu *Scheuner,* DÖV 1965, S. 512.
[23] *Maunz,* in Maunz-Dürig, Art. 39 Randnr. 15; *Dürig,* ebd., Art. 45 a Randnr. 6; *Klein,* in Maunz-Sigloch u. a., BVerfGG § 5 Randnr. 22; *Schweiger,* in Nawiasky-Leusser u. a., BV Art. 16 Randnr. 2.
[24] *Maunz,* in Maunz-Dürig, Art. 45 Randnr. 5. Die Anerkennung des Grundsatzes durch das GG ergibt sich etwa aus einem Umkehrschluß aus Art. 45 a I 2 GG. Für WV: *Anschütz,* WV Art. 24 Anm. 8 mit weiteren Nachweisen; *Hatschek,* Staatsrecht I, S. 481.
[25] Die Frage nach dem Verfassungsrang des Diskontinuitätsprinzips wird vor allem in bezug auf die sachliche Diskontinuität behandelt; bezüglich der Diskontinuität der Unterorgane gilt aber Entsprechendes, da beide Arten Äußerungen der Diskontinuität der Wahlperioden sind. Vgl. *Anschütz,* WV Art. 24 Anm. 8; von „verfassungsrechtlichem" Gewohnheitsrecht spricht *Hatschek,* a.a.O., S. 480; ähnlich *Maunz,* in Maunz-Dürig, Art. 45 Randnr. 5; a. A. *v. Mangoldt-Klein,* S. 899 (unter 5 b); *Anschütz,* WV Art. 24 Anm. 8.
[26] *Maunz,* in Maunz-Dürig, Art. 45 Randnr. 5; *Klein,* in Maunz-Sigloch u. a., BVerfGG § 5 Randnr. 22; nach *Abicht,* S. 13 wird in Art. 35 WV der Grundsatz der Diskontinuität der Tagung beseitigt.

III. Organ eines konkreten Parlaments?

Durchbrechung der Abhängigkeit der Unterorgane in ihrer konkreten Existenz vom Parlament erfolgt nach Art. 45 a I 2 GG bei den Ausschüssen für auswärtige Angelegenheiten und für Verteidigung. Diese Ausschüsse bleiben zwischen zwei Wahlperioden auch als konkrete Organwalterschaft bestehen. Daraus wird nun der Schluß gezogen, daß die genannten Ausschüsse Unterorgane des auseinandergegangenen BT blieben, es sich um eine „Prolongierung" schon bestehender Unterorgane des BT handle[27]. Dieselbe Konsequenz wird für das fortbestehende alte Bundestagspräsidium behauptet[28].

Indes wird in Art. 45 a I 2 GG lediglich bestimmt, daß die beiden genannten Ausschüsse auch zwischen zwei Wahlperioden tätig werden, nicht aber, daß sie Unterorgane des letzten konkreten BT blieben. Funktionell wir organisatorisch sind jene Organe zwar dem Parlament einzuordnen; ab dem Ende der letzten bis zum Beginn der nächsten Wahlperiode aber ist eine solche Einordnung auch hier nur zum Parlament als einem abstrakt-institutionellen Organ, kaum jedoch zu einem konkreten Parlament, das gar nicht mehr existiert, organisationsrechtlich möglich. Abgesehen von dieser konstruktiven Schwierigkeit, die mit dem Begriff „Prolongierung" allein wohl nicht zu lösen ist, erscheint es auch wenig sinnvoll, eine nicht mehr bestehende Organwalterschaft Zielpunkt der Zurechnung sein zu lassen.

Dieselben Gründe sprechen auch dagegen, den jeweiligen Zwischenausschuß als Unterorgan des letzten Parlaments aufzufassen. Es besteht insoweit kein grundsätzlicher Unterschied zu den Ausschüssen nach Art. 45 a GG. Hinzutritt beim „ständigen Ausschuß" der Umstand — und darin unterscheiden sich die Ausschüsse der Art. 45 und 45 a GG —, daß der Zwischenausschuß *nur* für den Zeitraum zuständig ist, in dem kein konkretes Parlament existiert. Als konkretes Organ ist der „ständige Ausschuß" zudem erst mit Beginn des Zeitraums zwischen zwei Wahlperioden vorhanden[29], da — wenn Anlaß zu seinem Zusammentritt besteht — erst dann seine konstituierende Sitzung erfolgt. Daran ändert die bereits zu Beginn der Wahlperiode vorgenommene Bestellung der Ausschußmitglieder nichts. Ab seiner Bestellung bis zur Konstituierung besteht der „ständige Ausschuß" allenfalls „latent"[30]. Nach alledem kann beim „ständigen Ausschuß" nicht von einer „Prolongierung" eines schon bestehenden Unterorgans gesprochen werden[31], auch wenn von den gegen

---

[27] *Dürig*, in Maunz-Dürig, Art. 45 a Randnr. 6; *v. Mangoldt-Klein*, S. 901, sprechen nur von der — nicht zu bezweifelnden — „Permanenz ihrer abstrakt-institutionellen Organschaft".
[28] *Maunz*, in Maunz-Dürig, Art. 45 Randnr. 5.
[29] *Maunz*, in Maunz-Dürig, Art. 45 Randnr. 5.
[30] Vgl. *Straßburg*, S. 27.
[31] *Maunz*, in Maunz-Dürig, Art. 45 Randnr. 5; *Dürig*, ebd., Art. 45 a Randnr. 6.

eine derartige Konstruktion erhobenen grundsätzlichen Bedenken abgesehen wird.

2. Der Zwischenausschuß nach Art. 26 BV „außerhalb der Tagung"

Gem. Art. 26 I 1 BV kann der Zwischenausschuß des Bayerischen Landtags auch in der „Zeit außerhalb der Tagung"[32] in Funktion treten. In diesem Merkmal unterscheidet sich die bayerische Institution von der des BT; das GG enthält nicht mehr die Einrichtung der Tagungen, es spricht nur mehr vom Wiederbeginn der Sitzungen[33]. Der Ausschuß nach Art. 26 BV stimmt darin aber mit dem Ausschuß zur Wahrung der Rechte der Volksvertretung gegenüber der Reichsregierung nach Art. 35 II WV überein, so daß auf das Schrifttum zu Art. 35 II WV zurückgegriffen werden kann. Nach einer Ansicht hat der auch während der Wahlperiode in Aktion tretende Zwischenausschuß eine Doppelnatur: „außerhalb der Tagung" ist er Unterorgan des konkreten Parlaments, während er zwischen zwei Wahlperioden eigenständiges Verfassungsorgan sein soll[34]. Vielfach wird bezüglich der Rechtsstellung kein solcher Unterschied gemacht: der Zwischenausschuß wird entweder stets als eigenständiges Verfassungsorgan[35] oder stets als Unterorgan des Parlaments[36] angesehen.

a) Der Landtag „außerhalb der Tagung"

Mit „Zeit außerhalb der Tagung" sind die Zwischenräume zwischen einzelnen Tagungen einer Wahlperiode angesprochen[37]. Während dieser Zwischenräume existiert — anders als nach dem Ende einer Wahlperiode — ein konkreter LT; er ist lediglich nicht versammelt[38]. Im Gegensatz zur Beendigung der Wahlperiode hat der Schluß der Tagung nicht die Rechtsfolge der Diskontinuität des konkreten Parlaments.

Unbestritten ist das nicht. Unter der Geltung der Verfassung des Deutschen Reichs vom 16. April 1871 (RV) und später der WV wurde die Diskontinuität auch der Sitzungsperioden, die einer und derselben Wahlperiode angehören, bejaht[39]. Man meinte damit nicht nur die sog. sach-

---

[32] Gleichbedeutend mit „Tagung" sind „Sitzungsperiode" und „Session", *Anschütz*, WV Art. 24 Anm. 4.
[33] *Maunz*, in Maunz-Dürig, Art. 39 Randnr. 2 mit weiteren Nachweisen in Fußn. 1.
[34] *F. Giese*, WV Art. 35 Anm. II 4; *Abicht*, S. 14 ff.
[35] *Schweiger*, in Nawiasky-Leusser u. a., BV Art. 26 Randnr. 2.
[36] *Hatschek*, Staatsrecht I, S. 706; *Straßburg*, S. 45.
[37] *Schweiger*, a.a.O., Randnr. 3; Einzelheiten s. unten 2. Teil § 1 B.
[38] Vgl. *F. Giese*, a.a.O.; sowie *Apelt*, WV, S. 189: Die Zwischenausschüsse treten an die Stelle des Parlaments, sobald dieses nicht mehr vorhanden *oder* nicht versammelt ist".
[39] Für RV: *Laband*, Staatsrecht I, S. 342; *v. Freytagh-Loringhoven*, WV, S. 101; für WV: *Anschütz*, WV Art. 24 Anm. 8; *Hatschek*, Staatsrecht I, S. 480; *Finger*, Staatsrecht, S. 267.

liche Diskontinuität, sondern sah deren Inhalt auch darin, daß das Präsidium sowie die Ausschüsse des Parlaments bei Beginn der neuen Tagung neu gewählt werden mußten[40], es einer neuen Konstituierung des Reichstags bedurfte[41]. Da aber das konkrete Parlament nicht nur die Summe seiner Abgeordneten ist, sondern seine Konstituierung hinzutreten muß, ergäbe sich aus jener Auffassung, daß es auch „außerhalb der Tagung" an einem konkreten Parlament fehle.

Das Erfordernis der Neuwahl von Parlamentsausschüssen und Präsidium, der abermaligen Konstituierung des Parlaments zu Beginn einer neuen Tagung wird jedoch weder in der RV noch in der WV noch in der BV ausdrücklich aufgestellt. Auch praktische Gründe sind hierfür nicht ersichtlich. Es wurde damit argumentiert, daß mittels der Schließung der Tagung der Reichstag in der Lage sein sollte, gegebenenfalls sein Ersticken in einer Fülle von Anträgen und unerledigten Geschäften zu verhindern; durch den kurzen formalen Akt der Tagungsschließung sollte alles, was sich im Stadium der Vorbereitung befunden hatte, aber sicher nicht mehr erledigt werden konnte, beseitigt werden[42]. Selbst wenn man dieser Begründung folgen sollte, so erklärt sie aber nicht die angebliche Notwendigkeit einer neuen Konstituierung, sondern betrifft allein die sog. sachliche Diskontinuität. Für die Erreichung dieses Ziels ist eine Neukonstituierung bzw. Neuwahl von Unterorganen nicht nötig.

Im Hinblick darauf, daß die Zerlegung der Landtagstätigkeit während eines Jahres in eine Reihe von Tagungen auf dem freien Willen des LT beruht (Art. 17 BV)[43], wird für das bayerische Parlamentsrecht selbst die sachliche Diskontinuität verneint: der Schluß der Tagung kann „keine rechtlichen Wirkungen in bezug auf die Tagungsgegenstände ausüben ... (Kontinuität der Tagungen im Gegensatz zu der Diskontinuität der Legislaturperioden)"[44].

Unter der Geltung von Art. 12 RV war die Anwendung dieses Diskontinuitätsprinzips berechtigt. Art. 12 RV gab dem Kaiser das Recht, „den Reichstag zu berufen, zu eröffnen, zu vertagen und zu schließen". Damals war das Parlament ein periodisch tagendes Kollegium, das rechtlich erst durch eine Berufung und Eröffnung des Kaisers in Erscheinung trat; bei einem auf eigene Initiative hin erfolgten Zusammentritt hätte lediglich „eine private Versammlung" bestanden[45]. Der Wortlaut von Art. 12 RV diente als Ausgangspunkt für die These der Diskontinuität der

---

[40] *Anschütz*, a.a.O.; *Poetzsch-Heffter*, WV Art. 24 Anm. 6.
[41] *Laband*, a.a.O.; *Finger*, a.a.O., S. 41, 266.
[42] *v. Freytagh-Loringhoven*, WV, S. 101 Fußn. 1; *Finger*, Staatsrecht, S. 266 f.
[43] Art. 24 WV stimmt mit Art. 17 BV im wesentlichen überein, so daß Gleiches für den RT gilt.
[44] *Nawiasky-Leusser*, BV (1. Aufl.) Erl. zu Art. 17; ebenso *Schweiger*, in Nawiasky-Leusser u. a., BV Art. 17 Randnr. 2; *Kl. Müller*, DÖV 1965, S. 507.
[45] *Finger*, Staatsrecht, S. 41; vgl. auch *Meyer-Anschütz*, S. 511 sowie zu den ständischen Vertretungen *Scheuner*, DÖV 1965, S. 511.

Tagungen[46]. Übernimmt man diese in das Parlamentsrecht der WV und BV, so ist dabei das Erfordernis der Neukonstituierung auszuklammern, weil es spezifisch durch das kaiserliche Einberufungsrecht bedingt war.

Bereits die Reichstagspraxis unter der WV zog nicht die Konsequenz, daß das Präsidium sowie die Ausschüsse des Parlaments bei Beginn der neuen Tagung neu gewählt werden müssen[47]. Nach § 14.2 GeschO RT[48] wurde der Vorstand des Reichstags „für die Dauer der Wahlperiode gewählt". Tatsächlich blieben die „ständigen" Ausschüsse nach § 26 GeschO RT während der gesamten Wahlperiode bestehen. Schließlich enthielt die GeschO RT im Gegensatz zur Geschäftsordnung für den alten Reichstag (§ 70) keine Vorschrift dahingehend, daß Vorlagen, Anträge usw. mit Ablauf der Tagung, in der sie eingebracht worden sind, als erledigt gelten würden.

Entsprechendes gilt für die bayerische Landtagspraxis. Die Wahl des Präsidiums (Art. 20 I BV) erfolgt nach § 10 I 1 GeschO LT für die gesamte Wahlperiode, ebenso die Bildung der organisationsgemäß vorgesehenen regelmäßigen Landtagsausschüsse nach § 24 GeschO LT. Auch die Bamberger Verfassung ging bezüglich der Konstituierung bewußt den entgegengesetzten Weg[49]. Die damalige Landtagspraxis stand überdies auf dem Standpunkt der sachlichen Kontinuität, indem sie die in einer Tagung nicht erledigten Gegenstände in die folgende Tagung übernahm[50].

Art. 24 II WV berechtigte, aber verpflichtete nicht den Reichstag, den Schluß der Tagung zu bestimmen. Dementsprechend hatte seit dem ersten Zusammentritt unter der WV ein „Schluß der Tagung" nicht stattgefunden; nach damaliger Übung tagte der Reichstag rechtlich ununterbrochen[51]. Dasselbe trifft heute für den Bayerischen Landtag zu, der sich auch nur „vertagt", seine Tagung aber nicht schließt[52]. Die praktisch permanente Tagung zeigt, daß das als Motiv für die Diskontinuität genannte Bedürfnis nach Erleichterung der Parlamentsarbeit in der geschilderten Weise innerhalb einer Wahlperiode nicht (mehr) besteht[53].

Man folgerte schließlich aus Art. 35 I WV „eine stillschweigende Anerkennung des Grundsatzes der Diskontinuität der Tagungen": „Darin, daß

---

[46] *Finger*, Staatsrecht, S. 266.
[47] *Rilinger*, S. 38; *Scheuner*, DÖV 1965, S. 512: die Neukonstituierung für die Sitzungsperiode fiel fort.
[48] Geschäftsordnung für den Reichstag vom 12. Dez. 1922, RGBl. 1923 Teil II, S. 101. § 14.2 GeschO RT wurde von *Nawiasky* (DJZ 1923, Sp. 235) allerdings für ungültig gehalten.
[49] *Nawiasky*, Bayer. Verfassungsrecht, S. 139.
[50] *Nawiasky*, Bayer. Verfassungsrecht, S. 139 f.
[51] *Anschütz*, WV Art. 24 Anm. 5; *Kl. Müller*, DÖV 1965, S. 507; *Poetzsch-Heffter*, WV Art. 24 Anm. 6.
[52] *Schweiger*, in Nawiasky-Leusser u. a., BV Art. 17 Randnr. 2.
[53] A. A. für die Zeit unter der WV: *Finger*, Staatsrecht, S. 267; vgl. auch unten 2. Teil § 1 B.

III. Organ eines konkreten Parlaments?

man es für nötig hielt, das Fortbestehen des Ausschusses für auswärtige Angelegenheiten ‚auch außerhalb der Tagung' ausdrücklich vorzuschreiben, liegt das Zugeständnis, daß, soweit die Verf. nicht ausdrücklich etwas anderes bestimmt, die Ausschüsse des Reichstags mit dem Schluß der Tagung zu bestehen aufhören[54]." Art. 35 I WV bestimmt jedoch nur, daß jener Ausschuß auch außerhalb der Tagung des Reichstags „tätig werden kann", läßt also lediglich den Umkehrschluß zu, daß die übrigen Ausschüsse bei Tagungsschluß wie das Plenum ihre Tätigkeit einzustellen haben. Damit ist weder bewiesen, daß die in der abgelaufenen Sitzungsperiode von Plenum oder Ausschüssen nicht erledigten Geschäfte zu Anfang der neuen Tagung von neuem zu beginnen, noch daß Parlament und Ausschüsse abermals zu konstituieren seien. Die Formulierung „tätig werden" spricht eher dafür, daß der Fortbestand der Institutionen über den Tagungsschluß hinaus als gegeben vorausgesetzt wurde.

Der Grundsatz der Diskontinuität der Sitzungsperioden im oben genannten umfassenden Sinn wurde als Gewohnheitsrecht angesehen[55]. Gewohnheitsrecht erfordert langdauernde Übung und die Überzeugung, daß es sich dabei um Recht handle, das allgemeinverbindlich sei (opinio necessitatis)[56]. Die sachliche Diskontinuität setzt die „organisatorische" Diskontinuität nicht voraus. Letztere wurde weder unter der WV noch den bayerischen Verfassungen von 1919 und 1946 je praktiziert; das geltende bayerische Verfassungsrecht kennt somit kein Gewohnheitsrecht dahingehend, daß der LT sich zu Beginn einer neuen Tagung abermals konstituieren bzw. seine Unterorgane neu bestellen müßte[57]. Die Formulierung von Art. 17 BV läßt darauf schließen, daß die Verfassung von dem Fortbestehen des konkreten Parlaments zwischen zwei Tagungen ausgeht. „Der Landtag bestimmt ... den Zeitpunkt des *Wiederzusammentritts*" (Art. 17 III BV), d. h. ein und dasselbe Parlament, wie es sich beim ersten Zusammentritt konstituiert hat, versammelt sich zu Beginn der Tagung „wieder". Dem konkreten LT ist außerhalb der Tagung das

---

[54] *Anschütz*, WV Art. 35 Anm. 3; vgl. auch *Schweiger*, in Nawiasky-Leusser u. a., BV Art. 26 Randnr. 2 a. E.

[55] *Anschütz*, WV Art. 24 Anm. 8 mit weiteren Nachweisen; *Finger*, Staatsrecht, S. 267; *Schweiger*, Die Diskontinuität der Legislaturperioden, DÖV 1954, S. 162 mit weiteren Nachweisen; vgl. auch *Laband*, Staatsrecht I, S. 342 f.; *Meyer-Anschütz*, S. 511; *Scheuner*, DÖV 1965, S. 512.

[56] s. etwa *Hubmann*, JuS 1968, S. 63; *Hatschek*, Staatsrecht I, S. 36.

[57] Es ist dabei nicht notwendig, von einem — nur unter besonderen Voraussetzungen möglichen (vgl. *Schweiger*, Die Diskontinuität der Legislaturperioden, DÖV 1954, S. 162 mit weiteren Nachweisen) — Wegfall eines entsprechenden Gewohnheitsrechts zu sprechen. Denn der Grundsatz der Diskontinuität der Tagungen ergab sich unter den konstitutionellen Verfassungen bereits im Wege der Gesetzesauslegung (vgl. Art. 12 RV); vgl. *A. Arndt*, Preuß. Verf., Art. 51 Anm. 4 mit weiteren Nachweisen; dazu *Hubmann*, JuS 1968, S. 61 ff.; vgl. auch *Nawiasky*, Bayer. Verfassungsrecht, S. 139; *Kl. Müller*, DÖV 1965, S. 506 f. mit weiteren Nachweisen, der aus anderen Gründen den Bestand eines solchen Gewohnheitsrechts bezweifelt.

Selbstversammlungsrecht (bzw. die Pflicht hierzu) nach Art. 17 BV eingeräumt. Der Landtag ist in dieser Zeit also auch tatsächlich präsent[58]. Anders als nach Beendigung der Wahlperiode tritt nach Schluß der Sitzungsperiode kein Wechsel der Organwalterschaft ein. Zu Beginn einer neuen Tagung innerhalb derselben Wahlperiode gilt nach wie vor dieselbe Repräsentanz, so daß auch von daher die Neuwahl von parlamentarischen Unterorganen bzw. eine Neukonstituierung des Parlaments überflüssig ist.

b) Der Zwischenausschuß „außerhalb der Tagung" als Organ des konkreten Landtags

Die Tatsachen, welche den Zwischenausschuß zwischen zwei Wahlperioden als Organ der abstrakten Institution Parlament erscheinen lassen, sprechen in verstärktem Maße dafür, daß der Zwischenausschuß „außerhalb der Tagung" Unterorgan des konkreten, nur nicht versammelten LT ist[59]. Besonders hervorgehoben seien hier seine enge organisatorische Verbindung mit dem LT, seine Behandlung in der Geschäftsordnung des jeweiligen konkreten LT und seine Bestellung durch den LT, in funktioneller Hinsicht, daß er die Rechte der Volksvertretung, d. h. während der Wahlperiode also des konkreten LT, gegenüber der Staatsregierung zu wahren hat.

Das abstrakt-institutionelle Organ und das konkrete Organ sind dieselbe Institution, wobei im Falle der Existenz der Organwalterschaft die bisher nur abstrakt vorhandene Institution aktualisiert wird. Daraus folgt, daß der (konkrete) Zwischenausschuß, da sein Verhalten der abstrakten Institution Parlament zuzurechnen ist, dann „auch" Unterorgan des konkreten Parlaments ist, sobald und solange die Abgeordnetenschaft besteht. Schließlich sprechen die unveränderte Rechtsstellung des Parlaments sowie dessen Selbstversammlungsrecht außerhalb der Tagung deshalb für die Einordnung des Ausschusses als Unterorgan des konkreten LT, weil anderenfalls ein diesem gegenüber eigenständiges Staatsorgan Funktionen eines anderen, obersten Staatsorgans ausübte, obgleich dieses Staatsorgan besteht, seine Organwalter im Bedarfsfall zusammentreten und die im Organ zusammengefaßten Zuständigkeiten selbst wahrnehmen könnten. Von den Funktionen des Zwischenausschusses kann insofern auf dessen Rechtsstellung geschlossen werden, als die (Unter-)Organschaft bei Berücksichtigung des Tätigwerdens auch während der Wahlperiode die adäquate Form für die Wahrnehmung der dem Zwischenausschuß gestellten Aufgaben ist.

---

[58] Vgl. *Abicht*, S. 15: „Die Rechtsstellung des Reichstags ist infolge seines Selbstversammlungsrechts nach Art. 24 I 2 RV (= WV) die gleiche wie zur Zeit der Tagung selbst."

[59] A. A. *Schweiger*, in Nawiasky-Leusser u. a., BV Art. 20 Randnr. 2 ohne nähere Begründung.

III. Organ eines konkreten Parlaments?

*c) Folgerungen aus der Rechtsstellung
während der Wahlperiode auf die Rechtsstellung
zwischen zwei Wahlperioden?*

Ist somit festgestellt, daß der Zwischenausschuß während der Wahlperiode ein Unterorgan des konkreten LT ist, so ergibt sich die Frage, ob er dann außerhalb der Wahlperiode ebenfalls diese Rechtsstellung hat, da die BV bezüglich beider Arten des Überwachungsausschusses nicht unterscheidet.

Die Frage ist aus den oben unter 1 b genannten Gründen zu verneinen. Durch Art. 26 I 1 BV wird lediglich ermöglicht, daß der Zwischenausschuß auch nach dem Ende der Wahlperiode tätig wird, also der Grundsatz der Diskontinuität der Unterorgane durchbrochen. Diese „Prolongierung" wirkt sich dahin aus, daß der (konkrete) Zwischenausschuß zwar als Unterorgan weiterbesteht, aber nicht als Unterorgan des letzten LT, sondern nur mehr als Unterorgan des abstrakten-institutionellen Organs LT. Dies deshalb, weil mit dem Ende der Wahlperiode der letzte LT zu bestehen aufgehört hat und mithin nicht mehr Substrat der Zurechnung sein kann. Der Ausschuß nach Art. 26 BV hat also eine Doppelnatur: er ist Unterorgan des konkreten LT während der Wahlperiode, nach dieser Unterorgan der Institution LT als solcher.

Für diese Ergebnis spricht die Geschichte des Überwachungsausschusses in Bayern. Daß man sich des genannten Unterschieds bewußt war, kommt darin zum Ausdruck, daß in § 30 der Verfassungsurkunde des Freistaates Bayern vom 14. August 1919[60] eigentlich sogar zwei Ausschüsse vorgesehen waren, nämlich der Zwischenausschuß[61] zwischen zwei Tagungen und der „ständige Ausschuß"[62] nach Ablauf der Wahldauer des LT oder nach dessen Auflösung, welche nur praktisch zu einem Ausschuß vereinigt waren[63]. Der „Zwischentagungsausschuß" bedurfte

---
[60] GVBl. S. 531.
[61] § 30 III 2 der Verfassungsurkunde; auch „Zwischentagungsausschuß" genannt, *Nawiasky*, Bayer. Verfassungsrecht, S. 136; *Kratzer*, BV 1919, § 30 Anm. 6.
[62] § 30 III 3 der Verfassungsurkunde; durch Art. 2 des Gesetzes vom 1. Nov. 1923, GVBl. S. 373, wurde dieser Satz zu einem eigenen 4. Absatz; auf diese Weise sollte der Unterschied zwischen den beiden Ausschüssen herausgehoben werden, *Kratzer*, BV 1919, § 30 Anm. 8.
[63] Vgl. *Schweiger*, in Nawiasky-Leusser u. a., BV Art. 26 Randnr. 2; *Nawiasky*, Bayer. Verfassungsrecht, S. 137 f.; vgl. auch *Abicht*, S. 25; dieser unterscheidet beim Überwachungsausschuß jedoch zu weitgehend zwischen einem „Vertretungsorgan" und einem „Ersatzorgan" und folgert daraus einen verschiedenen Umfang der Zuständigkeit; dem wird nicht gefolgt, weil der Zwischenausschuß zwar innerhalb der Wahlperiode Organ des konkreten LT und außerhalb dieser Organ der abstrakten Institution LT, aber doch stets Unterorgan des Parlaments ist. Außerdem muß auch *Abicht* (S. 37) einräumen, daß die Rechte des Ausschusses „auf Grund tatsächlicher, nicht rechtlicher Gleichstellung" in beiden Fällen die gleichen sind.

der Übertragung von bestimmten Befugnissen durch den LT, während der „ständige Ausschuß" keine derartigen Verbindungslinien mit dem auseinandergegangenen LT aufwies[64].

3. Organ des künftigen Parlaments?

Die Tätigkeit des Zwischenausschusses nach Art. 45 GG und 26 BV endet mit dem ersten Zusammentritt des neugewählten Parlaments. Da auch in der Zeit zwischen dem Wahltag und dem ersten, konstituierenden Zusammentritt das kommende Parlament noch nicht besteht, überschneiden sich die beiden Institutionen in zeitlicher Hinsicht in keiner Phase. Infolgedessen kann das Organverhalten des Ausschusses dem künftigen Parlament unmittelbar nicht zugerechnet werden; der Zwischenausschuß ist somit kein Unterorgan des folgenden Parlaments[65]. Anderenfalls bestünde ein bloßes Unterorgan früher als die Organisation selbst. Jene Unterorganschaft ließe sich auch schwer mit dem Grundsatz der Diskontinuität der Wahlperioden vereinbaren. Personell ein Ausschuß noch des alten Parlaments spiegelt er dessen politische Kräfteverhältnisse wider, während das neue Parlament und demzufolge seine Ausschüsse sich auf Grund der Neuwahl ganz anders zusammensetzen könnten. Der Zwischenausschuß wäre unter den übrigen Parlamentsorganen ein Fremdkörper, da er allein auf einer nicht mehr geltenden Repräsentanz beruhte.

Wenn auch der Zwischenausschuß kein Organ des künftigen Parlaments ist, so kann sich die zwischen zwei Wahlperioden auf die abstrakte Institution Parlament erfolgte Zurechnung mittelbar doch auch auf das neugewählte Parlament erstrecken. Das ist wegen der Zusammengehörigkeit von abstrakt-institutionellem und konkretem Organ dann der Fall, wenn sich die vom Zwischenausschuß getroffenen Maßnahmen über dessen Existenzdauer hinaus auswirken. Diese sich aus der Rechtsstellung des Zwischenausschusses ergebende Konsequenz ist im Hinblick auf die sachliche Diskontinuität der Wahlperioden bei der Abgrenzung der dem Ausschuß zustehenden Befugnisse zu berücksichtigen[66].

---

[64] Vgl. *Piloty,* § 30 Anm. 6.

[65] Vgl. *F. Giese,* WV Art. 35 Erl. 4: „Dieser Ausschuß ist ... nach Beendigung der Wahlperiode ... noch nicht Organ eines RT"; *v. Freytagh-Loringhoven,* WV, S. 119: „nicht Organ des neuen Reichstages".

[66] Vgl. *Schweiger,* Die Diskontinuität der Legislaturperioden, DÖV 1954, S. 162 unten / 163 oben.

§ 7 Überblick über die Geschichte des Zwischenausschusses

I. Gemeindeutsches Verfassungsrecht

Bereits das gemeindeutsche Verfassungsrecht kannte dem Zwischenausschuß organisatorisch und funktionell ähnliche Institutionen, die als Vorbild dienten[1]. Aus der Fülle der Landtagsausschüsse in vielen der damaligen deutschen Gliedstaaten seien im folgenden diejenigen ausgewählt, welche auf Grund ihrer Rechtsstellung und ihrer Funktionen am deutlichsten an den Zwischenausschuß erinnern[2].

Eine besonders ausführliche Regelung erfuhr der entsprechende[3] Ausschuß in der Verfassungsurkunde *Württembergs* vom 25. 9. 1819 (§§ 187 bis 192). Nach § 187 bestand, „so lange die Stände nicht versammelt" waren, „als Stellvertreter derselben, ein Ausschuß für diejenigen Geschäfte, deren Besorgung von einem Landtag zum anderen zur ununterbrochenen Wirksamkeit der Repräsentation des Landes notwendig" war. Er bestand aus den Präsidenten der beiden Kammern, zwei Mitgliedern aus der ersten und acht aus der zweiten Kammer (§ 190 I 1). Den Aufgabenbereich legte § 188 fest: dem Ausschuß oblag es u. a., „die ihm, nach der Verfassung, zur Erhaltung derselben zustehenden Mittel in Anwendung zu bringen", in den geeigneten Fällen bei der höchsten Staatsbehörde Vorstellungen, Verwahrungen und Beschwerden einzureichen, und nach Erfordernis der Umstände um Einberufung einer außerordentlichen Ständeversammlung zu bitten, welche nach der Verfassung nicht verweigert wurde, wenn Grund und Dringlichkeit einer Ministeranklage gehörig nachgewiesen waren (§ 188 I). Ferner hatte der Ausschuß am Ende der in die Zwischenzeit fallenden Finanzjahre die richtige, der Verabschiedung angemessene Verwendung der Steuern in dem verflossenen Jahre zu prüfen (§ 188 II 1). Ihm stand die Aufsicht über die Verwaltung der Staatsschulden-Zahlungskasse zu (§ 188 II 2). Nach § 188 III war der ständische Ausschuß dafür zuständig, die für eine Ständeversammlung sich eignenden Geschäftsgegenstände zur künftigen Beratung vorzubereiten. Dagegen konnte er sich „auf solche Gegenstände, welche verfassungsmäßig eine Verabschiedung mit den Ständen erfordern, namentlich auf Gesetzgebungsanträge... nicht anders als auf eine vorbereitende Weise einlassen" (§ 189). Die Wirkungsdauer war in § 192 geregelt: „Die

---

[1] Vgl. Berichterstatter *Katzenstein*, RT Verh. Bd. 327, S. 1264 C, D (45. Sitzung der Nationalversammlung am 3. 7. 1919); ders., RT Verh. Bd. 336, S. 267 (Verf. A.); *Hatschek*, Staatsrecht I, S. 706; *F. Giese*, WV Art. 35 Anm. II 4.
[2] Zu jenen gemeindeutschen Ausschüssen s. *F. Giese*, Annalen des DR 1917, S. 316—326, der sie mit dem unten (III 2) behandelten Hilfsdienstausschuß vergleicht. Die im folgenden zitierten Verfassungsbestimmungen sind abgedruckt bei *Zachariä*, Verfassungsgesetze, bzw. dem Fortsetzungsband dazu.
[3] Vgl. *Heuß*, Parlamentsausschuß, S. 148.

Verrichtungen des Ausschusses hören mit der Eröffnung eines neuen Landtages auf, und werden nach einer bloßen Vertagung desselben, oder nach Beendigung einer außerordentlichen Ständeversammlung, wieder fortgesetzt" (Abs. 1). Bei der Auflösung eines LT oder bei der Entlassung eines ordentlichen mußte grundsätzlich (vgl. Abs. 3) ein neuer Ausschuß gewählt werden, wozu den Ständen auch bei einer Auflösung der Versammlung die erforderliche Sitzung noch gestattet war (Abs. 2).

Die „Landesdeputation" im Herzogtum *Sachsen-Altenburg* hatte u. a. die Aufgabe, „vermittelnd" bei „erheblichen Anständen in der Finanzverwaltung" einzutreten und die Geschäfte der nächsten Versammlung vorzubereiten (§ 249 des Grundgesetzes vom 29. 4. 1831[4]). Ihre Mitglieder aus der Abgeordnetenschaft wurden bei jedem LT „für die Zeit vom Schlusse desselben bis zur Eröffnung des künftigen" gewählt (§ 250). Nach § 255 mußte die Landesdeputation verfassungswidrige Ereignisse zur Kenntnis des Landesherren bringen und auf Abhilfe antragen, wenn sie die Überzeugung hatte, „daß ein Aufschub solcher Anzeige bis zum nächsten Landtage wesentlichen Schaden bringen werde". Durch Beschluß der Landschaft konnten der Deputation „noch andere Befugnisse der gesamten Landschaft zur interimistischen Wahrnehmung übertragen werden" (§ 257). „Die Beschlüsse und Erklärungen der Landesdeputation sollen, soweit möglich, den vorangegangenen... landschaftlichen Beschlüssen entsprechen"; sie durften nur dann von deren Sinn und Zweck abweichen, wenn das durch das Vorliegen neuer Tatsachen notwendig wurde. Andererseits war gem. § 264 I 2 die Landschaft an die vom Landesherren bestätigten Beschlüsse der Landesdeputation gebunden.

Unter der Abschnittsüberschrift „Von den Landtags-Ausschüssen" enthielt das Staatsgrundgesetz für die *Herzogtümer Coburg und Gotha* vom 3. 5. 1852 folgende Bestimmungen: § 91 „Für jeden Landtag besteht ein Ausschuß, dessen Tätigkeit stets dann eintritt, wenn der betreffende Landtag nicht versammelt ist". Das wurde präzisiert durch § 95: „Der Ausschuß besteht fort, auch wenn die Auflösung des betreffenden Landtags erfolgt." Bezüglich der Rechtsbeziehungen zwischen Ausschuß und Landtag bestimmte § 94.3, daß der neue LT berechtigt ist, „von dem bisherigen Ausschusse über dessen Geschäftsführung Auskunft und Rechenschaft zu verlangen". Nach § 97 hatten die Ausschüsse, „ein jeder innerhalb der Kompetenz des betreffenden Landtags", u. a. „darüber zu wachen, daß nichts gegen die Verfassung geschehe, und zur Aufrechterhaltung derselben alle den Landtagen verfassungsmäßig zustehenden Rechte zu üben", „überhaupt Geschäfte der Landtage vorzubereiten", schließlich „das Recht der Bitte, Anträge und Beschwerden in den Grenzen zu üben, welche den Landtagen selbst angewiesen sind".

---

[4] Zu der teilweisen Ablösung der Vorschriften des Grundgesetzes über die Deputationen s. *F. Giese*, Annalen d. DR 1917, S. 321.

Auch im *Herzogtum Braunschweig* bestand ein „ständischer Ausschuß", welcher nach § 118 der Neuen Landschaftsordnung vom 12. 10. 1832 „das Recht und die Pflicht" hatte, „zwischen den Landtagen auf die Vollziehung der zwischen dem Landesfürsten und den Ständen getroffenen Vereinbarungen zu sehen, sowie die ihm in dieser Hinsicht erforderlich scheinenden Anträge bei der Landesregierung zu machen". Was unter der Zeit „zwischen den Landtagen" zu verstehen war, ergab sich dann aus § 24 des Gesetzes „über die Zusammensetzung der Landesversammlung" vom 22. 11. 1851[5]: „Der Ausschuß wird ernannt, wenn der Landtag vertagt, verabschiedet oder aufgelöst wird, vor dessen Auseinandergehen."

Der bereits durch seinen Namen an die heutige Institution erinnernde „ständige Landtagsausschuß" (Art. 166 des Revidierten Staatsgrundgesetzes vom 22. 11. 1852) im *Großherzogtum Oldenburg* hatte in der „Zeit zwischen den Landtagen" (Art. 168) u. a. „auf verfassungsmäßige Weise das Interesse des Landtags wahrzunehmen" sowie bestimmte Geschäfte des LT vorzubereiten (Art. 173 § 1). Nach Art. 173 § 2 konnte er über die seiner Wirksamkeit unterliegenden Angelegenheiten jederzeit von der Staatsregierung die erforderlichen Aufschlüsse begehren.

Der „Landtagsausschuß" von *Schwarzburg-Sondershausen* (Verfassungsgesetz vom 12. 12. 1849) war auf Grund des § 157 I „befugt und verpflichtet, die Rechte des Landtags wahrzunehmen, nötigenfalls durch Vorstellungen, Beschwerden und Verwahrungen bei der Staatsregierung und den Organen der Reichsgewalt".

Schließlich sei noch der „Landtagsausschuß" im *Fürstentum Reuß Jüngerer Linie* genannt, da der „in der Zeit zwischen zwei ordentlichen Landtagen" bestehende Ausschuß (§ 98 des Revidierten Staatsgrundgesetzes vom 14. 4. 1852) ganz ähnlich wie nunmehr der Zwischenausschuß die Kompetenz hatte, „die Rechte der Volksvertretung aufrecht zu erhalten, die Ausführung der vom Staatsoberhaupte und vom Landtage gefaßten Beschlüsse zu überwachen, in dringenden Fällen Anzeige an die Staatsregierung zu erstatten und Vorstellungen und Beschwerden bei derselben anzubringen" (§ 99 Buchst. a).

Die Vergleichbarkeit der Zwischenausschüsse mit den ebenfalls aus Mitgliedern der Landtage bestehenden landständischen Ausschüssen wird unter Hinweis auf die Verschiedenheit der jeweiligen Regierungsform mitunter abgelehnt[6]. Die ausgewählten Verfassungsbestimmungen verdeutlichen jedoch einmal eine Übereinstimmung bezüglich der Wirkungsdauer; zum anderen hatten landständische Ausschüsse darüber zu wa-

---

[5] Abgedruckt bei *Zachariä*, Verfassungsgesetze, S. 734; das Gesetz hatte Verfassungsrang, § 28 II.
[6] *Preuß*, RT Verh. Bd. 336, S. 267 (Verf. A.); *Abicht*, S. 9; vgl. auch *Dennewitz-Schneider*, in: Bonner Kommentar, Art. 45 Anm. III und unten Schlußbetrachtung.

chen, daß die Verfassung sowie speziell die Rechte des Landtags beobachtet wurden und erhalten blieben. Beide Charakteristika des Zwischenausschusses weisen also bereits Ausschüsse des gemeindeutschen Verfassungsrechts auf. Ihre Kontrollfunktionen waren lediglich noch nicht so ausgestaltet, wie es unter dem parlamentarischen Regierungssystem möglich ist, und vielfach auf einzelne Bereiche, z. B. die Finanzverwaltung beschränkt.

Die landständischen Ausschüsse waren den Landtagen zugeordnet[7]; sie wurden in mehreren Verfassungsurkunden ausdrücklich als „Landtagsausschüsse" bezeichnet. Für diese rechtliche Zuordnung sprechen, abgesehen von Merkmalen, die sich auch für die modernen Zwischenausschüsse aus der Verfassung ergeben, ihre Verpflichtung, Rechenschaft gegenüber dem LT abzulegen[8], sich — wie im Herzogtum Sachsen-Altenburg — soweit als möglich an vorangegangene Beschlüsse des Plenums zu halten, sowie die ihnen nicht selten auferlegte Aufgabe, die Verhandlungen des LT vorzubereiten.

II. Die Verfassung des Deutschen Reichs vom 16. 4. 1871

In der Verfassung des Deutschen Reichs vom 16. 4. 1871 (RV) war eine dem Art. 45 GG entsprechende Bestimmung nicht enthalten.

1. Die Kommissionen

Ausschüsse hatte freilich auch der damalige Reichstag. Diese als „Kommissionen"[9] bezeichneten Einrichtungen beruhten nicht wie der Zwischenausschuß unmittelbar auf der Verfassung, sondern wurden geschäftsordnungsmäßig gebildet[10]. Dazu war das Parlament auf Grund der ihm durch Art. 27 RV eingeräumten Parlamentsautonomie berechtigt. Die „ständigen" (d. h. für die Dauer einer Session bestellten) Fachkommissionen und die nur vorübergehenden Beratungszwecken dienenden Sonderkommissionen waren interne, im Verhältnis zum Plenum wirksam werdende (Unter-)Organe des Reichstags[11]. Sie hatten die Aufgabe, die Plenarberatung und Beschlußfassung der vom Reichstag zu behandelnden Angelegenheiten vorzubereiten[12].

---
[7] Vgl. *Giese*, Annalen d. DR 1917, S. 318.
[8] s. § 94.3 Staatsgrundgesetz für die Herzogtümer Coburg und Gotha vom 3. 5. 1852.
[9] Hierzu *Hatschek*, Parlamentsrecht, S. 227 ff.
[10] §§ 5, 26 GeschO für den RT vom 10. 2. 1876.
[11] Vgl. *Hatschek*, Parlamentsrecht, S. 240; F. *Giese*, Hilfsdienstausschuß, Annalen des DR 1917, S. 318.
[12] F. *Giese*, a.a.O., S. 317; *Laband*, Staatsrecht I, S. 352 f.

II. Die Verfassung des Deutschen Reichs vom 16. 4. 1871

2. Die Ausfüllung der Tagungslücken

Die Legislaturperioden des kaiserlichen Reichstags waren in Sessionen untergliedert. Demgemäß ergaben sich folgende „Tagungslücken": die Zeit zwischen zwei Wahlperioden, die Zeit zwischen zwei Sessionen und die Vertagungszeit zwischen den Abschnitten einer Session. Die Kommissionen mußten in den ersten beiden Fällen ihre Tätigkeit unterbrechen. Der Grundsatz von der Akzessorietät der Unterorgane wurde immerhin bereits damals durchbrochen dergestalt, daß in Einzelfällen Kommissionen nach Sessionsschluß als sog. Zwischenkommissionen weitertagten; dazu bedurfte es allerdings einer besonderen gesetzlichen Ermächtigung[13]. Solche Ermächtigungen wurden in praxi verschiedentlich erteilt[14]. Die sog. Zwischenkommissionen des kaiserlichen Reichstags lassen demnach insofern einen Vergleich mit dem Zwischenausschuß zu, als sie, Organe des Reichstags, freilich noch in Ausnahmefällen „außerhalb der Tagung" tätig werden konnten. Die Berechtigung zur Kommissionstätigkeit während einer Vertagung des Reichstags, bei der nur eine Suspension der Reichstagsgeschäfte eintrat, wurde bezweifelt[15]. Auf diese Frage braucht nicht eingegangen zu werden, da der Zwischenausschuß nicht für die Zeit einer bloßen Vertagung bestimmt ist.

3. Die parlamentarische Kontrolle der Regierung

Bezüglich seiner Kontrollfunktion hatte der Zwischenausschuß im damaligen Reichsverfassungsrecht keinen Vorgänger. Im Vergleich mit der Zeit nach 1918 hatten die Reichstagsausschüsse eine viel schwächere Stellung[16]; diese folgte notwendigerweise aus der schwachen Position des Reichstags vor 1918. Der Reichstag im monarchisch bundesstaatlichen Reich hatte wenig Einfluß auf die Regierung bzw. Verwaltung. Er hatte keine solchen Kontrollrechte[17], wie sie der Volksvertretung der Regierung gegenüber unter der Geltung der Verfassungen zustehen, in welchen das parlamentarische Regierungssystem verankert ist; er und der frühere Reichstag des Norddeutschen Bundes waren „ohne irgendwie bedeutende Kontrollbefugnisse gegenüber der von ihnen nicht gebildeten Regierung und Ministerialbürokratie"[18]. Deshalb bedurfte es auch keiner Institution zur Wahrnehmung derartiger Rechte in der parlamentslosen Zeit[19].

---

[13] *Hatschek*, Parlamentsrecht, S. 246; *Dechamps*, Ausschüsse, S. 95; *F. Giese*, a.a.O.
[14] Zum Beispiel durch das Gesetz vom 23. 12. 1874 über die geschäftliche Behandlung der Justizgesetzentwürfe, RGBl. 1874, S. 194 f.
[15] Bejahend *Laband*, Staatsrecht I, S. 343 Fußn. 2 mit weiteren Nachweisen; verneinend *Hatschek*, Parlamentsrecht, S. 246; vgl. auch *F. Giese*, a.a.O.
[16] Vgl. *Heuß*, Parlamentsausschuß, S. 129.
[17] Zur Kompetenz des kaiserlichen RT vgl. *Finger*, Staatsrecht, S. 38 f.
[18] *Dechamps*, Verlagerung, S. 80; vgl. auch *Ellwein-Görlitz*, S. 44.
[19] Vgl. *Straßburg*, S. 11.

III. Tendenzen zur Bildung eines Zwischenausschusses bis zur Weimarer Verfassung

Der Erste Weltkrieg ließ das wachsende Bestreben hervortreten, die Möglichkeit einer Einflußnahme auf die Regierung durch das Parlament zu verstärken. Dieser Trend führte zu einer Machterweiterung bzw. Neubildung von Parlamentsausschüssen, welche ihren Funktionen und ihrer Rechtsstellung nach als Beginn einer Entwicklung angesehen werden können, an deren Ende die Einbeziehung von Zwischenausschüssen in die WV stand[20].

1. Erweiterte Zuständigkeit des Reichshaushaltsausschusses

Der Reichshaushaltsausschuß hatte sich zum „Hauptausschuß"[21] entwickelt. Ihm wurde gegenüber anderen Fachausschüssen eine größere Bedeutung zugemessen, was auch daran deutlich wird, daß er in der Reihenfolge der Fachkommissionen damals an die erste Stelle gesetzt wurde; diese Reihenfolge war für das Recht, den Ausschuß-Vorsitzenden zu stellen, von maßgebender Bedeutung[22]. In der Sitzung des Reichstags vom 27. 10. 1916 wurde ein Antrag angenommen, wonach der Ausschuß für den Reichshaushalt als der wichtigste Parlamentsausschuß vom Reichstag ermächtigt wurde, „zur Beratung von Angelegenheiten der auswärtigen Politik und des Krieges während der Vertagung (des Reichstags) zusammenzutreten"[23]. Daraufhin erging die den Reichstag vertagende Verordnung vom 4. 11. 1916 in folgendem Wortlaut[24]: „Der Reichstag wird bis zum 13. Februar 1917 mit der Maßgabe vertagt, daß der Ausschuß für den Reichshaushalt ermächtigt wird, zur Besprechung auswärtiger und sonstiger mit dem Krieg in Zusammenhang stehender politischer Fragen während der Zeit der Vertagung zusammenzutreten." Der Ausschuß konnte auch unabhängig von Etatverhandlungen nur unter politischen und militärischen Gesichtspunkten beraten[25]. Die Ausschüsse des kaiserlichen Reichstags waren auf die Vorbereitung von Gesetzesmaterien beschränkt. Der Hauptausschuß ist also einmal insofern ein Modellfall für den Zwischenausschuß, als bei ihm die Beseitigung dieser Kompetenzbeschränkung einsetzte.

Wegen der Art seiner zusätzlichen Funktionen hatte der Haushaltsausschuß des kaiserlichen Reichstags vor allem als Vorbild für den Aus-

---

[20] Vgl. *Straßburg*, S. 11.
[21] *Heuß*, Parlamentsausschuß, S. 140; *Matthias-Morsey*, S. XIV; zu dessen verschiedenen Bezeichnungen sowie großen Bedeutung z. Z. der WV *Rilinger*, S. 8 ff., 25, 50 f.
[22] *Hatschek*, Parlamentsrecht, S. 228; *Neumann-Hofer*, Kommissionen, S. 84.
[23] Verh. des Deutschen RT v. 27. 10. 1916, Sten. Ber. S. 1857.
[24] Abgedruckt bei *Hatschek*, Staatsrecht I, S. 705; s. auch *Abicht*, S. 8.
[25] *Matthias-Morsey*, S. XIV.

III. Bis zur Weimarer Verfassung

schuß für auswärtige Angelegenheiten nach Art. 35 I WV gedient[26], aber auch für den Überwachungsausschuß nach Art. 35 II WV. Das folgt schon daraus, daß ursprünglich in der WV nur ein Ausschuß vorgesehen war, welcher die Tätigkeit der Reichsregierung, „insbesondere auf dem Gebiet der auswärtigen Angelegenheiten", überwachen sollte[27]. Jene neuartige Ermächtigung des Haushaltsausschusses entsprang demselben Bedürfnis der Volksvertretung nach parlamentarischer Kontrolle auch während der Abwesenheit des Reichstags, welchem auch der Überwachungsausschuß seine Entstehung verdankt; der Reichstag wollte sich ein „Instrument dauernder Kontrolle"[28] schaffen. Der Haushaltsausschuß wandelte sich „zu einer Art von Plenumersatz"[29]. Von dem Zwischenausschuß nach Art. 35 II WV (damit auch von dem nach Art. 45 GG und Art. 26 BV) unterschied sich der Haushaltsausschuß des kaiserlichen Reichstags dadurch, daß er nicht in der Verfassung verankert war, daß sich seine Wirkungsdauer auf die Sitzungs- und Wahlperiode des Reichstags beschränkte und daß ihm viele Befugnisse zur Durchführung der Kontrolle fehlten, wie sie dann dem Überwachungsausschuß eingeräumt wurden[30]. Trotz dieser Verschiedenheiten besteht eine direkte Linie zu den Verhandlungen über die Aufnahme der Zwischenausschüsse in die WV[31].

2. Der Hilfsdienstausschuß des Reichstags

Die mit der Kompetenzerweiterung des Reichshaushaltsausschusses eingeleitete Entwicklung wurde durch das Reichsgesetz über den vaterländischen Hilfsdienst vom 5. Dezember 1916[32] fortgesetzt. Dessen § 19 sah die Bildung eines vom Reichstag aus seiner Mitte gewählten Ausschusses, des sog. Hilfsdienstausschusses[33] vor. Dieser hatte das Recht, auch während der Unterbrechungen der Reichstags-Verhandlungen zusammenzutreten (§ 19 III), d. h. nicht nur bei bloßer Vertagung, sondern auch bei Schließung des Reichstags[34]. Ein Zusammentritt des Ausschusses nach dem Ende einer Wahlperiode kam jedoch nicht in Betracht[35].

Die zweifache Funktion des Hilfsdienstausschusses ergab sich einmal aus dem Erfordernis, daß dieser zu allgemeinen Verordnungen des Bun-

---

[26] *Hatschek*, Reichsstaatsrecht I, S. 705, wo auch die Unterschiede zwischen beiden Institutionen dargestellt sind.
[27] Antrag der Abg. *Bader* und Genossen, RT Verh. Bd. 336, S. 267 (Verf. A.); *Abicht*, S. 11.
[28] *Matthias-Morsey*, S. XIV.
[29] *Heuß*, Parlamentsausschuß, S. 139.
[30] Vgl. *Straßburg*, S. 12.
[31] Vgl. Abg. *Katzenstein*, RT Verh. Bd. 336, S. 267 (Verf. A.); Berichterstatter *Schultz*, ebd., S. 268; *Straßburg*, S. 12 ff.; *Heuß*, Parlamentsausschuß, S. 148.
[32] RGBl. 1916, S. 1333.
[33] *F. Giese*, Annalen d. DR 1917, S. 316; s. dazu auch *Wittmayer*, WV, S. 323 mit weiteren Nachweisen.
[34] *Straßburg*, S. 13; *F. Giese*, a.a.O., S. 316 f.; *Abicht*, S. 8.
[35] *F. Giese*, a.a.O., S. 317; *Straßburg*, S. 13 f.

desrats zur Ausführung des Hilfsdienst-Gesetzes zuzustimmen hatte (§ 19 I), zum anderen aus der Verpflichtung des Kriegsamtes, den Ausschuß über alle wichtigen Vorgänge auf dem laufenden zu halten, ihm auf Verlangen Auskunft zu geben, seine Vorschläge entgegenzunehmen und vor Erlaß wichtiger Anordnungen allgemeiner Art seine Meinungsäußerung einzuholen (§ 19 II). Der Hilfsdienstausschuß nähert sich also insofern den Zwischenausschüssen, als sein Dasein auf gesetzlicher Grundlage beruhte, er „außerhalb der Tagung" tätig werden konnte und funktionell in Beziehung zur Exekutive trat. Allein wegen des letztgenannten Merkmals, das jedoch der Einordnung als (Unter-)Organ nicht entgegensteht, wurde die Errichtung des Hilfsdienstausschusses als „staatsrechtliche Neubildung des Reichsverfassungsgesetzes" angesehen[36]; in den übrigen Besonderheiten wurde kein grundlegender Unterschied gegenüber den sonstigen Reichstagsausschüssen, also Unterorganen des Parlaments, gesehen[37]. Der Hilfsdienstausschuß unterscheidet sich aber von den Zwischenausschüssen dadurch, daß er im Gegensatz zu diesen als Ausnahmeorgan aufzufassen ist[38].

IV. Der Zwischenausschuß der Weimarer Verfassung

Der Reichstag ist zwar „äußerlich nahezu unverändert in den erneuerten Reichskörper übernommen worden"[39], seine Stellung erfuhr aber „mit der Durchführung des parlamentarischen Systems die bedeutungsvollste Wandlung"[40]; seine Kontrolle über die Führung von Regierung und Verwaltung bestand nicht mehr nur in einer nachträglichen und meist ziemlich stumpfen Kritik. Die erhebliche Kompetenzerweiterung hatte zur Folge, daß sich das System der „ständigen" Fachausschüsse schnell weiterentwickelte[41] und daß der Ausschuß für auswärtige Angelegenheiten (Art. 35 I WV) und der Ausschuß „zur Wahrung der Rechte der Volksvertretung" (Art. 35 II WV) von Verfassungs wegen errichtet wurden. Die erheblichen Tagungslücken des Reichstags vor 1918, welche nur in Ausnahmefällen durch die Tätigkeit von Ausschüssen überbrückt werden konnten, sollten nicht mehr ohne die Möglichkeit einer parlamentarischen Einflußnahme durch einen Zwischenausschuß bestehen bleiben[42].

---

[36] *F. Giese*, a.a.O., S. 318.
[37] *F. Giese*, a.a.O., S. 316 f.; s. auch S. 318 „Organisch ... steht er (der Hilfsdienstausschuß) in Beziehung nur zum Reichstag".
[38] *Dennewitz-Schneider*, in: Bonner Kommentar, Art. 45 Anm. III.
[39] *Apelt*, WV, S. 98.
[40] *Preuß*, Republikan. RV, S. 77.
[41] *Dechamps*, Verlagerung, S. 107.
[42] Vgl. Abg. *Katzenstein*, RT Verh. Bd. 327, S. 1294 A (46. Sitzung der Nationalversammlung am 4. 7. 1919).

Anders als die bisher genannten Einrichtungen ist der Ausschuß nach Art. 35 II WV auch bezüglich seiner Bedeutung sinngleiches Vorbild für Art. 45 GG und 26 BV, da mit ihm ein Zwischenausschuß erstmals unter einer Verfassung mit parlamentarischem Regierungssystem errichtet wurde. Im Gegensatz zu Art. 45 GG, aber in Übereinstimmung mit Art. 26 BV läßt Art. 35 II WV den Zwischenausschuß auch „außerhalb der Tagung" tätig werden (vgl. Art. 24 II WV).

Ursprünglich fehlten in Art. 35 II WV (nicht aber in Art. 35 I WV) die Worte „oder der Auflösung des Reichstags bis zum Zusammentritt des neuen Reichstags"; auf Grund deren Einfügung durch das verfassungsändernde Gesetz vom 15. Dez. 1923[43] besteht auch insoweit Übereinstimmung mit Art. 45 GG und 26 BV.

Schließlich sei noch die Zuordnung des Ausschusses nach Art. 35 II WV zum Reichstag hervorgehoben, welche durch die Aufnahme in den die Ausschüsse behandelnden 5. Abschnitt der Geschäftsordnung für den Reichstag vom 12. Dez. 1922[44] erfolgt ist: „Nach den Vorstandswahlen werden zur Vorbereitung der Verhandlungen ständige Ausschüsse eingesetzt: 1. für die Wahrung der Rechte der Volksvertretung" (§ 26). Der Zwischenausschuß wird unterschiedslos bei den ständigen Fachausschüssen eingereiht; nicht nur die Vorschriften der GeschO RT über die Zusammensetzung der Ausschüsse (§ 28), sondern auch diejenigen über das Verfahren (s. insbesondere § 33) gelten für die Ausschüsse schlechthin, also auch für den in § 26 GeschO RT genannten Zwischenausschuß. Letzteres ist aber nur dann möglich, wenn der Zwischenausschuß Unterorgan des Parlaments und nicht eigenständiges Verfassungsorgan ist[45].

V. Die Entstehungsgeschichte von Art. 45 GG

In weitgehender Anlehnung an Art. 35 II WV war in Art. 58 des HChE[46] eine mit dem jetzigen Art. 45 GG im wesentlichen bereits übereinstimmende Bestimmung vorgeschlagen[47]. Dem Entwurf lag noch die in

---

[43] RGBl. I, S. 1185; dazu *Anschütz*, WV Art. 35 Anm. 1 und 5; *F. Giese*, WV Art. 35 Erl. (II) 4; *Straßburg*, S. 24 f.; *Poetzsch-Heffter*, WV Art. 35 Anm. 4; ders., JöR Bd. 13 (1925), S. 125; *Abicht*, S. 13; *v. Freytagh-Loringhoven*, WV, S. 118.
[44] Veröff. im RGBl. 1923, Teil II, S. 101.
[45] Vgl. unten 3. Teil § 2 I.
[46] „(1) Der Bundestag bestellt zur Wahrung der Rechte der Volksvertretung und zur Behandlung dringender Angelegenheiten für die Zeit zwischen zwei Tagungen oder nach der Auflösung bis zum Zusammentreten des neuen Bundestages einen ständigen Ausschuß.
(2) Der ständige Ausschuß hat die Befugnisse des Bundestages, ausgenommen das Recht der Gesetzgebung, der Benennung des Bundeskanzlers und der Anklage des Bundespräsidenten. Er hat die Rechte eines Untersuchungsausschusses."
[47] *Füßlein*, JöR Bd. 1 n. F., S. 369 f.; *F. Giese*, GG Art. 45 Anm. II 1; *v. Mangoldt-Klein*, S. 951 (II 1); *Schlochauer*, Öffentliches Recht, S. 57.

der WV getroffene Unterscheidung von Wahlperioden und Tagungen zugrunde. Der Tätigkeitszeitraum „zwischen zwei Tagungen" ist infolge der Anerkennung des Grundsatzes der permanenten Tagung in die Endfassung des Artikels nicht aufgenommen worden[48]. Dadurch wurde aber die grundsätzliche Gleichheit von Art. 35 II WV und Art. 45 GG[49] nicht beseitigt.

VI. Die Entwicklung des Zwischenausschusses in Bayern

1. In der *Verfassungsurkunde* vom 26. 5. 1818 des Königreichs Bayern war zwar kein ständischer Ausschuß für die Zeit vorgesehen, während der die Stände nicht einberufen waren; immerhin hatte aber jede der beiden Kammern aus ihrer Mitte einen Kommissar zu ernennen, „welche gemeinschaftlich bei der Schuldentilgungskommission von allen ihren Verhandlungen genaue Kenntnis zu nehmen und auf die Einhaltung der festgesetzten Normen zu wachen" hatten (§ 14). Die Einrichtung der beiden Landtagskommissäre diente der fortlaufenden Kontrolle über die Tätigkeit der Staatsschuldenverwaltung; ihre Wirksamkeit überdauerte das Ende der Wahlperiode oder die Auflösung der Abgeordnetenkammer[50].

2. Der Vorentwurf[51] zur *BV von 1946* sah in Art. 22 nach dem Vorbild von Art. 35 WV einen „ständigen Ausschuß für auswärtige Angelegenheiten" (Abs. 1) und einen „Überwachungsausschuß" „zur Wahrung der Rechte der Volksvertretung gegenüber der Staatsregierung" (Abs. 2) vor. Der Vorbereitende Verfassungsausschuß ließ nur den letztgenannten bestehen, den er in Anlehnung an die in § 30 III 2 BV 1919 gebrauchte Ausdrucksweise[52] in „Zwischenausschuß" umbenannte, und dehnte dessen Kompetenzbereich auf die Behandlung dringender Staatsangelegenheiten aus[53].

VII. Folgerungen aus der Geschichte des Zwischenausschusses für dessen Rechtsstellung

Bereits der — engeren — Entstehungsgeschichte einer Vorschrift kommt für deren Auslegung nur insofern Bedeutung zu, als sie die

---

[48] Hauptausschuß Sten. Ber., S. 393; *Füßlein*, JöR Bd. 1 n. F., S. 370; *Dennewitz-Schneider*, in: Bonner Kommentar, Art. 45 Anm. I.
[49] *Dennewitz-Schneider*, a.a.O., Anm. III.
[50] *Giese*, Annalen d. DR 1917, S. 319.
[51] Vorentwurf von *Wilhelm Hoegner*.
[52] Die Bezeichnung „Zwischenausschuß" wurde durch Art. 1 des Gesetzes vom 1. 5. 1924, GVBl. S. 145, eingeführt. Zu den Interimsorganen der Bamberger Verf. s. oben § 6 III 2 c.
[53] *Schweiger*, in Nawiasky-Leusser u. a., BV Art. 26 Randnr. 1; *Nawiasky-Leusser*, BV (1. Aufl.) Erl. zu Art. 26 (S. 103).

Richtigkeit einer Auslegung nach dem Wortlaut und dem Sinnzusammenhang der Gesetzesbestimmung bestätigt oder Zweifel behebt, die anders nicht ausgeräumt werden können[54]. Da aber Art. 45 GG und Art. 26 BV über die Rechtsstellung der Zwischenausschüsse wenig aussagen, ist ein Rückgriff auf deren Geschichte, auch über die Entstehung der Verfassungsartikel hinaus, zweckmäßig[55]. Er zeigt nämlich, daß die geltende Verfassungsrechtslage das Ergebnis einer Entwicklung ist, an deren Anfang die dem Zwischenausschuß vergleichbare Institution eindeutig ein Unterorgan des Parlaments ist. Die Berücksichtigung der historischen Wurzeln des Zwischenausschusses bestätigt die Richtigkeit von dessen systematischer Einordnung, wie sie hier vorgenommen wurde. Die Akzessorietät des Ausschusses vom Plenum bezüglich des Tätigkeitszeitraumes wurde nicht auf einmal aufgehoben, sondern nach und nach gelockert. Der mit Kontrollaufgaben betraute Reichshaushaltsausschuß konnte nur während der Tagung einschließlich der Vertagung des Reichstags tätig werden. Einen Schritt weiter ging man beim Hilfsdienstausschuß insofern, als dieser auch zwischen zwei Tagungen seine Funktionen ausübte. Nurmehr für die Zeit zwischen den Tagungen und zusätzlich für den Zeitraum zwischen zwei Wahlperioden war danach der Überwachungsausschuß nach Art. 35 II WV zuständig. In bezug auf Funktionen und Wirkungsdauer kann dieser als Kombination und Weiterbildung von Reichshaushalts- und Hilfsdienstausschuß bzw. Zwischenkommissionen, also von Organen des kaiserlichen Reichstags, angesehen werden. Dabei bedeutet die Erweiterung des Tätigkeitszeitraums über das Ende der Wahlperiode hinaus keinen Art-, sondern nur einen Gradunterschied[56]. Das Herauswachsen des Zwischenausschusses aus der Wahlperiode findet in Art. 45 GG seinen Abschluß, wonach der Ausschuß nur noch zwischen den Wahlperioden tätig werden kann. Als Bindeglied zwischen Art. 35 II WV und Art. 45 GG könnte noch der Ausschuß nach Art. 26 BV aufgefaßt werden, da er zwar nach Art. 26 I 1 BV ebenso wie in Art. 35 II WV auch „für die Zeit außerhalb der Tagung" bestellt wird, nach § 100 I 1 GeschO LT aber die Tagung grundsätzlich ebenso wie im Bund erst mit dem Ablauf der Wahlperiode endet. Keine Stufe des Entwicklungsprozesses veränderte das Wesen des Zwischenausschusses dergestalt, daß dieser ab einem bestimmten Stadium nicht mehr als Organ des Parlaments aufgefaßt werden müßte. Zu demselben Ergebnis führt die Betrachtung des anderen Ansatzpunktes für die Bildung des Zwischenausschusses, nämlich der landständischen Ausschüsse.

---

[54] BVerfGE 1, 299 ff. (312).
[55] Vgl. *Maunz*, Staatsrecht, S. 49 f.
[56] *Straßburg*, S. 14.

Zweiter Teil

Die Funktionen der Zwischenausschüsse nach Art. 45 GG und Art. 26 BV

§ 1 Der Tätigkeitszeitraum der Zwischenausschüsse

Art. 69 III GG ermöglicht die Überbrückung von regierungslosen Zeiträumen. Über die Frage, ob von dieser Möglichkeit Gebrauch gemacht wird, entscheidet der Bundespräsident. Der Zwischenausschuß hingegen muß von Verfassungs wegen bestellt werden. Abgesehen von diesem Unterschied ist Art. 45 GG das Gegenstück zu Art. 69 III GG in dem Sinne, als er dieselbe Überbrückungsfunktion für die parlamentslosen Zeitspannen ausübt[1]. Nach Art. 45 I 1 GG, der insoweit auf Art. 39 I GG verweist[2], ist das die Zeit „zwischen zwei Wahlperioden".

Der Herrenchiemseer Entwurf des GG (§ 49) ließ die Wahlperiode eines BT erst mit dem Zusammentritt des neugewählten Parlaments enden, so daß insoweit eine parlamentslose Zeit und damit eine Betätigungsmöglichkeit für den Zwischenausschuß gefehlt hätten[3]. Art. 49 des Entwurfs des GG in der Fassung der Fachausschüsse des Parlamentarischen Rats vom 18. Oktober 1948[4] brachte der Sache nach keine Änderung. Erst der Allgemeine Redaktionsausschuß sah vor, daß die Wahlperiode durch Zeitablauf oder Auflösung enden sollte[5].

Zeitlich begrenzte *Sitzungsperioden* innerhalb der Wahlperiode sind nicht mehr in das GG übernommen worden[6], so daß für ein Tätigwerden des „ständigen Ausschusses" „außerhalb der Tagung" kein Raum blieb. Demgegenüber kann der Ausschuß nach Art. 26 BV in der Zeit „nach Beendigung der Wahldauer sowie nach der Auflösung oder der Abberufung des Landtags bis zum Zusammentritt des neuen Landtags", aber auch, wie der Ausschuß nach Art. 35 II WV, „außerhalb der Tagung" tätig werden.

---

[1] *Maunz*, in Maunz-Dürig, Art. 45 Randnr. 3; *v. Mangoldt-Klein*, S. 952 unter II 2; *Dennewitz-Schneider*, in: Bonner Kommentar, Art. 45 Erl. (II) 1.
[2] *Maunz*, a.a.O., Art. 45 Randnr. 7.
[3] Vgl. *Schneider*, DÖV 1953, S. 369.
[4] Drucksache Nr. 203 des Parlamentarischen Rats.
[5] Vgl. Drucksache Nr. 267 des Parlamentarischen Rats vom 10. Nov. 1948.
[6] *Maunz*, in Maunz-Dürig, Art. 39 Randnr. 2 mit weiteren Nachweisen in Fußn. 1 und 2; *Lohmann*, Bundestag, S. 35; vgl. auch oben 1. Teil § 7 V.

A. Die Zeitspanne zwischen zwei Wahlperioden

I. Beginn des Tätigkeitszeitraums

Der Beginn des Tätigkeitszeitraumes zwischen den Wahlperioden kann durch zwei, für den bayerischen Zwischenausschuß durch drei Ereignisse markiert werden, nämlich durch den Ablauf der Legislaturperiode, durch die Auflösung des Parlaments oder, nur in Bayern, durch die Abberufung des LT.

1. Beendigung der Wahlperiode durch Zeitablauf

Im Regelfall tritt der Zwischenausschuß nach Beendigung der Wahlperiode (Wahldauer) durch Zeitablauf in Aktion (Art. 45 I 1, 39 I 1, 2 GG; Art. 26 I 1, 16 I 1 BV).

2. Auflösung des Parlaments

a) Bundestag

Eine Auflösung des BT, die in Art. 39 I 2 GG als Unterfall der Beendigung der Wahlperiode aufgefaßt wird und daher ebenfalls den Tätigkeitszeitraum des Ausschusses beginnen läßt[7], sieht das GG abschließend in zwei Fällen vor[8]. Vereinigt nach dem dritten Wahlgang bei der Wahl des Bundeskanzlers der Gewählte nicht die Stimmen der Mehrheit der Mitglieder des BT auf sich, so hat der Bundespräsident den BT aufzulösen, wenn er der Ernennung des Gewählten nicht den Vorzug geben will (Art. 63 IV 3 GG)[9]. Der BT wird aufgelöst, weil er bei der Regierungsbildung versagt hat. Die Amtszeit der vormaligen Bundesregierung ist beendet (vgl. Art. 69 II GG)[10]. Infolgedessen besteht die Möglichkeit, daß bei der Parlamentsauflösung nach Art. 63 IV 3 GG eine amtierende Regierung fehlt. Auf Ersuchen des Bundespräsidenten ist zwar der Bundeskanzler verpflichtet, die Geschäfte bis zum Amtsantritt des Nachfolgers[11] weiterzuführen (Art. 69 II GG)[12], im Gegensatz zur Pflicht des Ersuchten besteht aber, wie sich aus dem Wortlaut von Art. 69 III GG ergibt, keine Verpflichtung des Ersuchenden zum Ersuchen[13]. Da einerseits der Zwischenausschuß nach Art. 45 I 1, 39 I 2 GG für die Zeit nach einer Parlamentsauflösung schlechthin zuständig ist, andererseits der Bundes-

---

[7] Vgl. *Maunz*, in Maunz-Dürig, Art. 45 Randnr. 7; *v. Mangoldt-Klein*, S. 954; *Dennewitz-Schneider*, in: Bonner Kommentar, Art. 45 Erl. (II) 3; *Waldecker*, Art. 26 Anm. 5.
[8] Dazu *v. Mangoldt*, Regierung und Parlament, S. 825.
[9] *Maunz*, in Maunz-Dürig, Art. 39 Randnr. 5.
[10] Dazu *Maunz*, a.a.O., Art. 69 Randnrn. 3 und 4.
[11] *v. Mangoldt-Klein*, S. 1322 f. mit weiteren Nachweisen; *Münch*, Bundesregierung, S. 192; *Meder*, in: Bonner Kommentar, Art. 69 Anm. II 3.
[12] Dazu *Münch*, Bundesregierung, S. 191.
[13] So *Maunz*, in Maunz-Dürig, Art. 69 Randnr. 5; a. A. *v. Mangoldt-Klein*, S. 1322 unter 5; *Münch*, Bundesregierung, S. 194.

präsident kein Ersuchen nach Art. 69 III GG auszusprechen braucht, ist der Ausschuß zur Wahrung der Rechte des BT gegenüber der Bundesregierung auch für Zeiträume zuständig, in denen außer einem Parlament auch eine amtierende Regierung fehlt. Die Existenzberechtigung des Ausschusses auch für diesen wohl nur theoretischen Fall läßt sich damit begründen, daß die Kontrollfunktion des Ausschusses nicht auf Maßnahmen der Regierung beschränkt ist, sondern auch den Bereich der Verwaltung erfaßt[14].

Der Zwischenausschuß ist vor allem auch für die Zeit ab einer auf Betreiben des Bundeskanzlers erfolgten Auflösung des BT nach Art. 68 I 1 GG zuständig[15].

Ein Recht zur Selbstauflösung hat der BT nicht[16], so daß dadurch der Tätigkeitszeitraum des Ausschusses nicht beginnen kann.

b) Landtag

Nach Art. 26 I 1 BV ist der Zwischenausschuß ausdrücklich für die Zeit nach der Auflösung des LT zuständig. Die bayerische Volksvertretung kann, anders als im GG, wonach das Recht zur Parlamentsauflösung dem Bundespräsidenten vorbehalten ist, von Staatsorganen außerhalb des LT nicht aufgelöst werden[17]. Ebenfalls im Gegensatz zum GG besteht eine Verpflichtung, und zwar für den Landtagspräsidenten, den LT aufzulösen, wenn dieser bei der Regierungsbildung versagt (Art. 44 V, 18 II BV)[18]. Schließlich besteht auch insofern ein Unterschied zur grundgesetzlichen Regelung, als der LT sich vor Ablauf seiner Wahldauer durch Mehrheitsbeschluß seiner gesetzlichen Mitgliederzahl selbst auflösen kann (Art. 18 I BV)[19].

3. Abberufung des Landtags

Die Tätigkeit des Zwischenausschusses kann nach Art. 26 I 1 BV endlich in dem ausgesprochenen Ausnahmefall des „recall", d. h. nach der Abberufung des LT[20], einsetzen. Während der BT nicht durch das Volk abberufen werden kann[21], sieht Art. 18 III BV die Möglichkeit der Abberufung des LT durch Volksentscheid vor. Erfolgt diese, so ist sie nach Art. 96

---

[14] s. unten § 2 II 1.
[15] *Maunz*, a.a.O., Art. 45 Randnr. 7; dazu unten Schlußbetrachtung.
[16] *v. Mangoldt*, Die Auflösung des BT, DÖV 1950, S. 699; *Giese-Schunck*, Art. 39 Anm. II 3; *Maunz*, a.a.O., Art. 39 Randnr. 5 mit weiteren Nachweisen.
[17] *Schweiger*, in Nawiasky-Leusser u. a., BV Art. 18 Randnr. 4.
[18] *Schweiger*, a.a.O., Art. 44 Randnr. 9; der Wortlaut von Art. 18 II BV („kann") ist insoweit irreführend, vgl. *Schweiger*, a.a.O., Art. 18 Randnr. 4.
[19] Dazu *Schweiger*, a.a.O., Art. 18 Randnr. 3.
[20] Eingefügt auf Vorschlag von *Nawiasky*, Verhandlungen des Verfassungsausschusses, Sten. Ber. Bd. I, S. 113 f. (5. Sitzung am 25. Juli 1946).
[21] *Maunz*, in Maunz-Dürig, Art. 38 Randnr. 1.

LWG durch den Landtagspräsidenten umgehend zu vollziehen. Eine solche Vollzugsanordnung setzt voraus, daß der LT auch nach der Feststellung der Rechtswirksamkeit des Volksentscheids (Art. 90 LWG) als beschlußfähiges Staatsorgan weiterbesteht. Da aber der Tätigkeitsbeginn des Zwischenausschusses an die Abberufung des LT selbst anknüpft, führt Art. 96 LWG zu dem mit der Funktion des Ausschusses unvereinbaren Ergebnis, daß LT und Zwischenausschuß vorübergehend nebeneinander bestehen[22]. Dieses Ergebnis spricht für die Unzulässigkeit der genannten Vollzugsanordnung, soweit diese nicht die bloße technische Durchführung betrifft; der abberufene LT bestünde vielmehr nur dann als beschlußfähiges Staatsorgan bis zu dem in Art. 96 LWG geforderten Vollzug der Abberufung weiter, wenn das in der Verfassung ausdrücklich bestimmt wäre[23]. Die entsprechende Regelung des § 30 VI BV 1919[24] wurde jedoch in die Verfassung von 1946 nicht übernommen.

II. Ende des Tätigkeitszeitraums

1. Art. 45 GG

Da der „ständige Ausschuß" nach Art. 45 I 1 GG für die Zeit „zwischen zwei Wahlperioden" zu bestellen ist, endet sein Tätigkeitszeitraum mit dem Beginn der folgenden Wahlperiode. Mangels einer ausdrücklichen Bestimmung über diesen Beginn im GG ist fraglich, ob die Wahlperiode mit dem Tag der Wahl des neuen BT[25] oder erst mit dessen ersten Zusammentritt beginnt. Bereits unter der WV bestand Uneinigkeit in dieser Frage[26]. Ihre Beantwortung dahingehend, daß die Wahlperiode mit dem Tag des ersten Zusammentritts des BT beginnt, ergibt sich aus dem inneren Zusammenhang, in dem Satz 1 und 2 von Art. 39 I GG stehen. Nach Art. 39 I 1 GG liegen zwischen Anfang und Ende der Wahlperiode nicht mehr als vier Jahre, nach Art. 39 I 2 GG endet die Wahlperiode erst „vier Jahre nach dem ersten Zusammentritt". Beiden Bestimmungen wird man mithin nur gerecht, wenn der erste Zusammentritt des BT der Beginn

---

[22] Vgl. *Schweiger,* a.a.O., Art. 18 Randnr. 5.
[23] *Schweiger,* a.a.O.
[24] Dazu *Kratzer,* BV 1919, § 30 Anm. 12.
[25] So *v. Mangoldt,* GG, S. 236 (unter 2) unter Hinweis darauf, daß sonst „die Bestimmungen der Art. 46 und 47 über die Immunität in wichtigen Fällen ihren Zweck verfehlen" würden. Dem steht jedoch entgegen, daß einerseits der frühe Eintritt des Abgeordnetenstatus nicht unbedingt erforderlich ist und andererseits der Beginn der Abgeordneteneigenschaft vor der Wahlperiode nicht unzulässig zu sein braucht; *Maunz,* in Maunz-Dürig, Art. 39 Randnr. 4; vgl. auch *v. Mangoldt-Klein,* S. 897 (unter 3 a).
[26] Für Beginn der Wahlperiode mit dem Wahltag: *Anschütz,* WV, Art. 23 Anm. 1, damals h. M.; mit dem Tag des ersten Zusammentritts: *Hatschek,* Staatsrecht I, S. 484—487.

der Wahlperiode ist[27]. Der Tätigkeitszeitraum des Zwischenausschusses endet danach erst mit dem ersten Zusammentritt des neugewählten Parlaments[28], also nicht früher als derjenige der alten Regierung (vgl. Art. 69 II GG), welche anderenfalls zwischen Wahltag und erstem Zusammentritt des BT ohne parlamentarische Kontrolle bliebe. Die Unrichtigkeit der Auffassung, wonach die neue Wahlperiode bereits mit dem Wahltag begänne, folgt auch daraus, daß der „ständige Ausschuß" bei Beendigung der Wahlperiode durch Zeitablauf niemals in Funktion treten könnte, weil hier die Neuwahl stets innerhalb der alten Wahlperiode stattfindet (Art. 39 I 3 1. Alt. GG); der „ständige Ausschuß" wird aber für die Zeit zwischen zwei Wahlperioden schlechthin bestellt, nicht nur für die Zeit nach einer Bundestagsauflösung.

Wie sich aus Art. 39 II GG ergibt, kann der erste Zusammentritt des BT schon am Tage nach dem Ende der alten Wahlperiode erfolgen[29]; der spätestmögliche Zeitpunkt für den ersten Zusammentritt ist der 30. Tag nach der Wahl (Art. 39 II 1. Halbs. GG), welche außer im Fall der Auflösung des BT im letzten Vierteljahr der Wahlperiode stattfindet (Art. 39 I 3 GG)[30]. Im Regelfall der Beendigung der Wahlperiode durch Zeitablauf braucht also zwischen zwei Wahlperioden kein zeitliches Vakuum einzutreten[31], so daß dann der Ausschuß überhaupt nicht tätig werden kann; die obere Grenze bildet ein Tätigkeitszeitraum von 30 Tagen[32]. Bei einer vorzeitigen Auflösung des BT kann der Tätigkeitszeitraum des Ausschusses immerhin bis zu 90 Tagen währen, da die Neuwahl spätestens nach 60 Tagen stattfinden (Art. 39 I 3 GG) und der BT spätestens am 30. Tag nach der Wahl zusammentreten muß (Art. 39 II GG)[33].

2. Art. 26 BV

Nach Art. 26 I 1 BV wird der Zwischenausschuß ausdrücklich für die Zeit „bis zum Zusammentritt des neuen Landtags" bestellt.

Der neugewählte LT tritt zum erstenmal spätestens am 15. Tag nach der Wahl zusammen (Art. 16 I 2 BV). Da die Neuwahl spätestens mit

---

[27] v. Mangoldt-Klein, S. 897 (3 a) mit weiteren Nachweisen; Maunz, in Maunz-Dürig, Art. 39 Randnr. 4; Schneider, in: Bonner Kommentar, Art. 39 Erl. (II) 1; Giese-Schunck, Art. 39 Erl. (II) 1; Seifert-Geeb-Steiniger, Erl. zu Art. 39 (S. 140); vgl. auch oben 1. Teil § 6 I.

[28] So Art. 35 WV; § 121 GeschO RT; § 131 GeschO BT; Schäfer, Bundestag, S. 106; v. Mangoldt, GG, S. 250 (Art. 45 Anm. 2) — obgleich er die neue Wahlperiode mit dem Wahltag beginnen läßt!

[29] Schneider, a.a.O., Art. 39 Anm. I a. E.; v. Mangoldt-Klein, S. 903 (unter V 1 a); Ritzel-Koch, § 131 Anm. 2 a.

[30] Vgl. demgegenüber Art. 23 I WV: „Der Reichstag wird auf vier Jahre gewählt. Spätestens am sechzigsten Tage nach ihrem Ablauf muß die Neuwahl stattfinden."

[31] Schneider, DÖV 1953, S. 369.

[32] Vgl. Ritzel-Koch, § 131 Anm. 2 a; v. Mangoldt-Klein, S. 903 (V 1 a).

[33] Vgl. v. Mangoldt-Klein, a.a.O.; Ritzel-Koch, § 131 Anm. 2 b.

Ablauf der Wahldauer erfolgen muß (Art. 16 II BV)³⁴, bleibt bei Beendigung der Wahlperiode durch Zeitablauf für den bayerischen Zwischenausschuß höchstens ein halb so großer Tätigkeitszeitraum, wie er bei dem Ausschuß nach Art. 45 GG möglich ist. Wegen der Kürze der Zeit zwischen zwei Wahlperioden kommt ein Tätigwerden des Ausschusses vor allem nach einer Auflösung oder einer Abberufung des LT in Betracht³⁵. In diesen Fällen findet die Neuwahl des LT spätestens erst am sechsten Sonntag nach der Auflösung oder Abberufung statt (Art. 18 IV BV).

B. „Außerhalb der Tagung" (Art. 26 BV)

Der Ausschuß nach Art. 26 BV kann zusätzlich in der Zeit zwischen einzelnen Tagungen einer Wahlperiode³⁶, d. h. nach Schließung der Tagung³⁷ tätig werden. Diese Möglichkeit ist jedoch wegen der praktisch permanenten Tagung des LT³⁸ bedeutungslos geworden³⁹. Der Schluß der Tagung muß vom LT ausdrücklich beschlossen werden, wobei in den Beschluß der Hinweis aufzunehmen ist, „daß die Rechte der Volksvertretung für die Zeit außerhalb der Tagung vom Zwischenausschuß gemäß Art. 26 BV gewahrt werden"⁴⁰. Damit wird jedoch nicht, gleichsam als Gegenstück zu dem obligatorischen jährlichen Zusammentreten nach Art. 17 I BV, die Verpflichtung begründet, mindestens einmal im Jahr die Tagung zu schließen⁴¹.

Wenn ein solcher Beschluß fehlt, so ist die Tagung „nur vorübergend unterbrochen" (§ 100 III GeschO LT).

Bei den Beratungen über § 97 GeschO LT⁴² im Geschäftsordnungsausschuß wurden gegen die faktische Gleichsetzung von Tagung und Wahl-

---

[34] Einzelheiten bei *Schweiger*, in Nawiasky-Leusser u. a., BV Art. 16 Randnr. 5.
[35] *Schweiger*, a.a.O., Art. 26 Randnr. 3.
[36] *Schweiger*, a.a.O., Art. 26 Randnr. 3.
[37] Vgl. *Schweiger*, a.a.O., Art. 17 Randnr. 2; so auch für WV *Anschütz*, WV Art. 24 Anm. 5; für RV und WV *Finger*, Staatsrecht, S. 266 f.; unzutreffend die Begriffsbildung bei *Kratzer*, BV 1919, § 30 Anm. 5, der von „Vertagung" spricht, wenn die Tagung geschlossen wird, ohne daß die Landtagsdauer abgelaufen ist.
[38] § 100 I 1 GeschO LT: „Die Tagung beginnt mit dem Zusammentritt des Landtags und endet mit dem Ablauf der Wahlperiode (Legislaturperiode) oder mit seiner Auflösung, sofern der Landtag nicht einen früheren Schluß der Tagung beschließt (Art. 17 Abs. 3 BV)." *Schweiger*, a.a.O., Art. 17 Randnrn. 2 und 5.
[39] *Schweiger*, a.a.O., Art. 26 Randnr. 3.
[40] Art. 17 III BV; § 100 II GeschO LT; dazu *Schweiger*, a.a.O., Art. 17 Randnr. 5.
[41] *Schweiger*, in Nawiasky-Leusser u. a., BV Art. 17 Randnr. 5; Abg. *Lacherbauer*, Bayer. LT, Ausschuß für die GeschO II. Wahlperiode, 1. Lesung, 9. Beratung Nr. 45 (12. Juni 1954), S. 15; für den RT unter der WV bei gleicher Rechtslage *Anschütz*, WV Art. 24 Anm. 5.
[42] Vom 27. 10. 1954; = § 95 des Entwurfs; nun § 100.

periode verfassungsrechtliche Bedenken erhoben, weil Art. 26 BV zwischen der Zeit außerhalb der Tagung und derjenigen nach Beendigung der Wahldauer unterscheide[43]. Hier sind jedoch die Begriffe der Legislaturperiode und der Tagung nicht in Antithese gestellt[44]; sie können sich im Ergebnis decken, da ja der LT zur Schließung der Tagung nicht verpflichtet ist. Art. 26 BV ist dahin zu verstehen, daß der Zwischenausschuß dann tätig werden kann, *wenn* es eine Zeit außerhalb der Tagung gibt[45]. Die grundsätzlich permanente Tagung ist mit dem Anwachsen des Arbeitspensums im LT zu erklären. Als der LT jeweils zur Behandlung einzelner Angelegenheiten einberufen wurde und nach deren Erledigung wieder auseinanderging, bildeten die Tagungen eine natürliche Unterteilung der Wahlperiode. Dagegen gibt es heute für den LT nicht mehr eine Zeit absoluter Arbeitsruhe, so daß die Unterteilung der Wahldauer in Tagungen ihre Berechtigung verloren hat[46]. Solange das Parlament sein Arbeitspensum nicht erledigt hat, kann eine Tagung begrifflich nur unterbrochen werden. Das Anwachsen der Parlamentsarbeit ist also ein Argument *gegen* die Unterteilung der Wahlperiode in Tagungen[47]. Die Beseitigung der Tagungsschließung in der Landtagspraxis legt nahe, den Zwischenausschuß in analoger Anwendung von Art. 26 I 1 BV *bei bloßer Unterbrechung* der Tagung tätig werden zu lassen. Die seit der ersten Wahlperiode im Weimarer Reichstag herrschende Übung ging dahin, daß der Ausschuß sogar in der Mehrzahl der Fälle bei einer bloßen Vertagung tätig wurde, dagegen nicht ein einziges Mal nach einer Schließung der Tagung (Art. 24 II WV), welche niemals erfolgte[48]. Unter Hinweis auf den eindeutigen Wortlaut von Art. 35 II WV ist diese Handhabung zu Recht für verfassungswidrig gehalten worden[49]. Ebenso eindeutig sagt auch Art. 26 I 1 BV, daß der Zwischenausschuß für die Zeit „außerhalb" der Tagung bestellt wird. Bei bloßer Vertagung bis zur nächsten Sitzung oder Sitzungsfolge (vgl. § 100 I 2 und 3 GeschO LT) darf der Ausschuß also nicht tätig werden[50]. Dafür spricht auch die Regelung des § 100 II und III GeschO LT, welche davon ausgeht, daß nur nach einer ausdrücklichen Schließung der Tagung der Zwischenausschuß in Funktion tritt, nicht aber während einer vorübergehenden Unterbrechung der Tagung. Der

---

[43] Berichterstatter *Bezold*, Bayer. LT, Ausschuß für die GeschO, II. Wahlperiode, 1. Lesung, 9. Beratung Nr. 45 (12. Juni 1954), S. 11. (Vgl. dazu auch *Freytagh-Loringhoven*, WV, S. 101.)
[44] Abg. *Lacherbauer*, ebd. (Ausschuß für die GeschO), S. 12.
[45] Abg. *Lacherbauer*, a.a.O., S. 14.
[46] Berichterstatter *Bezold*, a.a.O., S. 11.
[47] Vgl. oben 1. Teil § 6 III 2 a.
[48] *Straßburg*, S. 36 f.; *Poetzsch-Heffter*, WV Art. 35 Anm. 5.
[49] *Straßburg*, S. 36; vgl. auch *Poetzsch-Heffter*, a.a.O.; unter Hinweis auf die Ausnahmestellung des Ausschusses: *Gebhard*, Handkommentar, Art. 35 Anm. 2 b; a. A. *Abicht*, S. 12.
[50] *Schweiger*, in Nawiasky-Leusser u. a., BV Art. 26 Randnr. 3 a. E.; *Nawiasky-Leusser*, BV (1. Aufl.) Erl. zu Art. 26 (S. 104).

"ständige Ausschuß" nach Art. 45 GG darf nicht innerhalb einer Wahlperiode und der Zwischenausschuß nach Art. 26 BV darf nicht während einer Tagung des LT einschließlich der Vertagung in Funktion treten, und zwar auch nicht in der Weise, daß die Ausschüsse sich auf einen Zeitpunkt nach dem ersten Zusammentritt des neugewählten BT bzw. nach der Eröffnung der Tagung des LT vertagen[51].

C. Zutreffende Benennung

Die Betrachtung des Zeitraums, in dem der Ausschuß tätig werden kann, zeigt, daß die in Art. 45 GG gewählte Bezeichnung *„ständiger Ausschuß"* zumindest irreführend ist[52]. Der Ausschuß wird, im Gegensatz zu den Ausschüssen nach dem später eingefügten Art. 45 a GG, auf die demnach jene Benennung eher paßte[53], gerade nicht „ständig", also sowohl während der Wahlperiode als auch nach deren Ende, tätig, sondern allein zwischen zwei Wahlperioden. Deshalb bietet sich auch für ihn die nicht ungebräuchliche, sein Wesen zutreffend charakterisierende Bezeichnung *„Zwischenausschuß"* an[54], die auch in Art. 26 BV verwendet wird.

§ 2 Die Aufgabe der Zwischenausschüsse

Der „ständige Ausschuß" hat „die Rechte des Bundestages gegenüber der Bundesregierung zwischen zwei Wahlperioden zu wahren" (Art. 45 I 1 GG). Darin liegt auch[1] — hält man sich allein an die in Satz 1 gebrauchte Formulierung unter Außerachtlassung des folgenden Satzes, dann sogar in erster Linie — die Abgrenzung des Aufgabenbereichs. In Satz 1 wird nämlich nicht gesagt, daß der Ausschuß die Rechte des BT „hat", sondern, daß er sie „zu wahren hat". Unter „Aufgaben" seien die „Tätigkeits-

---

[51] Vgl. *Straßburg*, S. 38.
[52] Vgl. *Dennewitz-Schneider*, in: Bonner Kommentar, Art. 45 Anm. II 2; *Maunz*, in Maunz-Dürig, Art. 45 Randnr. 5; *v. Mangoldt-Klein*, S. 952; *Straßburg*, S. 27; *Abicht*, S. 14.
[53] Vgl. *v. Mangoldt-Klein*, S. 901; s. auch Art. 35 I WV.
[54] *v. Mangoldt-Klein*, S. 952; *Seiffert-Geeb-Steiniger*, Erl. zu Art. 45 (S. 140 d); *Feldmann-Geisel*, S. 131; *Wolff*, Verwaltungsrecht III, § 166 V b 2 (S. 351); *Anschütz*, WV Art. 35 Anm. 2; *Apelt*, WV, S. 189 (*Anschütz* und *Apelt* benennen so jedoch zu Unrecht auch den Ausschuß für auswärtige Angelegenheiten (Art. 35 I WV); dieser Ausschuß tritt gerade nicht nur zwischen zwei Wahlperioden bzw. Tagungen in Funktion); *Straßburg*, S. 26.
[1] Vgl. *Maunz*, in Maunz-Dürig, Art. 45 Randnr. 8.

bereiche" verstanden[2], welche sich aus den von der Gesamtorganisation verfolgten Zwecken ergeben[3].

Während in Art. 45 GG Aufgaben und Befugnisse nicht scharf getrennt werden, was sich aus dem Wort „auch" in Art. 45 I 2 GG insofern ergibt, als daraus die Zuteilung von Befugnissen bereits durch Art. 45 I 1 GG zu schließen ist[4], werden in Art. 26 I 1 BV die Aufgaben und in Art. 26 I 2 und II BV eigens die Befugnisse umschrieben.

I. Der Begriff „Regierung" in Art. 45 GG und Art. 26 BV

In Art. 45 GG (26 BV) ist die parlamentarische Kontrolle der Regierung als Organ und nicht die davon zu unterscheidende Mitwirkung des Parlaments bei der Regierung als Funktion[5] angesprochen.

1. Die „Bundesregierung" in Art. 45 I 1 GG
Ihre parlamentarische Verantwortung

Grundsätzlich ist überall dort, wo das GG den Begriff „Bundesregierung" gebraucht, die Gesamtheit von Bundeskanzler und Bundesministern[6] i. S. des als Legaldefinition wirkenden Art. 62 GG gemeint[7]. Wie z. B. Art. 65 und 80 I 1 GG zeigen, unterscheidet das GG zwischen dem Kollegialorgan[8] Bundesregierung und seinen Mitgliedern[9]. Der Grundsatz gilt jedoch nach einer auch schon vom Reichsgericht[10] in bezug auf die Reichsregierung der WV vertretenen Auffassung nicht ausnahmslos; im rechtlichen Sprachgebrauch dient „Bundesregierung" manchmal auch zur Bezeichnung eines einzelnen Ministers[11] entsprechend der Praxis unter der WV[12], deren Art. 52 dem Art. 62 GG entspricht.

---

[2] Vgl. *Maunz*, a.a.O., Art. 30 Randnr. 7.
[3] *Wolff*, Verwaltungsrecht II, § 72 I a 1 (S. 12). Die so verstandene Aufgabe ist Gegenstand der Wahrnehmungsverpflichtung und wird auch Kompetenz genannt, *Wolff*, a.a.O., § 72 I c 1 (S. 14).
[4] *Maunz*, a.a.O., Art. 45 Randnr. 8.
[5] Vgl. dazu *Friesenhahn*, VVDStRL H. 16, S. 33 Fußn. 60, S. 34; *Maurer*, Wehrbeauftragter, S. 10 Fußn. 21.
[6] Die Staatssekretäre zählen nach Bundesverfassungsrecht nicht dazu, *Maunz*, Staatsrecht, S. 347; *v. Mangoldt-Klein*, S. 1211.
[7] Vgl. *v. Mangoldt-Klein*, S. 1197; *Maunz*, in Maunz-Dürig, Art. 62 Randnr. 3; ders., Staatsrecht, S. 346; *Hamann*, GG, Art. 62 Anm. B 1 (ohne Einschränkung); *Kratzer*, DÖV 1952, S. 232; *Kassimatis*, S. 58.
[8] *Wolff*, Verwaltungsrecht II, § 75 III a (S. 67).
[9] *v. Mangoldt-Klein*, S. 1197.
[10] RGZ Bd. 112, S. 8 ff. (10); RGSt. Bd. 58, S. 401 ff. (406 f.).
[11] *Maunz*, Staatsrecht, S. 346; *Redeker*, DÖV 1952, S. 236; vgl. auch *v. Mangoldt-Klein*, S. 1197 („in aller Regel").
[12] Für richtig gehalten von *Poetzsch-Heffter*, WV Art. 52 Anm. 1, Art. 57 Anm. 2 b; ders., in: HdbDStR Bd. 1, S. 516; *Triepel*, AöR Bd. 39 (1920), S. 480 ff.; ablehnend *Anschütz*, WV Art. 57 Anm. 2 mit weiteren Nachweisen.

I. Der Begriff „Regierung" in Art. 45 GG und Art. 26 BV

Dem mit Art. 45 GG verfolgten Zweck, die Regierungsführung in der parlamentslosen Zeit nicht ohne parlamentarische Kontrolle zu lassen, wird eine Beschränkung dahingehend nicht gerecht, daß der „ständige Ausschuß" nur dann in Funktion treten könne, wenn die „Bundesregierung" als Kollegialorgan handelt[13]. Das folgt aus der verschiedene Prinzipien kombinierenden Struktur der Bundesregierung, wonach der Bundeskanzler die Stellung eines Premierministers hat[14], nicht aber eine absolut überwiegende Stellung einnimmt (beschränktes Kanzlerprinzip), und wonach weder das reine Kollegialprinzip einerseits noch das reine Ressortprinzip andererseits gelten, vielmehr in bestimmten Fällen die Gesamtheit der Regierungsmitglieder zu handeln hat[15], während die Bundesminister innerhalb der vom Bundeskanzler gesetzten Richtlinien je ihren Geschäftsbereich selbständig und eigenverantwortlich leiten (beschränktes Ressortprinzip)[16].

Art. 65 GG regelt zwar vornehmlich die Zuständigkeiten *innerhalb* der Regierung, daneben wird aber auch das Verhältnis zu anderen Verfassungsorganen, insbesondere dem BT näher bestimmt, was sich aus den Formulierungen „trägt dafür die Verantwortung" (Satz 1) sowie „unter eigener Verantwortung" (Satz 2) ergibt[17]. Diese Betonung der Verantwortung der Regierungsführung bedeutet, daß der Bundeskanzler und die einzelnen Bundesminister, nicht nur die Bundesregierung i. S. eines kollegialisch handelnden Organs, einer umfassenden parlamentarischen Kontrolle unterliegen[18].

Die unmittelbare parlamentarische Verantwortung der Bundesminister, eine Form der staatsrechtlichen Verantwortung[19], wird allerdings von der h. L. abgelehnt, weil die Worte „in eigener Verantwortung" (Art. 65.2 GG) keine selbständige Verantwortung gegenüber dem BT,

---

[13] Abgesehen von den Möglichkeiten einer Einflußnahme auf den legislativen Prozeß sind die Kompetenzen der Gesamtregierung gering. Dazu auch *M. v. Bieberstein*, in: HdbDStR Bd. 1, S. 528 f., der die kollektive Verantwortlichkeit bei Mehrheitsbeschlüssen der Reichsregierung ablehnt; sowie *v. Brünneck*, DÖV 1951, S. 259.

[14] Vgl. Art. 64 I, 65.1 GG; auch §§ 1 ff. GeschO BReg.

[15] Art. 65.3 GG; vgl. auch §§ 15 ff. GeschO BReg.

[16] Art. 65.2 GG; vgl. auch §§ 9 ff. GeschO BReg.; *Meder*, in: Bonner Kommentar. Art. 62 Anm. II 1 und Art. 65 Anm. II 1; *v. Mangoldt-Klein*, S. 1250 f.; *Maunz*, in Maunz-Dürig, Art. 65 Randnr. 1; ähnlich unter der WV, vgl. *Anschütz*, WV Art. 52 Anm. 2; *Poetzsch-Heffter*, Organisation und Geschäftsformen der Reichsregierung, in: HdbDStR Bd. 1, S. 511 ff.

[17] *v. Mangoldt-Klein*, S. 1251; vgl. auch *Hamann*, GG, Art. 65 Anm. A (S. 316); BVerfGE Bd. 1, S. 299 ff. (310 f.).

[18] Vgl. *v. Mangoldt-Klein*, a.a.O.

[19] *Münch*, Bundesregierung, S. 220; *M. v. Bieberstein*, in: HdbDStR Bd. 1, S. 524 Fußn. 10. *Innerhalb* der (staatsrechtlichen) parlamentarischen Verantwortung seien eine politische und eine verfassungsgerichtliche Verantwortung unterschieden, je nach dem, ob eine politische oder eine justizförmige Entscheidung vorgesehen ist. — Zur politischen und rechtlichen Verantwortlichkeit bzw. Kontrolle s. auch *Bäumlin*, S. 243 f.

sondern lediglich eine politische Verantwortung gegenüber dem Bundeskanzler begründeten[20]. Hält man die Befugnis des Parlaments, den einzelnen Minister absetzen oder eine Ministeranklage erheben zu können, für begriffsnotwendig[21], so besteht eine parlamentarische Verantwortung der Bundesminister nicht. Eine solche trifft unmittelbar allein den Bundeskanzler unter den erschwerenden Voraussetzungen des konstruktiven Mißtrauensvotums (Art. 67 GG), welches der BT allerdings deshalb aussprechen kann, weil der Kanzler die Entlassung eines Ministers nicht herbeiführt[22].

Folgt man der h. M., so steht auch der Kontrollfunktion des „ständigen Ausschusses", der kein Mißtrauensvotum gem. Art. 67 GG abgeben darf, keine parlamentarische Verantwortung der Regierung gegenüber[23]. Es entspricht aber nicht dem System des GG, daß die Regierung zu irgendeiner Zeit, zumal wenn diese länger währt[24], keiner parlamentarischen Verantwortung unterliegt.

Der innere Zusammenhang zwischen parlamentarischer Kontrolle und parlamentarischer Verantwortung[25] wird durch die Gegenansicht, bei der die Möglichkeit von Mißtrauensvotum bzw. Ministeranklage nicht Begriffsmerkmale der Verantwortlichkeit sind, gewahrt. Mißtrauensvotum und Ministeranklage sind lediglich Mittel dafür, die parlamentarische Verantwortung des Kanzlers bzw. der Minister *geltend zu machen*[26]. Fehlen derartige verfassungsrechtliche Zwangsmittel, so ist deshalb nicht auch die von ihnen unabhängige parlamentarische Verantwortung zu verneinen, wie auch sonst für das Recht dessen Durchsetzbarkeit nicht

---

[20] *Maunz*, in Maunz-Dürig, Art. 65 Randnr. 4; *Meder*, in: Bonner Kommentar, Art. 65 Anm. II 6; vgl. auch *Dennewitz-Meder*, ebd., Art. 64 Anm. II 2; *Giese-Schunck*, Art. 65 Anm. II 5; *Hamann*, GG, Art. 65 Anm. B 3 (S. 317); *Münch*, Bundesregierung, S. 220 ff.; *Blücher*, Bundesregierung und Parlament, S. 3; *Eschenburg*, DÖV 1954, S. 199; ders., Staat und Gesellschaft, S. 610 f.; *Scheuner*, DÖV 1957, S. 634; *v. Mangoldt*, GG, Art. 65 Anm. 4; *Schlochauer*, Öffentliches Recht, S. 69.

[21] *Münch*, Bundesregierung, S. 221, so die h. M.

[22] *Maunz*, in Maunz-Dürig, Art. 65 Randnr. 4; *Münch*, a.a.O.; U. M., AöR Bd. 76 (1950/51), S. 342; *Jesch*, Gesetz und Verwaltung, S. 97; *v. Mangoldt*, Regierung und Parlament, S. 822; *Blücher*, a.a.O.; vgl. auch *Bäumlin*, S. 176 f.

[23] So Reichsinnenminister Freiherr *v. Gayl* vor dem Überwachungsausschuß am 25. 7. 1932, abgedruckt bei *Poetzsch-Heffter*, JöR Bd. 21 (1933/34), S. 94; vgl. demgegenüber M. v. *Bieberstein*, in: HdbDStR Bd. 1, S. 536 Fußn. 98, wonach die Ausschüsse des Art. 35 WV Ministerverantwortlichkeit geltend machen konnten.

[24] Vgl. oben § 1.

[25] Vgl. *v. Wick*, DÖV 1956, S. 113, 115; *v. Mangoldt-Klein*, S. 1251 (unter b); *Wolff*, Verwaltungsrecht III, § 166 V b 3 (S. 352); *Ellwein-Görlitz*, S. 266.

[26] *v. Wick*, DÖV 1956, S. 114; M. v. *Bieberstein*, in: HdbDStR Bd. 1, S. 535 ff.; *Nawiasky-Leusser*, BV (1. Aufl.), S. 125 f.; *Kaufmann*, in: Hdb. d. Politik, 3. Bd., S. 46; *v. Brünneck*, DÖV 1951, S. 258; *Friesenhahn*, VVDStRL, H. 16, S. 57; vgl. auch *Wolff*, Verwaltungsrecht III, § 166 V b 3 (S. 352): „Rechtsfolgen" der Verantwortlichkeit.

I. Der Begriff „Regierung" in Art. 45 GG und Art. 26 BV

wesensnotwendig ist[27]. Gegen die Zulässigkeit der Ministeranklage als Kriterium der parlamentarischen Verantwortung spricht zudem, daß der dem BT unmittelbar verantwortliche Bundeskanzler einer entsprechenden Klage ebenfalls nicht ausgesetzt ist[28].

Aus Gründen der politischen Zweckmäßigkeit verweigert das GG dem BT die Befugnis, einem Bundesminister das Mißtrauen auszusprechen. Die Funktionsfähigkeit der Regierung soll nicht durch das „Herausschießen" von Ministern aus dem Kabinett beeinträchtigt oder beseitigt werden können[29]. Daraus ist aber nicht auf das Fehlen von parlamentarischer Verantwortung der Bundesminister, die anderenfalls zu bloßen Staatssekretären degradiert wären[30], zu schließen[31]. Daß die Verantwortung vielmehr besteht, ergibt sich aus der den einzelnen Bundesministern vom GG auch zugewiesenen (eigenständigen) Organstellung[32], daraus, daß das Parlament der Regierung insgesamt das Vertrauen ausspricht[33], welches sich infolgedessen auf jedes einzelne Kabinettsmitglied erstreckt, aus dem Erfordernis der Gegenzeichnung durch den Bundesminister nach Art. 58 GG, schließlich aus der Verpflichtung der Regierungsmitglieder zur Eidesleistung vor dem BT nach Art. 64 II GG[34]. Im Fall der Gegenzeichnung von Amtsakten des Bundespräsidenten bejahen bemerkenswerterweise auch Vertreter der h. M. die parlamentarische Ministerverantwortlichkeit[35].

Dem BT ist vom GG zudem eine Reihe wirkungsvoller Mittel zur Geltendmachung der parlamentarischen Ministerverantwortung, die sich ja nicht in Mißtrauensvotum und Ministeranklage erschöpfen[36], an die Hand gegeben[37]. Art. 65.2 GG ist somit dahin auszulegen, daß der Minister

---

[27] *v. Wick*, a.a.O., mit weiteren Nachweisen; vgl. auch *Thoma*, Das System der subjektiven öffentlichen Rechte und Pflichten, in: HdbDStR Bd. 2, S. 616; zweifelnd *Ellwein-Görlitz*, S. 266.

[28] *v. Wick*, a.a.O.

[29] *v. Mangoldt-Klein*, S. 1297 (2 b); *Dennewitz-Meder*, in: Bonner Kommentar, Art. 64 Erl. (II) 2; *v. Mangoldt*, Regierung und Parlament, S. 822; *Nawiasky-Leusser*, BV (1. Aufl.) Erl. zu Art. 45 (S. 123).

[30] *Friesenhahn*, VVDStRL H. 16, S. 58 Fußn. 145.

[31] *v. Wick*, a.a.O.

[32] Vgl. etwa *Thiele*, DVBl 1967, S. 502; *Wolff*, Verwaltungsrecht II, § 74 I f 6 (S. 46).

[33] *v. Mangoldt*, GG, Vorb. 2 zum VI. Abschn. (S. 330 f.).

[34] Zu den aufgeführten Gründen im einzelnen *v. Wick*, a.a.O.

[35] Vgl. z. B. *Maunz*, in Maunz-Dürig, Art. 58 Randnr. 1: „Zur Verantwortung gezogen werden können also vom Bundestag nur der gegenzeichnende Bundeskanzler oder Bundesminister"; für Bonner Kommentar: *Menzel*, Art. 58 Anm. II 6 b: „Für den Bundespräsidenten ergibt sich durch die Gegenzeichnung, daß der Unterzeichnende BK oder BM damit die politische Verantwortung insbesondere vor dem BT übernimmt"; *Eschenburg*, Staat und Gesellschaft, S. 637: „Der unterzeichnende Bundeskanzler oder Bundesminister übernimmt durch die Gegenzeichnung die politische Verantwortung vor dem Bundestag."

[36] *v. Brünneck*, DÖV 1951, S. 258; *Friesenhahn*, VVDStRL H. 16, S. 58 Fußn. 145.

[37] Im einzelnen *v. Wick*, DÖV 1956, S. 114.

zwar an die Richtlinien des Kanzlers gebunden ist, im übrigen aber selbständig und dementsprechend gegenüber dem BT unmittelbar verantwortlich ist[38].

Zusammenfassung: Die parlamentarische Kontrollfunktion geht ohne grundsätzliche Änderung am Ende der Wahlperiode vom BT auf den „ständigen Ausschuß" über. Demgemäß ist der Begriff „Bundesregierung" in Art. 45 I 1 GG i. S. der sich aus Art. 65 GG ergebenden Grundsätze zu verstehen; „Bundesregierung" kann der Kanzler allein, ein Minister allein, mehrere beteiligte Minister zusammen, schließlich das aus Kanzler und Ministern zusammengesetzte Kollegialorgan sein[39]. Der Kontrollfunktion des Ausschusses entspricht eine parlamentarische Verantwortung jedes Regierungsmitglieds. Das zeigt z. B. das dem Ausschuß zustehende Zitierungsrecht nach Art. 43 I GG, ein Mittel zur Geltendmachung parlamentarischer Verantwortung.

Der Begriff „Bundesregierung" wird schließlich noch in der Bedeutung „Regierungsorgane" gebraucht, zu welchem auch der Bundespräsident und sogar der Bundesrat zählen[40]. Da der Verfassungsgeber es für nötig hielt, unter den dem „ständigen Ausschuß" fehlenden Befugnissen die Anklage des Bundespräsidenten zu nennen (Art. 45 II GG)[41], wo doch der Ausschuß ohnehin nur die Rechte des BT „gegenüber der Bundesregierung zu wahren hat", liegt es nahe, den Ausdruck „Bundesregierung" in Art. 45 GG in jenem weiteren Sinn zu verstehen. Ein so weiter Regierungsbegriff in Art. 45 GG ist jedoch mit Art. 62 GG nicht vereinbar; Art. 45 II GG ist insoweit lediglich deklaratorisch[42].

2. Die „Staatsregierung" in Art. 26 I 1 BV

Die „Staatsregierung" ist nach der Legaldefinition[43] des Art. 43 BV „die oberste leitende und vollziehende Behörde des Staates", welche aus dem Ministerpräsidenten, den Staatsministern und — anders als im Bund — den Staatssekretären besteht. Sie ist ein kollegiales Organ[44].

---

[38] *v. Brünneck*, a.a.O.; *v. Wick*, a.a.O. (dazu *Maunz*, in Maunz-Dürig, Art. 65 Randnr. 4 Fußn. 3: „mit beachtlichen Argumenten"); *Ule*, JZ 1957, S. 426; *Friesenhahn*, a.a.O., S. 58, 69 (Leits. 25); *v. Mangoldt-Klein*, S. 1263 f. (unter IV 4); *Seifert-Geeb-Steiniger*, Erl. zu Art. 65 (S. 140 s); U. M., AöR Bd. 76 (1950/51), S. 342; *Wolff*, Verwaltungsrecht III, § 166 V b 3 (S. 352); *Maurer*, Wehrbeauftragter, S. 10 (bezügl. des Verteidigungsministers); *Fellner*: parlamentsverantwortl. Minister, s. *Noll*, DVBl. 1967, S. 654.
[39] Vgl. *Poetzsch-Heffter*, in: HdbDStR Bd. 1, S. 512 f.
[40] *v. Mangoldt-Klein*, S. 1196 (unter IV 1 a) mit weiteren Nachweisen; vgl. *Poetzsch-Heffter*, in: HdbDStR Bd. 1, S. 512.
[41] Dazu *Maunz*, in Maunz-Dürig, Art. 45 Randnr. 8 (unter b).
[42] Dafür spricht auch die Formulierung „*Weitergehende* Befugnisse" in Art. 45 II GG.
[43] *Schweiger*, in Nawiasky-Leusser u. a., BV Art. 43 Randnr. 2.
[44] Vgl. *Schweiger*, a.a.O., Art. 43 Randnrn. 3 und 7.

Für Art. 26 I 1 BV reicht allerdings der engere Regierungsbegriff ebensowenig wie für Art. 45 I 1 GG aus, da die Staatsregierung zwar die Spitze der Exekutive ist, aber die Leitung der Staatsgeschäfte mit dem Ministerpräsidenten und den Vollzug in der obersten Stufe mit den Ministerien teilen muß (vgl. Art. 47 II und III bzw. Art. 55 Nrn. 2, 5 bis 7 BV)[45]. „Oberste leitende und vollziehende Behörde" bedeutetet nicht, daß die Staatsregierung ganz allgemein oberste Instanz wäre. Eine solche Auslegung wäre mit dem in der BV ebenfalls verankerten Ressortprinzip[46] unvereinbar[47]. Die Ausweitung der Kontrollkompetenz des Zwischenausschusses auf die Überwachung des Organverhaltens auch der einzelnen Regierungsmitglieder findet ihre Stütze weiter darin, daß unter der Abschnittsüberschrift „Die Staatsregierung" Rechtsstellung und Funktionen auch des Ministerpräsidenten, der Minister und Staatssekretäre behandelt werden[48].

Der so verstandene Regierungsbegriff stimmt mit der in der BV ausdrücklich geregelten parlamentarischen Verantwortung der Kabinettsmitglieder überein. Nach Art. 47 II BV sind der Ministerpräsident für die Richtlinien der Politik und nach Art. 51 BV die Staatsminister bzw. Staatssekretäre je für ihren Geschäftsbereich unmittelbar gegenüber dem LT verantwortlich.

II. Wahrung der Rechte des Parlaments gegenüber der Regierung

Zu Beginn sei einschränkend erwähnt, daß der Inhalt der parlamentarischen Kontrolle[49] nicht ein für alle Male feststeht, vielmehr durch die einzelnen parlamentarischen Kontrollrechte umgrenzt wird[50]. Soweit dieser enge Zusammenhang es für zweckdienlich erscheinen läßt, werden bereits hier die entsprechenden Befugnisse des Zwischenausschusses behandelt.

Die parlamentarische Kontrolle läßt sich unterteilen in die Leistungs- und Sachkontrolle einerseits und in die Richtungskontrolle andererseits[51]. Bei jener an einem Objekt oder einer Leistung orientierten Kontrolle

---

[45] Vgl. *Schweiger*, a.a.O., Art. 43 Randnr. 3.
[46] Art. 49, 51, 53.3, 55 Nrn. 5 bis 7 BV.
[47] *Schweiger*, a.a.O.
[48] Vgl. *Schweiger*, a.a.O., Art. 43 Randnr. 2.
[49] Ber Begriff der „parlamentarischen Kontrolle" wurde ausdrücklich erst mit Art. 45 b in das GG aufgenommen; vorher ergab er sich bereits der Sache nach insbesondere aus Art. 65 GG; *v. Mangoldt-Klein*, S. 961 (unter a) mit weiteren Nachweisen; s. auch *Fuchs*, Kontrolle, S. 12 ff., insbes. S. 14; *Hahnenfeld*, NJW 1963, S. 2147 Fußn. 21; kritisch *Ellwein-Görlitz*, S. 265 ff. mit weiteren Nachweisen.
[50] *Maurer*, Wehrbeauftragter, S. 10.
[51] *Eschenburg*, Staat und Gesellschaft, S. 608 f.; *Ellwein-Görlitz*, S. 48 f.

kommt es nicht auf die politische Haltung an. „Die Leistungskontrolle soll darauf achten, daß die Beamten vernünftig, sorgfältig, zuverlässig und objektorientiert arbeiten[52]." Demgegenüber hat die Richtungskontrolle die bei einer Maßnahme in Erscheinung tretende politische Richtung (von Ministerialentscheidungen) zum Gegenstand[53]. Es kann unterschieden werden zwischen der Verwaltungskontrolle und dem Bereich der allgemeinen Politik. Schließlich bestehen hinsichtlich des die Kontrolle leitenden Prinzips Unterschiede: dies kann einmal die Rechtmäßigkeit, zum anderen die Effektivität der einzelnen staatlichen Maßnahmen sein[54].

1. Verwaltungskontrolle

Aus der Aufteilung der vollziehenden Gewalt in Regierung einerseits und Verwaltung andererseits[55] ließe sich folgern, daß dem Zwischenausschuß die Kontrolle der Verwaltung versagt sei und er sich auf die Überwachung des Regierungsbereichs zu beschränken habe. Bei jener Trennung wird jedoch Regierung im materiellen Sinn[56] begriffen. In Art. 45 GG (26 BV) dagegen ist Regierung als Organ gemeint. Bei der Kontrolle des Organs Regierung läßt sich der Bereich der Verwaltung nicht ausklammern. In der Person der Organwalter von gubernativen Organen durchdringen Regieren und Verwalten einander, indem jene an der Spitze der Verwaltung stehen[57]. Für die Bayerische Staatsregierung ergibt sich unmittelbar aus Art. 5 II, 43 I und 55 Nr. 5 S. 1 BV, daß sie die regierende und die vollziehende Gewalt in sich vereinigt[58]. Die Landesregierung ist sogar „mehr Verwaltungskollegium". Neben der Selbstkontrolle der Verwaltung, der Finanzkontrolle und der gerichtlichen Kontrolle ist eine Überwachung der Verwaltung auch durch die Repräsentationsorgane nötig[59]. Die erforderliche Ständigkeit dieser Überwachung hat während einer parlamentslosen Zeit der Zwischenausschuß zu

---

[52] *Eschenburg*, a.a.O., S. 609.
[53] *Eschenburg*, a.a.O.
[54] *Ellwein-Görlitz*, S. 49.
[55] *v. Mangoldt*, GG, Art. 20 Anm. 6 (S. 140); *v. Mangoldt-Klein*, S. 602; *Wernicke*, in: Bonner Kommentar, Art. 20 Anm. II 3 d; *F. Giese*, GG, Anm. II 8; *Thiele*, DVBl. 1967, S. 502; *Duppré*, s. *Noll*, DVBl. 1967, S. 653; s. dazu die Zusammenstellung der Abgrenzungsversuche bei *Fr. Meyer*, S. 147 ff.; *G. Jellinek*, Staatslehre, S. 616 ff.; *Scheuner*, in Festschrift f. Smend, S. 254 ff.; *Maunz-Dürig*, Art. 20 Randnr. 77.
[56] Dazu *Fr. Meyer*, S. 103 ff.; *Kassimatis*, S. 30 ff.; *Scheuner*, a.a.O., S. 253 ff.
[57] *Kassimatis*, S. 59; vgl. *Thoma*, in: HdbDStR Bd. 2, S. 133; *Maunz*, in Maunz-Dürig, Art. 65 Randnrn. 3, 8; *Eschenburg*, a.a.O., S. 694 f.; *Schweiger*, a.a.O., Art. 43 Randnr. 3.
[58] Dazu *Schweiger*, a.a.O.
[59] Vgl. *Wolff*, Verwaltungsrecht III, § 166 I (S. 341 f.); *Möller*, RiA 1965, S. 81; zum Verhältnis von parlamentarischer Kontrolle und Kontrolle durch die Verfassungs- und Verwaltungsgerichte *Bäumlin*, S. 240 ff.

II. Wahrung der Rechte des Parlaments gegenüber der Regierung

gewährleisten[60]. Dies spiegelt der sachliche Umkreis der auch dem Ausschuß gegenüber bestehenden Ministerverantwortlichkeit wider. Denn grundsätzlich unterliegt die gesamte Tätigkeit der Exekutive einschließlich der Verwaltung der Ministerverantwortlichkeit dergestalt, daß jeder Minister in bezug auf sein Ressort für seine Amtsführung zur Verantwortung gezogen werden kann[61]. Für dieses Ergebnis spricht schließlich auch die Entstehungsgeschichte der Institution Zwischenausschuß. Aufgabe des Ausschusses sollte sein, „auch in der Zeit, wo der Reichstag nicht versammelt ist, ständig darüber zu wachen, daß *die Verwaltung*[62] sich entsprechend den Gesetzen, den Beschlüssen des Reichstags und dem Willen der Volksvertretung vollziehe"[63].

So hat beispielsweise der bayerische Zwischenausschuß auch das Verhalten der Bezirksregierung, welche ebenfalls der parlamentarischen Kontrolle unterliegt[64], zu überwachen. Allerdings ist zu beachten, daß unmittelbarer Adressat der bei der Kontrolle durch das Parlament bzw. den Zwischenausschuß geübten Kritik allein die Bundes- bzw. Staatsregierung ist. Auch die bei der Handhabung der parlamentarischen Kontrolle vorgebrachten Forderungen und Empfehlungen können sich nur auf ein Verhalten der Regierung beziehen, zu welchem diese kompetent ist.

2. Das leitende Prinzip der Kontrolle

Die Institution des Zwischenausschusses verdankt ihre Entstehung einer Abwehrhaltung des Parlaments gegenüber der Exekutive. Der Ausschuß sollte und soll darüber wachen, daß keine Übergriffe der Regierung in den Kompetenzbereich des Parlaments erfolgen: er hat die Rechte des Parlaments gegenüber der Regierung zu „wahren"[65]. Unter diesem Gesichtspunkt ist die Rechtmäßigkeit des Verhaltens der Regierungsorgane das leitende Prinzip der Kontrolle[66].

Parlamentarische Kontrolle erschöpft sich jedoch nicht in der Frage nach der Legitimität staatlicher Maßnahmen, sondern achtet auch auf

---

[60] *Abicht*, S. 10: „Der Überwachungsausschuß als Mittel der Verwaltungskontrolle"; *Hubrich*, S. 76; *Finger*, Staatsrecht, S. 264; *F. Giese*, WV Art. 35 Anm. II 4.

[61] *M. v. Bieberstein*, in: HdbDStR Bd. 1, S. 525 f., 527 u. 528; *Kipp*, DÖV 1957, S. 519; vgl. auch *Friesenhahn*, a.a.O., S. 40 Fußn. 75; *Wolff*, a.a.O., § 166 V b (S. 349); für BV *Nawiasky-Leusser*, BV (1. Aufl.) Erl. zu Art. 47 (S. 125); s. auch Art. 51 I BV.

[62] Im Original nicht gesperrt.

[63] Berichterstatter *Katzenstein*, RT Verh. Bd. 327, S. 1264 C (45. Sitzung der Nationalversammlung am 3. 7. 1919).

[64] *Thiele*, DVBl. 1967, S. 502 ff., 505: „Die staatliche Mittelinstanz unterliegt uneingeschränkt und in vollem Umfange den in einer parlamentarischen Demokratie und in einem sozialen Rechtsstaat, der sich ausdrücklich zum Prinzip der Gewaltenteilung bekennt, üblichen Kontrollen."

[65] Vgl. *Straßburg*, S. 53; *Finger*, Staatsrecht, S. 263 f.

[66] Vgl. *Ellwein-Görlitz*, S. 49.

deren Effektivität⁶⁷. Da mit Beginn der Interimszeit die Kontrollfunktion des Parlaments auf den Zwischenausschuß übergeht und zu den Rechten des Parlaments gegenüber der Regierung eben jenes umfassende Kontrollrecht gehört, hat der Ausschuß die Frage nach der Wirksamkeit einer Maßnahme bei seiner Kontrolltätigkeit nicht auszuklammern. Auch die parlamentarische Verantwortung der Regierung erstreckt sich auf die Befolgung der Verfassung *und* auf die Zweckmäßigkeit und den Erfolg von Regierungsmaßnahmen⁶⁸. Das leitende Prinzip parlamentarischer Kontrolle und der Inhalt der Regierungsverantwortung entsprechen sich.

In einem gewissen Widerspruch dazu steht allerdings das Wort „wahren" bzw. „Wahrung" in Art. 45 I 1 GG bzw. Art. 26 I 1 BV, weil es auf eine rein defensive Funktion hindeutet⁶⁹. Immerhin kann aber das Recht zu einer an der Leistungsfähigkeit orientierten Kontrolle im Grunde nur dadurch „gewahrt" werden, indem es *wahrgenommen* wird. So wird in der Tat vielfach davon gesprochen, daß der Zwischenausschuß die Rechte des Parlaments gegenüber der Regierung „wahrzunehmen" hat⁷⁰. Anders als unter dem Konstitutionalismus hat es das Parlament nicht mehr nötig, ängstlich auf die „Wahrung" seiner Rechte gegenüber der Regierung bedacht zu sein. Demgemäß hat der Zwischenausschuß im parlamen-

---

⁶⁷ Vgl. *Ellwein-Görlitz*, a.a.O.
⁶⁸ *M. v. Bieberstein*, in: HdbDStR Bd. 1, S. 533 bezüglich der Reichsminister; *Nawiasky-Leusser*, BV (1. Aufl.) Erl. zu Art. 47 (S. 125 unten) bezüglich des Ministerpräsidenten: „Der sachliche Gegenstand der Verantwortung ist die Wahl einer den Interessen des Staates und Volkes am besten entsprechenden Politik, dann die zielbewußte Durchführung dieser Politik und weiter die Sorge für ihre einheitliche Befolgung in allen Dienstzweigen." *Schweiger*, in Nawiasky-Leusser u. a., BV Art. 51 Randnr. 3 unter Hinweis auf *Kratzer*, BV 1919, § 59 Anm. 4 bezüglich der Staatsminister: „Die Verantwortlichkeit gegenüber dem Landtag, die sich auf die Einhaltung der Verfassung und der Gesetze (auch des Haushaltsgesetzes) sowie auf die zweckmäßige Führung der Staatsgeschäfte auch unter politischen Gesichtspunkten erstreckt."
⁶⁹ *Straßburg*, S. 53 folgert daraus: Der Ausschuß soll „das Parlament nicht schlechthin vertreten, sondern nur darauf achten, daß dessen Rechte nicht verletzt werden". Vgl. auch die Erklärung des Reichsinnenministers Freiherrn *von Gayl* vor dem Überwachungsausschuß am 25. 7. 1932, abgedruckt bei *Poetzsch-Heffter*, JöR Bd. 21 (1933/34), S. 94.
⁷⁰ § 131 II GeschO BT; § 2 II 3 G. über die Wahl des Bundespräsidenten durch die Bundesversammlung vom 25. 4. 1959 (BGBl. I S. 230); der Allg. Redaktionsausschuß in der Anm. zur Fassung dieses Ausschusses, *Füßlein*, JöR Bd. 1, n. F., S. 370; Vors. Dr. *Schmid*, Hauptausschuß Sten. Ber., S. 632: „Es besteht Klarheit darüber, daß dieser ständige Ausschuß nichts anderes zu tun hat, als die Rechte des Parlaments der Bundesregierung gegenüber wahrzunehmen"; Dr. *Dehler*, ebd.: „In Satz 1 von Absatz 1 ist ausdrücklich gesagt, daß der ständige Ausschuß das Recht hat, die Befugnisse des Bundestags gegenüber der Bundesregierung ... wahrzunehmen." *Schunck-De Clerck*, **Staatsrecht**, S. 191: „**Stän**diger Ausschuß, der die Rechte des Bundestages gegenüber der Bundesregierung zwischen zwei Wahlperioden wahrnimmt"; *Dennewitz-Schneider*, in: Bonner Kommentar, Art. 45 Anm. II 1; *Abicht*, S. 10; *Waldecker*, Preuß. Verf. Art. 26 Anm. 1; Abg. *Stang*, Bayer. LT, Verh. des Zwischenausschusses, 1. Wahlperiode, 1. Sitzung (31. 7. 1947), S. 1.

II. Wahrung der Rechte des Parlaments gegenüber der Regierung 81

tarischen Regierungssystem die Aufgabe, die parlamentarischen Kontrollrechte wahrzunehmen[71].

„Wahren" in des Wortes buchstäblicher Bedeutung ergäbe eine mit dem Sinn und Zweck von Art. 45 GG (Art. 26 BV) unvereinbare Beschränkung der Ausschußkompetenz dahingehend, daß der Ausschuß allein die dem Parlament gegenüber der Regierung zustehenden Rechte, also die Kontrollrechte i. w. S., vor Beeinträchtigungen zu bewahren hätte, während die Abwehr von Übergriffen der Regierung in den Kompetenzbereich des Parlaments schlechthin nicht Aufgabe des Ausschusses wäre. „Wahren" hätte insofern nur dann einen Sinn, wenn der „ständige Ausschuß" (alle) Rechte des BT zu wahren hätte gegenüber der Regierung. Die Wortstellung in Art. 45 I 1 GG läßt aber nur zu, den Passus „gegenüber der Bundesregierung" auf „Rechte des Bundestages" zu beziehen[72].

Der Ausschuß hat also grundsätzlich die Rechte wahrzunehmen, welche der Volksvertretung gegenüber der Regierung zustehen, und zwar nur diese. Die Beschränkung der Kompetenz kennzeichnet den Ausschuß als Instrument der parlamentarischen Kontrolle[73]. Der in Art. 45 I 1 GG (26 I 1 BV) festgelegte Kompetenzbereich umfaßt die eingangs[74] genannten Kontrollarten.

3. Bereich der Rechtsetzung

Das Recht der Gesetzgebung ist dem Zwischenausschuß zwar verwehrt (Art. 45 II GG; 26 I 2 BV). Wohl aber umfaßt dessen Kontrollfunktion auch den Bereich der Rechtsetzung.

a) Verordnungen

Der parlamentarischen Kontrolle ist in diesem Bereich eine je größere Bedeutung beizumessen, je weiter das Verordnungsrecht der Regierung reicht[75]. Sowohl das GG als auch die BV knüpfen die Befugnis zum Erlaß von Rechtsverordnungen an strenge Voraussetzungen; Rechtsverordnungen können nur auf Grund eines Gesetzes erlassen werden, wobei „Inhalt, Zweck und Ausmaß der erteilten Ermächtigung im Gesetze" bestimmt sein müssen[76]. Infolgedessen ist die darauf bezogene Kontrollfunktion des Zwischenausschusses von nicht erheblicher Bedeutung. Dieser hat darauf zu achten, daß die Regierungsorgane ihre Verordnungs-

---

[71] Vgl. *Abicht*, S. 9 f.; auch oben (1. Teil § 5 II): „Wahrung der Rechte der Volksvertretung" soll „Überwachung" bedeuten.
[72] Dagegen kann sich in Art. 26 I 1 BV „gegenüber der Staatsregierung" auf „Wahrung" beziehen.
[73] Vgl. *Straßburg*, S. 48 f.
[74] Oben II am Anfang.
[75] Vgl. *Leibholz*, Strukturprobleme, S. 295.
[76] Art. 80 I GG; Art. 55 Nr. 2 BV (hierzu *Schweiger*, in Nawiasky-Leusser u. a., BV Art. 55 Randnr. 6).

gewalt nicht unzulässigerweise ausdehnen, indem Ausführungsverordnungen Normen iuxta legem oder sogar — in allzu großzügiger Interpretation des Gesetzes — contra legem enthalten[77].

b) Gesetzesvorbereitung

Hat der Zwischenausschuß, dem das Gesetzgebungsrecht ausdrücklich versagt ist, wenigstens das Recht, Gesetze für das künftige Parlament vorzuberaten und vorzubereiten[78]? Als Parlamentsausschuß kann er diese Kompetenz grundsätzlich haben. Wohl ist er personell ein Ausschuß des auseinandergegangenen Parlaments, während seine Vorbereitungstätigkeit allein der Gesetzgebung durch das künftige Parlament dient. Diesem steht es jedoch frei, inwieweit es auf das Ergebnis der rein unterstützenden Tätigkeit des Ausschusses zurückgreifen will. Deshalb widerspricht eine solche Hilfsfunktion nicht dem Gedanken, der dem Prinzip der Diskontinuität der Legislaturperioden zugrunde liegt[79]. Die Gegenüberstellung von „Gesetze beschließen" und „Volksbegehren behandeln" in Art. 26 I 2 BV legt sogar nahe, den Ausschuß zur „Behandlung", also zur Vorbereitung von Gesetzen für befugt zu halten. Mehreren der mit dem Zwischenausschuß vergleichbaren ständischen Ausschüsse war durch die Verfassung ausdrücklich die Gesetzesvorbereitung aufgetragen[80].

Das dem Ausschuß demnach grundsätzlich zuzubilligende Recht, Gesetze des künftigen Parlaments vorzubereiten, wird aber durch die ratio von Art. 45 GG (26 BV) umgrenzt; da sie in der Kontinuation der parlamentarischen Kontrolle über die Regierung besteht, ist der Ausschuß für die Vorberatung und Vorbereitung eines Gesetzes nur dann zuständig, wenn ein Bezug zu seiner Kontrollaufgabe besteht oder — mit den Worten der Verfassung — wenn es sich um die Wahrung der Rechte des Parlaments gegenüber der Regierung handelt.

Unabhängig davon hat der Zwischenausschuß des Bayerischen LT das hier behandelte Recht im Rahmen seiner Zuständigkeit zur Behandlung dringlicher Staatsangelegenheiten (vgl. Art. 26 I 1 BV).

Der Ausschuß kann daneben unter der genannten Einschränkung[81] die Regierung auffordern, einen Gesetzentwurf vorzulegen[82], und zwar, da er

---

[77] Vgl. Bayer. LT, Verh. des Zwischenausschusses, 1. Wahlperiode, 9. Sitzung (6. 12. 1950), wo die Abg. *Schefbeck* (S. 13) und *Hoegner* (S. 29) beanstandeten, daß eine Vorschrift der WahlO nicht dem WahlG entsprochen hätte.

[78] (Für Art. 45 GG) bejaht von *Maunz*, in Maunz-Dürig, Art. 45 Randnrn 9, 12 (die dort in Fußn. 3 zitierten Autoren sprechen nicht speziell vom Recht der Gesetzesvorbereitung); verneint von *Schweiger*, a.a.O., Art. 26 Randnr. 4 (für Art. 26 BV).

[79] Dazu *Maunz*, a.a.O., Art. 39 Randnr. 17; a. A. *Schweiger*, a.a.O.

[80] Vgl. oben 1. Teil § 7 I.

[81] Vgl. Berichterstatter von *Prittwitz* und *Gaffron*, Bayer. LT, Verh. des Zwischenausschusses, 1. Wahlp., 5. Sitzung (28. 11. 1950), S. 11.

[82] Abg. *Hoegner*, ebd., S. 9.

selbst nicht gesetzgebungsbefugt ist, nicht an sich, sondern an das Parlament, sobald dieses zusammengetreten ist[83].

4. Der Zwischenausschuß als Bindeglied zwischen Regierung und Parlament

Der Aufgabenkreis des Ausschusses wäre zu eng gesehen, wollte man ihn nur auf die Überwachung von Akten der Regierungsorgane dem Parlament gegenüber[84] beschränken. Denn auch für den Zwischenausschuß gilt, „daß der Machteinfluß im Regelfall in der Situation der Zusammenarbeit und nicht der der grundsätzlichen Entgegensetzung aktualisiert wird. Der Sinn gerade der Einrichtungen des Parlamentarismus ist es, diese Zusammenarbeit zu sichern"[85]. Die Institution des Zwischenausschusses soll die Möglichkeit einer Kontaktaufnahme zwischen Regierung und Parlament außerhalb der Funktionszeit des letzteren eröffnen, woran sowohl der Volksvertretung selbst als auch der Regierung gelegen ist[86]. In dieselbe Richtung weist die Begründung des Antrags auf Errichtung eines Zwischenausschusses im Verf. A der Nationalversammlung: der Antrag bezwecke die Festlegung dessen, was der Haushaltsausschuß als Bindeglied zwischen Regierung und Parlament in den letzten Jahren des 1. Weltkrieges praktisch bereits bedeutet habe[87]. Insoweit besteht eine Parallele zur Funktion der parlamentarischen Staatssekretäre[88].

§ 3 Negative Abgrenzung des Aufgabenkreises

Der Aufgabenkreis des Zwischenausschusses kann dadurch eingeschränkt werden, daß andere Unterorgane des Parlaments spezielle Funktionen ebenfalls außerhalb des Tätigkeitszeitraums des Plenums ausüben.

1. Auswärtige Angelegenheiten

Auf Grund des im Jahre 1956 eingefügten Art. 45 a GG[1] wurden neben den „ständigen Ausschuß" als grundgesetzlich notwendige Institutionen

---

[83] *Straßburg*, S. 49 mit zutreffender Begründung.
[84] Vgl. die Zusammenstellung von *Fr. Meyer*, Regierung, S. 104.
[85] Vgl. *Fr. Meyer*, a.a.O., S. 137.
[86] *Schweiger*, a.a.O., Art. 26 Randnr. 2; *Nawiasky-Leusser*, BV (1. Aufl.) Erl. zu Art. 26.
[87] Abg. *Bader*, RT Verh. Bd. 336, S. 267.
[88] Vgl. Gesetz über die Rechtsverhältnisse der Parlamentarischen Staatssekretäre vom 6. 4. 1967, BGBl. I, S. 396, geändert durch G. vom 19. 7. 1968, BGBl. I S. 848; *Scholler*, BayVBl 1967, S. 192 f.; *Hamann*, DVBl 1967, S. 655.
[1] Durch Art. I Ziff. 5 des Gesetzes zur Änderung des Grundgesetzes vom 19. März 1956 (BGBl I, S. 111).

der Ausschuß für auswärtige Angelegenheiten und der Ausschuß für Verteidigung gestellt. Diese beiden Fachausschüsse[2] werden auch zwischen zwei Wahlperiode tätig (Art. 45 a I 2 GG).

Den Ausschüssen wird von der GeschO BT zu einseitig eine bloße Vorbereitungsfunktion zugeteilt[3]. Bei jedem Ausschuß, insbesondere dem auswärtigen Ausschuß, den der Bundeskanzler oder der Außenminister über den Stand der Außenpolitik, insbesondere bei wichtigen Entscheidungen ständig unterrichtet, kommt die Kontrollfunktion hinzu[4]. Das folgt bereits aus dem nach Art. 43 I GG allen Bundestagsausschüssen zustehenden Zitierungsrecht. Meist vermögen sogar allein die — großenteils mit Spezialisten besetzten — Ausschüsse eine wirksame Kontrolle auszuüben, da das Plenum wegen des Umfangs und der Kompliziertheit heutiger Regierungstätigkeit dazu nicht mehr imstande ist[5]. Da sich der auswärtige Ausschuß über das Ende der Wahlperiode hinaus spezifisch mit den auswärtigen Angelegenheiten zu befassen und die darauf bezogenen Kontrollfunktionen[6] auszuüben hat, ist er gegenüber dem parlamentarische Kontrolle generell ausübenden „ständigen Ausschuß" insoweit die speziellere Institution. Abgesehen von seiner Tätigkeit während der Wahlperiode ist er „eine Unterart des Überwachungsausschusses"[7]. Das Verhältnis zwischen beiden Institutionen entspricht nicht dem von Ausschuß und Plenum, das innerhalb der Wahlperiode neben dem auswärtigen Ausschuß die Außenpolitik der Regierung kontrolliert, denn der „ständige Ausschuß" ist kein Ersatzparlament, sondern ebenfalls nur Ausschuß und Unterorgan des Parlaments. Er hat im Bereich der Außenpolitik nicht die Befugnisse, welche dem auswärtigen Ausschuß zustehen[8]. Die Effektivität der parlamentarischen Kontrolle wird dadurch

---

[2] *v. Mangoldt-Klein*, S. 955 (unter III 1); *Dürig*, in Maunz-Dürig, Art. 45 a Randnr. 1.

[3] Inbesondere durch § 60 II und III in der bis zur Änderungsbekanntmachung vom 25. 6. 1969 (BGBl I S. 776) geltenden Fassung; s. nunmehr aber § 60 II 3 GeschO BT.

[4] *Loewenberg*, Parlamentarismus, S. 182 ff.; *Dürig*, a.a.O., Art. 45 a Randnr. 7; *Maunz*, ebd., Art. 43 Randnr. 3 (2. Abs.); *Eschenburg*, Staat und Gesellschaft, S. 551 (auch speziell für den auswärtigen Ausschuß); *Glum*, Struktur der BRD, S. 213; *Goltz*, DÖV 1965, S. 615; *Altmann*, DÖV 1956, S. 753; vgl. auch *Dechamps*, Ausschüsse, S. 104—106; ders., Verlagerung, S. 154; *Bäumlin*, S. 312. Speziell für den auswärt. Ausschuß: *Finger*, Staatsrecht, S. 263; *F. Giese*, WV Art. 35 Anm. II 2; *Schreyer*, S. 54; *Stier-Somlo*, in: HdbDStR Bd. 1, S. 411; Berichterstatter *Katzenstein*, RT Verh. Bd. 327, S. 1264 C (45. Sitzung der Nationalversammlung am 3. 7. 1919).

[5] Vgl. etwa *Leibholz*, Strukturprobleme, S. 295.

[6] Zur parlamentarischen Kontrolle im Bereich der auswärt. Beziehungen *Bäumlin*, S. 307 f. mit weiteren **Nachweisen.**

[7] So für Art. 35 I WV *Abicht*, S. 11 mit Fußn. 29, der auch darauf hinweist, daß in der WV ursprünglich beide Ausschüsse in einem Ausschuß vereinigt sein sollten.

[8] So in bezug auf beide Ausschüsse nach Art. 45 a GG *Schmidt-Bleibtreu-Klein*, Art. 45 Randnr. 3.

nicht beeinträchtigt, denn sie hängt nicht von einer Vielzahl von — zudem nach denselben Prinzipien zusammengesetzten — Kontrollinstanzen ab.

Dem „ständigen Ausschuß" fehlt aus einem weiteren Grund eine wichtige Kontrollfunktion im Bereich der Außenpolitik. Diese unterliegt einer wirksamen Interorgan-Kontrolle dadurch, daß völkerrechtliche Verträge, welche die politischen Beziehungen des Bundes regeln oder sich auf Gegenstände der Bundesgesetzgebung beziehen, der parlamentarischen Zustimmung oder Mitwirkung bedürfen (vgl. Art. 59 II GG)[9]. Da hierfür die Form eines Bundesgesetzes vorgeschrieben ist, steht dem „ständigen Ausschuß" diese Kontrollbefugnis nicht zu, auch wenn man davon absähe, daß der Bundespräsident die Verträge mit auswärtigen Staaten schließt (Art. 59 I 2 GG)[10]. — Davon zu scheiden ist der Fall, daß ein Vertrag mit auswärtigen Staaten ohne die erforderliche Genehmigung des BT geschlossen wird[11]; eine darauf gerichtete Kontrolltätigkeit (des auswärtigen Ausschusses) ist zulässig.

Der auswärtige Ausschuß des BT[12] hat jedoch nicht die Befugnis, als Untersuchungsausschuß tätig zu werden (vgl. Art. 45 a II GG)[13]. Daraus ist aber nicht zu schließen, daß durch die Errichtung des Ausschusses für auswärtige Angelegenheiten in diesem Bereich das bis dahin bestehende parlamentarische Enquêterecht des „ständigen Ausschusses" (vgl. Art. 45 I 2 GG) für die Zeit zwischen zwei Wahlperioden ausgeschlossen werden sollte. Sinn und Zweck der Einfügung von Art. 45 a GG sind nicht die Schmälerung parlamentarischer Kontrollrechte. Art. 45 a II GG gewährt dem Verteidigungsausschuß aus Gründen, die in der Natur der Verteidigungssachen liegen, das Untersuchungsrecht[14], und zwar ohne Unterschied für die Zeit während und außerhalb der Wahlperiode. Deshalb können aus dem Fehlen einer entsprechenden Bestimmung für den auswärtigen Ausschuß, dem auch während der Wahlperiode das Enquêterecht fehlt, nicht Rückschlüsse auf das parlamentarische Untersuchungsrecht außerhalb der Wahlperiode im Bereich der Außenpolitik gezogen werden. Das während der Wahlperiode dem Plenum auch in diesem Bereich zustehende Enquêterecht wird nach deren Ende vom „ständigen Ausschuß" ausgeübt. Dieser entbehrt nur solcher Befugnisse, die den Ausschüssen nach Art. 45 a GG gewährt sind. Der auswärtige Ausschuß muß, falls er eine parlamentarische Untersuchung für nötig hält, sich deswegen an den „ständigen Ausschuß" wenden, ohne ihm allerdings bindende Weisungen

---
[9] *Leibholz*, a.a.O., S. 297; *Loewenstein*, Verfassungslehre, S. 198; vgl. auch *Friesenhahn*, VVDStRL H. 16, S. 70 Leitsatz 3.
[10] *Maunz*, a.a.O., Art. 45 Randnr. 10.
[11] Vgl. *Maunz-Sigloch* u. a., BVerfGG § 64 Randnr. 12.
[12] Anders der auswärtige Ausschuß des Weimarer RT (Art. 35 III WV).
[13] *Dürig*, in Maunz-Dürig, Art. 45 a Randnr. 1 (unter 1 c).
[14] s. etwa *Dürig*, a.a.O., Art. 45 a Randnr. 8.

erteilen zu können. Dieser kann aber auch aus eigener Initiative von seinem Enquêterecht Gebrauch machen.

In Art. 22 des Vorentwurfs für die BV war ebenfalls ein die Funktionszeit des Parlaments überdauernder Ausschuß für auswärtige Angelegenheiten vorgesehen[15]. Da er aber nicht in die Verfassung übernommen wurde, ist der Zwischenausschuß auch in diesem durch Art. 32 GG freilich stark eingeengten Bereich[16] für die parlamentarische Kontrolle kompetent.

Schließlich wird der Kompetenzbereich des Ausschusses nach Art. 45 GG in wachsendem Maße dadurch eingeschränkt, daß ständig zunehmende Bereiche der Regierungstätigkeit auf *supranationale Einrichtungen* übergehen und damit der parlamentarischen Kontrolle vollständig entzogen werden[17].

2. Wehrkontrolle

Durch die Ergänzung des GG vom 19. 3. 1956 wurden der Exekutive wehrhoheitliche Vollziehungsfunktionen übertragen. Der dadurch nötige Ausgleich des mit der militärischen Befehlsgewalt verbundenen Machtzuwachses der Bundesregierung erfolgte — abgesehen von der Einführung einer speziellen Wehretatkontrolle — durch die Errichtung des Verteidigungsausschusses und die Berufung des Wehrbeauftragten[18]. Der Verteidigungsausschuß ist „Organ einer speziellen und intensivierten parlamentarischen Kontrolle"[19]. Er hat — wie sich aus Art. 45 a III GG ergibt — in Verteidigungssachen[20] ein Enquêtemonopol; auch die Inititative zur Einleitung eines Untersuchungsverfahrens liegt ausschließlich bei ihm[21].

Zu einer verstärkten parlamentarischen Kontrolle auf dem Gebiet des Wehr- und Verteidigungswesens ist außerdem der Wehrbeauftragte des BT berufen (Art. 45 b GG)[22,23]. Da der Wehrbeauftragte auf fünf Jahre

---

[15] Art. 22 Abs. 1: „Der Landtag bestellt einen ständigen Ausschuß für auswärtige Angelegenheiten, der auch außerhalb der Tagung des Landtages und nach der Beendigung der Wahldauer und nach Auflösung des Landtages bis zum Zusammentritt des neuen Landtages tätig werden kann..." Abs. 3: „Der ständige Ausschuß und der Überwachungsausschuß haben die Rechte von Untersuchungsausschüssen."

[16] Vgl. etwa *Schweiger*, in Nawiasky-Leusser u. a., BV Art. 72 Randnrn. 6 f.

[17] Dazu *Ellwein-Görlitz*, S. 46; *Leibholz*, a.a.O., S. 310 f.; *Partsch*, VVDStRL H. 16, S. 97 ff.; in der Aussprache über Parlament und Regierung im modernen Staat, VVDStRL H. 16, S. 113 ff.: *Ipsen* (S. 117 f.); *Carstens* (S. 130 ff.) und *Münch* (S. 135 f.); *Bracher*, in: Parlamentarismus, S. 73.

[18] Vgl. *Hahnenfeld*, NJW 1963, S. 2145 f.

[19] *Hesse*, Grundzüge, S. 215; vgl. auch *Maurer*, Wehrbeauftragter, S. 11.

[20] Zum Inhalt dieses Begriffs *Dürig*, a.a.O., Art. 45 a Randnr. 12; *Hahnenfeld*, a.a.O., S. 2146.

[21] *Dürig*, a.a.O., Art. 45 a Randnrn. 9 ff.; *Wolff*, Verwaltungsrecht III, § 166 V b 2 (S. 351); *Hahnenfeld*, a.a.O.

[22] s. etwa *Maurer*, a.a.O., S. 11, 17, 31 ff.; *Hahnenfeld*, a.a.O., S. 2147; *Kipp*, DÖV 1957, S. 515.

gewählt wird[24], seine Amtszeit also nicht mit der vierjährigen Wahlperiode des BT übereinstimmt, wird auch er — möglicherweise sogar zweimal — außerhalb der Wahlperiode tätig[25].

Angesichts dieser speziellen parlamentarischen Kontrollinstitutionen bleibt für eine Beteiligung des „ständigen Ausschusses" an der Wehrkontrolle kein Raum.

3. Fortführung der laufenden Geschäfte des Parlaments

Das Präsidium des BT existiert in einer parlamentslosen Zeit weiter[26], was aus Art. 49 GG entnommen werden kann. Nach § 131 I GeschO BT führt es bis zum Zusammentreten eines neuen BT *seine* Geschäfte fort. Hierdurch werden die Kontrollfunktionen des „ständigen Ausschusses" nicht berührt[27].

Entsprechendes gilt in bezug auf das Präsidium des Bayerischen LT, das zwischen zwei Tagungen (Art. 20 II BV) sowie außerhalb der Wahldauer[28] die laufenden Geschäfte des LT[29] fortführt.

§ 4 Die Befugnisse (negative Abgrenzung)

A. Aufgabe und Befugnis

Im Verfassungsrecht wird unter Hinweis auf das übergeordnete Prinzip der Allzuständigkeit des Staates und der Geschlossenheit der Staatsgewalt mit „Aufgaben" der Teil staatlicher Funktionen bezeichnet, bei welchem dem Staat Verpflichtungen auferlegt werden, während mit „Befugnissen" derjenige Teil gemeint ist, der die Staatsorgane zu Handlungen

---

[23] Zu der problematischen Abgrenzung der Kontrollkompetenzen des Wehrbeauftragten und des Verteidigungsausschusses *v. Mangoldt-Klein*, S. 960 ff. (Art. 45 b Anm. IV 1); *Dürig*, a.a.O., Art. 45 b Randnrn. 9—11; *Maurer*, a.a.O., S. 14 Fußn. 33; *Hahnenfeld*, a.a.O., S. 2148.
[24] § 14 II 1 Gesetz über den Wehrbeauftragten des BT vom 26. 6. 1957, BGBl I S. 652.
[25] Vgl. *Maurer*, a.a.O., S. 22.
[26] *Lechner-Hülshoff*, § 131 GeschO BT Anm. 2 (S. 222); *v. Mangoldt-Klein*, S. 909; *Ritzel-Koch*, § 131 Anm. 1 a; vgl. auch *Maunz*, in Maunz-Dürig, Art. 49 Randnr. 6; a. A. *Schneider*, DÖV 1953, S. 369 sowie in: Bonner Kommentar, Art. 49 Anm. II a.
[27] *Ritzel-Koch*, a.a.O.; *v. Mangoldt-Klein*, S. 909.
[28] *Schweiger*, in Nawiasky-Leusser u. a., BV Art. 20 Randnr. 4; Art. 26 Randnr. 2; *Nawiasky-Leusser*, BV (1. Aufl.) Erl. zu Art. 20 (S. 97).
[29] Über die Art der in Frage kommenden Geschäfte *Schweiger*, a.a.O., Art. 20 Randnr. 5.

berechtigt[1]. Dieser Terminologie wird hier nicht gefolgt, sondern es werden den „Aufgaben" des Zwischenausschusses i. S. von Tätigkeitsbereichen dessen „Befugnisse" i. S. der ihm zustehenden Mittel zur Durchführung seiner Kontrollaufgaben gegenübergestellt[2]. Diese Begriffswahl ist deshalb zweckmäßig, weil der Ausschuß in der Wahl der Mittel, welche zur Erfüllung seiner Aufgabe ergriffen werden könnten oder erforderlich wären, beschränkt ist und sie zudem mit der in Bayern gebräuchlichen Terminologie übereinstimmt[3]. „Rechte" und „Befugnisse" in Art. 45 GG bedeuten dasselbe[4].

Drei Gebiete von positiven Kontrollmitteln des Parlaments lassen sich unterscheiden, wobei Überschneidungen vorkommen: 1. die Bestellung des Inhabers der Regierungsgewalt, die man als präventive Kontrolle bezeichnen kann, 2. die Kontrolle der Regierungstätigkeit und schließlich 3. die Abberufung der Regierung[5]. Im Grundsatz hat der Zwischenausschuß die Kontrollbefugnisse des Parlaments[6]. Das ergibt sich aus der Zuweisung von Befugnissen bereits durch Art. 45 I 1 GG bzw. aus der am Sinn und Zweck des Art. 45 GG orientierten Auslegung des Begriffs „wahren". Durch das Wort „auch" in Art. 45 I 2 GG ist zum Ausdruck gebracht, daß der Ausschuß grundsätzlich die Rechte des BT gegenüber der Bundesregierung wahrzunehmen hat. Für den bayerischen Zwischenausschuß gilt das kraft ausdrücklicher Verfassungsbestimmung (Art. 26 I 2 BV). Andererseits zeigt Art. 45 II GG bzw. Art. 26 I 2 BV, daß es sich nicht um sämtliche Befugnisse des Parlaments handeln kann. Wie schon in der WV wurde auf eine Aufzählung der dem Ausschuß zustehenden Befugnisse verzichtet, ebenso wie auf eine Katalogisierung sämtlicher Befugnisse, die der „ständige Ausschuß" des BT nicht haben sollte. Das Fehlen derartiger Bestimmungen ist mit der Furcht vor möglichen mit einer Katalogisierung verbundenen Mißverständnissen über die tatsächlich gewollten Befugnisse zu erklären[7].

Die Darstellung der Ausschußbefugnisse wird dadurch erschwert, daß der systematische Aufbau von Art. 45 GG mit seinem Wortlaut kaum

---

[1] *Maunz*, in Maunz-Dürig, Art. 30 Randnr. 7 mit weiteren Nachweisen.
[2] Vgl. *Wolff*, Verwaltungsrecht II, § 72 I c 2 (S. 14); vgl. auch § 3 Gesetz über den Wehrbeauftragten des BT: „Der Wehrbeauftragte hat in Erfüllung der ihm übertragenen Aufgaben die folgenden Befugnisse..."
[3] Vgl. Bay VGHE n. F. 4/I/1 ff. (22).
[4] arg. Art. 45 I 2 und II GG.
[5] *Loewenstein*, Verfassungslehre, S. 196; vgl. auch *Schweiger*, in Nawiasky-Leusser u. a., BV Art. 43 Randnr. 4.
[6] Vgl. auch Art. 58 II 1 HChE (abgedruckt bei *Füßlein*, JöR n. F. Bd. 1, S. 370): „Der ständige Ausschuß hat die Befugnisse des Bundestages, ausgenommen..." — Bei dem Ausschuß nach Art. 35 II WV war noch streitig, ob dieser nur die Befugnisse eines — bevorrechtigten — RT-Ausschusses oder grundsätzlich alle Kontrollrechte des RT habe, dazu *Abicht*, S. 19 ff. mit weiteren Nachweisen.
[7] s. *Füßlein*, JöR n. F. Bd. 1, S. 370; vgl. auch *Straßburg*, S. 47; *Waldecker*, Preuß. Verf. Art. 26 Anm. 1.

in Übereinstimmung gebracht werden kann[8] und, da der „ständige Ausschuß" bisher nicht in Funktion getreten ist, keine Fälle vorliegen, welche die Probleme sichtbar machten. Die zahlreichen Zuständigkeitszweifel bei den Verhandlungen des Ausschusses nach Art. 35 II WV beruhten meist auf politischen Absichten, weniger auf Rechtsfragen[9]. Auch die bisherige Praxis des Zwischenausschusses des Bayerischen LT[10] bietet keine ausreichende Zahl von Fällen.

B. Negative Abgrenzung der Befugnisse

I. Beschränkung auf die Befugnisse des Parlaments

Die Rechte des Zwischenausschusses gehen über die dem Parlament und seinen Untersuchungsausschüssen zustehenden Befugnisse gegenüber der Regierung nicht hinaus[11]. Diese Umgrenzung folgt aus der Rechtsstellung des Ausschusses als eines Unterorgans des Parlaments. Das Organ hat keine weiterreichenden Befugnisse als die Institution, deren Organ es ist[12]. Da Art. 20 II GG (Art. 5 BV) das Prinzip der Ausübung der Gewalten durch besondere Organe der Gesetzgebung, der vollziehenden Gewalt und der Rechtsprechung festgelegt hat und der Ausschuß in den Funktionsbereich des Parlaments einzuordnen ist, müssen sich auch deshalb seine Organakte im Rahmen der dem Parlament von der Verfassung gewährten Kontrollbefugnisse halten.

Dem Grundsatz steht die Übertragung der Rechte von Untersuchungsausschüssen an den Zwischenausschuß (Art. 45 I 2 GG, 26 II BV) nur scheinbar entgegen. Das Plenum übt zwar nicht selbst die Rechte eines Untersuchungsausschusses aus, vielmehr hat es das Recht bzw. die Pflicht, Untersuchungsausschüsse *einzusetzen* (Art. 44 I 1 GG, Art. 25 I BV). Das ändert aber nichts daran, daß dem Parlament das Enquêterecht zusteht; es hat sich lediglich zu dessen Ausübung eines Unterorgans zu bedienen[13].

Die Ausübung parlamentarischer Kontrollrechte ist grundsätzlich auf vollzogene Tatsachen beschränkt[14]. Der Interimsausschuß dient zwar der Kontinuität der parlamentarischen Kontrolle über die Regierung; des-

---

[8] *Maunz*, a.a.O., Art. 45 Randnr. 8.
[9] *Straßburg*, S. 47.
[10] Bisher nur „in" den beiden ersten Wahlperioden 1946/50 bzw. 1950/54.
[11] Für Art. 45 GG: *Maunz*, a.a.O.; *Schmidt-Bleibtreu-Klein*, Art. 45 Randnr. 3; für Art. 35 II WV: *Straßburg*, S. 47; in bezug auf den Zwischenausschuß des Bayer. LT ist das auch aus Art. 26 I 2 BV zu entnehmen.
[12] Vgl. etwa *Wolff*, Vertretung, S. 242.
[13] Vgl. *Straßburg*, S. 47 f.; sowie *Dennewitz-Schneider*, in: Bonner Kommentar, Art. 44 Anm. II 2; *Möller*, RiA 1965, S. 84.
[14] *Goltz*, DÖV 1965, S. 611 und 615 f.; vgl. auch *Bäumlin*, S. 231.

halb ist er aber nicht zu einer mitlaufenden Einmischung in den Vollzug berechtigt, obwohl er ein sog. geborener Untersuchungsausschuß ist. Wie die Untersuchungsausschüsse nicht als ständige Kommissionen zur laufenden Kontrolle der Verwaltung oder bestimmter Verwaltungszweige eingesetzt werden dürfen[15], so darf auch der Zwischenausschuß sein Enqêterecht wegen des Gewaltenteilungsprinzips nur ex post zur Ergebniskontrolle ausüben[16].

Die parlamentarischen Kontrollrechte gewähren nicht die Befugnis zum Erlaß von Akten, die wesenhaft zur Exekutive gehören[17]. Wie das Parlament[18], so darf auch der der vollziehenden Gewalt ermangelnde Zwischenausschuß nicht durch den Erlaß oder die Aufhebung von Verwaltungs- und Regierungsmaßnahmen oder durch Einzelweisungen in den Bereich der Exekutive eingreifen[19]. Er ist kein Regierungsausschuß[20]. Anderenfalls wäre seine Funktion als Kontrolleur gefährdet, wenn die Regierung spätere Vorwürfe für fehlerhafte Maßnahmen unter Hinweis auf die Mitwirkung des Ausschusses zurückweisen könnte.

Resolutionen, Beschlüsse und Empfehlungen des Parlaments begründen keine verfassungsrechtliche, justiziable Verpflichtung der Regierung zu ihrer Beachtung und Durchführung[21]. Parlamentarische Kontrolle bedeutet nicht Abhängigkeit von parlamentarischen Weisungen[22], welche über die unmittelbar der Kontrolle dienenden Anordnungen hinausgehen. Die Entscheidung darüber, welche Maßnahmen auf Grund des Kontrollergebnisses getroffen werden, bleibt der Exekutive vorbehalten. Für die Kontrollmöglichkeiten ist das grundlegende Verhältnis zwischen

---

[15] Hess. Staatsgerichtshof, Urt. vom 24. 11. 1966 — P.St. 414 — JuS 1967, S. 184 mit weiteren Nachweisen; s. auch *Steffani*, in: Parlamentarismus, S. 267 f.

[16] A. A. anscheinend *Steffani*, in: Parlamentarismus, S. 267.

[17] Zu den „verfassungsrechtlichen Hilfsgeschäften" *Maunz*, a.a.O., Art. 38 Randnr. 4.

[18] BVerfGE Bd. 1, S. 372 ff. (394); *Friesenhahn*, VVDStRL H. 16, S. 36 Fußn. 70; S. 37, 39 Fußn. 73; *Goltz*, DÖV 1965, S. 609 ff.; vgl. auch *Kern*, BT und Bundesregierung, MDR 1950, S. 655 ff.; *F. Giese*, Parlament und Regierung, DÖV 1957, S. 639.

[19] Vgl. *v. Mangoldt*, GG, S. 251; *v. Mangoldt-Klein*, S. 952, 954; *Maunz*, a.a.O., Art. 45 Randnr. 4; *Giese-Schunck*, Art. 45 Anm. II 3; *Wolff*, Verwaltungsrecht III, § 166 I b (S. 342); *Straßburg*, S. 48; *Anschütz*, WV Art. 35 Anm. 4; *Finger*, Staatsrecht, S. 264; *F. Giese*, WV Art. 35 Anm. II 1; *Hatschek*, Staatsrecht I, S. 706; *Gebhard*, Handkommentar, Art. 35 Anm. 6. Vgl. demgegenüber die Befugnisse des ständigen Unterausschusses, der vom Hauptausschuß des österreichischen Nationalrats gewählt wird; dazu *Adamovich-Spanner*, S. 180 mit Fußn. 2.

[20] *Straßburg*, S. 48. Der Vorschlag von *Anschütz*, DJZ 1917, Sp. 702, daß ein ständiger Ausschuß des RT „mitregieren" sollte, wurde nicht verwirklicht.

[21] *Criegee*, S. 82 ff.; *Friesenhahn*, a.a.O., S. 36 Fußn. 70; *Jesch*, Gesetz und Verwaltung, S. 95 unten, insbes. Fußn. 107; *Leibholz*, Strukturprobleme, S. 163 ff., 298; *Scheuner*, in Festschrift f. Smend, S. 284 Fußn. 82; *Eschenburg*, Staat und Gesellschaft, S. 610; *Kern*, a.a.O.; *Goltz*, a.a.O., S. 610 f.

[22] *v. Mangoldt-Klein*, S. 1251, 1253.

Parlament und Regierung maßgeblich[23]. Die Bundesregierung ist ein dem BT gleichgeordnetes oberstes Staatsorgan[24], mit dessen selbständiger Entscheidungs- und Leitungsgewalt sich ein parlamentarisches Weisungsrecht mit bindender Kraft nicht vereinbaren ließe. Eine solche Einwirkungsmöglichkeit in den Bereich der Exekutive ist insbesondere dann bedenklich, wenn sie nicht einmal vom Plenum selbst, sondern von einem Parlamentsausschuß wahrgenommen würde[25].

Auch der Bayerische LT hat nicht die Befugnis, den Organen der Exekutive außerhalb der ihm durch die Verfassung ausdrücklich übertragenen Zuständigkeiten bindende Weisungen zu erteilen[26]. Dem stehen weder Art. 44 III 2, 3 BV noch Art. 55 Nr. 2 S. 1 BV entgegen[27]. Art. 44 III 2, 3 BV setzt eine besondere Form des parlamentarischen Regierungssystems fest[28]. Über diese lediglich mittelbare Bindung hinaus bewirkt Art. 44 III BV keine Bindung der Regierung an Beschlüsse des LT. Auch nach bayerischem Verfassungsrecht ist die Regierung dem Parlament nicht untergeordnet[29]. Art. 55 Nr. 2 S. 1 BV, wonach der Staatsregierung und den einzelnen Staatsministern der Vollzug der Gesetze „und Beschlüsse" des LT obliegt, ist dahin zu verstehen, daß für die Durchführung der Parlamentsbeschlüsse nicht der LT selbst, sondern die Regierungsorgane zuständig sind; diese sind aber zur Vollziehung nur dann verpflichtet, wenn und soweit der LT auf Grund anderer Verfassungsnormen[30] zu bindenden Beschlüssen befugt ist[31].

Damit darf also auch der Zwischenausschuß nach Art. 26 BV grundsätzlich weder im Bereich der Exekutive tätig werden noch kann er den Exekutivorganen bindende Weisungen erteilen.

---

[23] Vgl. *Fr. Meyer*, Regierung, S. 133; Typisierung des Verhältnisses von Parlament und Regierung bei *C. Schmitt*, Verfassungslehre, S. 265 ff.; vgl. auch *Nawiasky*, in Festschrift f. Apelt (1958), S. 137 ff.
[24] *Hamann*, GG, S. 41; gegen eine Vorrangstellung des Parlaments auch *Leibholz*, a.a.O., S. 95 f.; s. auch unten Schlußbetrachtung. A. A. *Glum*, Struktur der BRD, S. 209; *Jesch*, a.a.O., S. 99 ff. mit weiteren Nachweisen; *Peters*, Gewaltentrennung, S. 12.
[25] Vgl. *Kern*, a.a.O., S. 657.
[26] Bay VerfGH, Entscheidung vom 30. 9. 1959, JZ 1960, S. 57 f. mit weiteren Nachweisen = VGHE N. F. 12/II/119 ff. (126); *Nawiasky*, a.a.O., S. 148; *Kratzer*, BayVBl 1962, S. 297; *Fr. Mayer*, in Mang-Maunz, u. a., S. 43.
[27] Bay VerfGH, a.a.O., S. 58.
[28] Dazu *Schweiger*, in Nawiasky-Leusser u. a., BV Art. 44 Randnr. 5; vgl. auch *Friesenhahn*, a.a.O., S. 69 (Leitsatz I 24).
[29] *Hoegner*, Bayer. Verfassungsrecht, S. 82; *Schweiger*, a.a.O.; *Fr. Mayer*, a.a.O.
[30] Art. 24 I, 25 II 1, 3 und 4, 48 II 1, 49 III BV.
[31] *Nawiasky*, a.a.O., S. 139 f. (unter 5); *Nawiasky-Lechner*, BV Ergänzungsband, S. 50; *Schweiger*, a.a.O., Art. 55 Randnr. 4 mit weiteren Nachweisen; *Zacher*, JöR n. F. Bd. 15 (1966), S. 351; Bay VerfGH, a.a.O., S. 58; vgl. auch *Leibholz*, a.a.O., S. 166 f. Fußn. 16.

II. Die dem „ständigen Ausschuß" nach Art. 45 II GG ausdrücklich entzogenen Befugnisse

Nach Art. 45 II GG sind dem „ständigen Ausschuß" ausdrücklich Rechte entzogen, welche diesem schon deshalb nicht zustehen, weil sie nicht das Verhältnis BT — Bundesregierung betreffen, nämlich insbesondere das Recht zur Anklage des Bundespräsidenten vor dem BVerfG (Art. 61 GG), aber auch weitgehend das der Gesetzgebung[32]. Die Bestimmung hat insoweit nur deklaratorische Bedeutung.

1. Gesetzgebungsrecht

Der „ständige Ausschuß" hat nicht das Recht der Gesetzgebung (Art. 76 bis 79 GG). Darunter ist das Recht zu verstehen, bindende Gesetzgebungsbeschlüsse zu fassen[33].

Wenn der Bundesrat bei Zustimmungsgesetzen, welche beim Ende der Wahlperiode lediglich bis zum Gesetzesbeschluß des BT gediehen sind, seine Zustimmung verweigert, so kann der „ständige Ausschuß" nicht den Vermittlungsausschuß anrufen, schon weil letzterer außerhalb der Wahlperiode nicht existiert. Da der Zwischenausschuß keine bindenden Gesetzgebungsbeschlüsse fassen kann, darf er auch nicht bei Einspruchsgesetzen einen vom Bundesrat erhobenen Einspruch nach Art. 77 IV GG überstimmen. In beiden Fällen kommt das Gesetz nicht zustande[34].

Der Ausschluß des Gesetzgebungsrechts umfaßt vor allem auch die staatsleitenden Akte, für welche das GG die Gesetzesform vorschreibt[35].

So hat der Zwischenausschuß auf den *Haushaltsplan* des Bundes keinen Einfluß (vgl. Art. 110 II 1 GG)[36], obwohl zwischen parlamentarischer Kontrolle und Haushaltsrecht eine besonders enge Verbindung besteht[37]. Infolgedessen kann er auch kein indirektes Mißtrauensvotum durch Streichung des Etats aussprechen[38].

---

[32] *Maunz*, a.a.O., Art. 45 Randnr. 8; vgl. in bezug auf das Gesetzgebungsrecht auch *Straßburg*, S. 49.

[33] So *Maunz*, a.a.O., Art. 45 Randnr. 9; *v. Mangoldt-Klein*, S. 953 (unter 4 a): der Ausschuß darf „keine Beschlüsse mit Rechtswirkung für das Gesetzgebungsverfahren fassen"; unzutreffend *Glum*, Struktur der BRD, S. 213, der den Sinn von Art. 45 GG darin sieht, „daß zwischen zwei Wahlperioden kein gesetzgebungs- und kontrolleerer Zustand besteht".

[34] Vgl. Art. 78 GG sowie *Maunz*, a.a.O., Art. 77 Randnr. 17; *Scheuner*, DÖV 1965, S. 513. Zur Frage, inwieweit das Ende der Legislaturperiode das Gesetzgebungsverfahren beeinflußt *Maunz*, a.a.O., Art. 77 Randnr. 23, Art. 39 Randnr. 19 mit weiteren Nachweisen; *Schweiger*, Die Diskontinuität der Legislaturperioden, DÖV 1954, S. 161 ff. mit weiteren Nachweisen.

[35] *Maunz*, a.a.O., Art. 45 Randnr. 10.

[36] Entsprechendes gilt für den bayer. Zwischenausschuß, vgl. Art. 70 II, 78 III BV.

[37] *Leibholz*, a.a.O., S. 296 f.; *v. Mangoldt*, Regierung und Parlament, S. 824.

[38] *Maunz*, a.a.O., Art. 45 Randnr. 10 Fußn. 4.

Darüber hinaus gilt für ihn ebenso wie für das Plenum, daß außer- und nachbudgetäre parlamentarische Weisungen unzulässig sind[39].

Vom Haushaltsrecht abgesehen übt das Parlament neben den besonderen Kontrollorganen, den Rechnungshöfen, Finanzkontrolle aus[40]. Außerhalb der Funktionsdauer des Parlaments ist somit der Zwischenausschuß zur parlamentarischen Kontrolle im Bereich des Finanzwesens berufen. Der Ausschluß des Gesetzgebungsrechts hat weiter zur Folge, daß der „ständige Ausschuß" keine Ermächtigung für die Kreditaufnahme und Verschuldung des Bundes erteilen darf (vgl. Art. 115 GG)[41].

Der Ausschuß nach Art. 35 II WV hat während der außerordentliche Maßnahmen erfordernden Inflationszeit des öfteren bewußt seinen Zuständigkeitsbereich verlassen, indem er zu Maßnahmen der Regierung seine Zustimmung erteilte, obwohl eine solche nur in Gestalt eines formellen Gesetzes hätte erteilt werden können[42]. Wenn auch diesem Verhalten des Ausschusses, der eben kein Notstandsorgan ist, rechtlich keine Bedeutung zukam, so hatte es doch eine nicht unerhebliche politische Bedeutung. Indem nämlich die Reichsregierung sich auf das Einverständnis des die Rechte der Volksvertretung wahrenden Reichstagsausschusses berufen konnte, wurde ihren der Verfassung zwar nicht entsprechenden, aber gleichwohl nötigen Maßnahmen der diktatorische Charakter genommen. Die Mitwirkung des Überwachungsausschusses schuf eine „moralische Rückendeckung" für die Regierung[43].

2. Recht der Bundeskanzlerwahl

Als zweites der dem „ständigen Ausschuß" fehlenden Rechte nennt Art. 45 II GG das der Bundeskanzlerwahl (Art. 63 GG). Damit ist nicht nur dieses entzogen, sondern auch die Befugnis, dem Bundeskanzler das Mißtrauen mit rücktrittsbedingender Kraft auszusprechen (Art. 67 GG) und damit die gesamte Regierung zu stürzen (Art. 69 II GG)[44]. Der Entzug

---

[39] Bay VerfGH, Entsch. vom 30. 9. 1959, JZ 1960, S. 57 f. mit weiteren Nachweisen; *Kern*, a.a.O., S. 655 ff.; *Leibholz*, a.a.O., S. 165.
[40] *Fuchs*, Kontrolle, S. 15.
[41] *Maunz*, a.a.O., Art. 45 Randnr. 10; vgl. *Straßburg*, S. 50. Entsprechendes gilt für den Zwischenausschuß nach Art. 26 BV, vgl. Art. 82 BV.
[42] Vgl. die Beispiele bei *Straßburg*, S. 49 ff.; *Schreyer*, S. 74 ff. — Zur Beteiligung des Überwachungsausschusses bei der Handhabung des an die Mitwirkung eines RT-Ausschusses gebundenen Verordnungsrechts der Reichsregierung s. RT Verh. Bd. 361, S. 12 364 A (397. Sitzung des RT am 8. 12. 1923); *Poetzsch-Heffter*, JöR Bd. 21 (1933/34), S. 93 f.; *Straßburg*, S. 57. — Zum „Ermächtigungsausschuß", der in Plenarpausen bei der Ermächtigungsgesetzgebung mitwirkte, vgl. *Schreyer*, S. 83 ff. mit weiteren Nachweisen.
[43] *Straßburg*, S. 51.
[44] *Maunz*, a.a.O., Art. 45 Randnr. 9; im Ergebnis ebenso *Dennewitz-Schneider*, in: Bonner Kommentar, Art. 45 Anm. II 1; *v. Mangoldt-Klein*, S. 954. In der WV war das Erfordernis des Kanzleraustausches bei einem Mißtrauensvotum (Art. 54 WV) nicht aufgestellt; der Ausschuß nach Art. 35 II WV wurde deshalb

dieses entscheidenden Kontrollrechts folgt aus Art. 67 I 1 GG, wonach nur ein konstruktives Mißtrauensvotum möglich ist. Einen Nachfolger des auszutauschenden Kanzlers kann der „ständige Ausschuß" aber nicht wählen.

III. Die dem Zwischenausschuß nach Art. 26 I 2 BV ausdrücklich entzogenen Befugnisse

1. Recht der Ministeranklage

Nach Art. 26 I 2 BV kann der Zwischenausschuß nicht die Ministeranklage (Art. 59, 61 I und II BV) — eine im GG nicht wieder eingeführte Einrichtung[45] — erheben[46], wohl aber darf er Material für eine solche sammeln[47]. Dafür brauchte — wiederum im Gegensatz zum GG — nicht das Recht des Mißtrauensvotums in Art. 26 I 2 BV aufgenommen zu werden, da mit der Einführung der Rücktrittspflicht gem. Art. 44 III 2 BV das frühere Mißtrauensvotum abgeschafft wurde[48].

2. Das Recht, Gesetze zu beschließen und Volksbegehren zu behandeln

Dem Zwischenausschuß des Bayerischen LT fehlt ebenfalls das Gesetzgebungsrecht. Dazu gehört auch das Recht der Zustimmung zu Staatsverträgen (Art. 72 II BV)[49], da sie Gesetze sind; die Zustimmung durch den LT wird lediglich in einem „Gesetzgebungsverfahren besonderer Art" eingeholt[50].

Gegen einen Gesetzesbeschluß des LT kann der Senat nach Art. 41 II 1 BV begründete Einwendungen erheben. Das kann auch noch nach Ablauf der Wahldauer geschehen (vgl. Art. 41 II 1, 2 BV). Im Hinblick auf das Fehlen eines konkreten Parlaments in diesem Fall wird die Ansicht vertreten, „daß für die Einwendungen, die der Senat ‚dem Landtag zuleitet' (Art. 41 Abs. 2 S. 1 BV), der nach Art. 26 Abs. 1 S. 1 BV zu bestellende Zwischenausschuß als Adressat fungieren könnte"[51]. Der Zwi-

---

nicht für befugt gehalten, ein Mißtrauensvotum auszusprechen, weil er keine endgültigen Handlungen vornehmen dürfe; so *Straßburg*, S. 53.

[45] Dazu *Münch*, Bundesregierung, S. 220 f.; *Eschenburg*, Staat und Gesellschaft, S. 610.

[46] Ebenso für den Ausschuß nach Art. 35 II WV *Straßburg*, S. 53 f. mit der Begründung, daß die Ministeranklage (Art. 59 WV) eine nach außen wirksam werdende endgültige Entscheidung sei, die dem Überwachungsausschuß nicht zustehe, und außerdem der Unterzeichnung von 100 Mitgliedern des RT bedürfe.

[47] Vgl. *Gebhard*, Handkommentar, Art. 35 Anm. 6.

[48] Vgl. *Schweiger*, in Nawiasky-Leusser u. a., BV Art. 44 Randnr. 5; *Nawiasky-Leusser*, BV (1. Aufl.), S. 126.

[49] *Schweiger*, a.a.O., Art. 26 Randnr. 4.

[50] *Schweiger*, a.a.O., Art. 72 Randnr. 4.

[51] *Schweiger*, Die Diskontinuität der Legislaturperioden, DÖV 1954, S. 162.

schenausschuß ist jedoch kein den LT ersetzendes Rumpfparlament, sondern lediglich ein Unterorgan des Parlaments mit der besonderen Aufgabe, die Rechte der Volksvertretung gegenüber *der Staatsregierung* zu wahren. Im Verhältnis LT — Senat übt dieses der parlamentarischen Kontrolle über die Regierung dienende Organ keine Funktionen aus, so daß die genannte Adressatenstellung nicht möglich ist.

Für den Beschluß darüber, ob den Einwendungen Rechnung getragen werden soll (Art. 41 II 3 BV), ist der Ausschuß ebenfalls unzuständig[52], da er keine Gesetzgebungsbeschlüsse fassen darf. Gesetzesentwürfe und Gesetzesbeschlüsse werden hinfällig, wenn beim Ende der Legislaturperiode ein vom auseinandergegangenen LT durchzuführender Verfahrensabschnitt noch nicht abgeschlossen ist[53]. Da hierzu auch die Beschlußfassung des LT über Einwendungen des Senats zählt, obwohl jener hierüber völlig frei entscheidet, „verwandelt sich das suspensive Veto des Senats in ein absolutes Veto"[54].

Schließlich darf der Zwischenausschuß auch nicht Volksbegehren nach Art. 74 IV und V BV behandeln. Die Einfügung der Worte „oder Volksbegehren behandeln" auf Antrag von *Nawiasky* wurde damit begründet, daß es nicht sinnvoll wäre, wenn der Ausschuß einerseits Gesetze nicht beschließen dürfe, andererseits über Volksbegehren eine endgültige Stellungnahme abgeben könne[55]. Dem Ausschluß dieser Befugnis trägt die Bestimmung des Art. 74 V 2 BV Rechnung, wonach der Ablauf der Fristen für die Behandlung und Vorlage der Volksbegehren durch die Volksvertretung durch die Auflösung des LT gehemmt wird.

IV. Weitere Abgrenzungen der Ausschuß-Befugnisse

Wie sich aus dem Wort „insbesondere" in Art. 45 II GG ergibt, sind hier die dem „ständigen Ausschuß" nicht zukommenden Rechte nicht vollständig aufgezählt, so daß sich eine positive Bestimmung der Ausschußrechte in der Weise verbietet, der Ausschuß habe sämtliche Rechte des BT gegenüber der Bundesregierung einschließlich des Enquêterechts (Abs. I Satz 2) mit Ausnahme der in Abs. 2 aufgeführten Befugnisse[56]. Im folgenden

---

[52] *Schweiger,* in Nawiasky-Leusser u. a., BV Art. 16 Randnr. 2 und Art. 26 Randnr. 4; die auf den Grundsatz der Diskontinuität der Legislaturperioden gestützte Begründung trifft allerdings nicht zu, da ein entsprechender Beschluß die Rechte des neuen LT nicht tangieren, das so zustandegekommene Gesetz keine „zwei Väter" haben würde.
[53] *Schweiger,* a.a.O., Art. 16 Randnr. 2.
[54] *Schweiger,* a.a.O., BV Art. 41 Randnr. 6; vgl. auch ders., Die Diskontinuität der Legislaturperioden, DÖV 1954, S. 162.
[55] Verhandlungen des Verfassungsausschusses, Sten. Ber. Bd. I, S. 113/114 (5. Sitzung am 25. 7. 1946).
[56] *Maunz,* a.a.O., Art. 45 Randnr. 8.

wird die Vervollständigung des Negativkatalogs in grundsätzlicher Hinsicht versucht.

1. Nur Befugnisse eines Untersuchungsausschusses?

Nicht möglich ist die Abgrenzung der Ausschußrechte dahingehend, der „ständige Ausschuß" habe keine „weitergehenden Befugnisse" (Art. 45 II GG) als die eines Untersuchungsausschusses[57]. Das zeigt einmal das Wort „auch" in Abs. 1 Satz 2, zum anderen der Umstand, daß sich „weitergehende Befugnisse", da in einem eigenen Absatz stehend, auf den gesamten Abs. 1 und nicht nur auf dessen Satz 2 bezieht.

2. Auf das Plenum zugeschnittene Rechte

Die Befugnisse des Zwischenausschusses sind jedoch insoweit beschränkt, als die Ausübung parlamentarischer Rechte auf Grund der Verfassung an ein bestimmtes Verfahren oder besondere Stimmerfordernisse in der Vollversammlung geknüpft ist. Gegenüber solchen Bestimmungen wird Art. 45 GG (26 BV) nicht als lex specialis aufzufassen sein[58]. Denn jene besonderen Voraussetzungen zeigen, daß bestimmte perlamentarische Entscheidungen wegen ihrer besonderen Wichtigkeit allein von einer breiten Mehrheit des Plenums getroffen werden sollen. Abgesehen von den Rechten, die für den Ausschuß aus den bereits genannten Gründen ausscheiden, ist der „ständige Ausschuß" z. B. nicht befugt, über einen Antrag des Bundeskanzlers nach Art. 68 GG zu beschließen[59], denn ein solcher Vertrauensbeschluß kann nur von der Mehrheit der gesetzlichen Mitgliederzahl des BT (Art. 121 GG) gefaßt werden. Darüber hinaus könnte außerhalb der Wahlperiode die Verweigerung des Verttrauensbeschlusses ohnehin nicht die in Art. 68 GG vorgesehene Folge eines Auflösungsrechts haben.

Der Zwischenausschuß des Bayerischen LT hat beispielsweise[60] nicht das Recht der Wahl des Ministerpräsidenten, da Art. 44 I BV es ausdrück-

---

[57] So aber anscheinend Vors. Dr. *Schmid*, Hauptausschuß Sten. Ber., S. 632: „Dazu (sc. zur Wahrnehmung der Rechte des Parlaments gegenüber der Bundesregierung) hat er die Rechte eines Untersuchungsausschusses. Darüber hinaus kann ich mir nicht gut irgendwelche Befugnisse vorstellen; es sei denn, daß ihm durch das Grundgesetz solche gegeben werden." (Zitiert mit kleinen Abweichungen bei *Füßlein*, JöR n. F. Bd. 1, S. 370 Fußn. 5); sowie *Feldmann-Geisel*, S. 131; *Seifert-Geeb-Steiniger*, Erl. zu Art. 45 (S. 140 d); *Hubrich*, S. 77; *Finger*, Staatsrecht, S. 264; a. A. Dr. *v. Mangoldt* und Dr. *Dehler*, Hauptausschuß Sten. Ber., S. 632; *v. Mangoldt*, GG, S. 250 (Art. 45 Anm. 1).
[58] Vgl. *Nawiasky*, Bayer. Verfassungsrecht, S. 137.
[59] So *Maunz*, a.a.O., Art. 45 Randnr. 10, allerdings mit der Begründung, daß dem Ausschuß „irreparable Maßnahmen" verboten seien.
[60] s. auch die Aufzählung bei *Nawiasky*, a.a.O.

lich dem „neugewählten Landtag" überträgt[61]. Der Ausschluß von dieser Befugnis in der Zeit zwischen zwei Tagungen innerhalb einer Wahldauer folgt aus Art. 44 IV BV, wonach „in der nächsten Sitzung des Landtags" ein neuer Ministerpräsident für den Rest der laufenden Amtsdauer gewählt wird; hinzutritt die Möglichkeit, den LT vorzeitig einzuberufen (Art. 17 II BV)[62]. Eine solche Grundfunktion des Parlaments sollte nicht auf den Ausschuß übertragen werden[63].

3. „Generelles Verbot irreparabler Maßnahmen"

Aus dem Wort „Wahrung" in Art. 35 WV wurde gefolgert, der Zwischenausschuß dürfe „keine endgültigen, abschließenden Handlungen vornehmen und Entscheidungen treffen, durch die das Plenum ausgeschaltet würde"[64]. Zu einem ganz ähnlichen Ergebnis gelangt *Maunz* in bezug auf den „ständigen Ausschuß" des GG, indem er den „eigentlichen Sinn des Art. 45 II" darin sieht, daß der Ausschuß „keine irreparablen Maßnahmen ergreifen", „die Stellung des Bundestages wahren, aber nicht ändern" solle und „daher den Status der anderen obersten Bundesorgane nicht antasten" dürfe[65]. Diese grundsätzliche Feststellung findet heute in der Tat in Art. 45 II GG seine Stütze, der nach seinem Wortlaut ja nur beispielhaften Charakter besitzt[66], aber gleichwohl „die großen politischen Aufgaben"[67] der Zuständigkeit des Ausschusses entzieht. Diesem ist durch das Verbot des Mißtrauensvotums die entscheidende rechtliche Sanktion gegen die Regierung versagt; für jene Feststellung spricht weiter der Ausschluß des Gesetzgebungsrechts, welcher vor allem auch die dem Parlament möglichen leitenden Staatsakte erfaßt[68].

Der Ausschluß von dem Plenum vorgreifenden bzw. irreparablen Maßnahmen hatte in bezug auf den Ausschuß nach Art. 35 II WV erhebliche Bedeutung, da mit ihm der Ausschluß des Gesetzgebungsrechts sowie der Befugnisse nach Art. 54 und 59 WV begründet werden konnte[69]; denn damals fehlte eine dahingehende ausdrückliche Regelung. Dagegen führt dieser Grundsatz angesichts des präziseren Art. 45 GG kaum zu neuen, nicht schon in den bisherigen Ausführungen enthaltenen Abgrenzungen

---

[61] *Schweiger*, in Nawiasky-Leusser u. a., BV Art. 26 Randnr. 4.
[62] Vgl. *Schweiger*, a.a.O.
[63] *Nawiasky-Leusser*, BV (1. Aufl.) Erl. zu Art. 26 (S. 104).
[64] *Straßburg*, S. 53, 54 ff.
[65] *Maunz*, a.a.O., Art. 45 Randnr. 10; vgl. auch *Nawiasky*, Grundgedanken des GG, S. 91.
[66] Vgl. auch die von *Füßlein*, JöR Bd. 1 n. F., S. 370 zitierte Anm. zur Fassung des Allg. Redaktionsausschusses vom 25. 1. 1949.
[67] *Nawiasky*, a.a.O.
[68] *Maunz*, a.a.O.
[69] s. *Straßburg*, S. 53 ff.

der Ausschußbefugnisse[70]. Immerhin soll er als Zusammenfassung und zusätzliche Stütze der bisherigen Ergebnisse dienen.

Aus dem Verbot von dem Plenum vorgreifenden bzw. irreparablen Maßnahmen darf aber nicht entnommen werden, der Zwischenausschuß sei *nur* ein vorbereitendes Organ des Plenums[71]. Denn er übt eine eigene Kontrolltätigkeit gegenüber der Regierung aus[72]. So kann die Ausübung seines Untersuchungsrechts weitreichende, „irreparable" politische Folgen haben. Angesichts seiner Befugnis, Beteiligter einer Organstreitigkeit zu sein (Art. 93 I Nr. 1 GG, §§ 13 Nr. 5, 63 BVerfGG), ist nicht mehr vertretbar, daß er „sich auf die Beobachtung und versuchsweise Beeinflussung der Regierung zu beschränken" habe[73]. Darüber hinaus sind in der Praxis die Übergänge zwischen einer die Kontrolle des Parlaments bloß vorbereitenden Tätigkeit und eigener Kontrolle fließend. Denn auch der Vorbereitung kommt „ein eigener Kontrollwert" zu, da „schon die bloße Aufklärung und Feststellung eines Tatbestandes eine reinigende Wirkung haben kann"[74].

Auch der Zwischenausschuß nach Art. 26 BV wird dahingegend charakterisiert, daß er „seiner Natur nach nicht zur endgültigen Lösung von Problemen berufen" sei[75]. Allerdings kann aus den in Art. 26 I 2 BV dem Ausschuß ausdrücklich versagten Befugnissen nicht das Fehlen weiterer „endgültiger" Rechte hergeleitet werden, da es sich hier nicht um eine beispielhafte Aufzählung, sondern lediglich um Ausnahmen von dem Grundsatz handelt, daß der Ausschuß alle Befugnisse des LT[76] hat, welche sich aus der in Satz 1 umschriebenen Aufgabe ergeben, und nicht nur die eines Ausschusses[77]. Dennoch gelangt man aus den übrigen, für beide Ausschüsse gleichermaßen geltenden Gründen zu demselben Ergebnis wie bei dem Ausschuß nach Art. 45 GG.

---

[70] Vgl. dazu *Maunz*, a.a.O., wo als konkrete Beispiele für allein aus diesem Grund ausscheidende Befugnisse lediglich das Recht des Vertrauensbeschlusses (Art. 68 GG) sowie das des Feststellungsbeschlusses (Art. 59 a I GG) genannt sind; zu Art. 68 GG, der ohnehin nicht für die Zeit außerhalb der Wahlperiode gedacht ist, s. oben 2; Art. 59 a GG ist aufgehoben durch G. vom 24. 6. 1968 (BGBl I, S. 709).

[71] So aber anscheinend § 26 GeschO RT; *Maunz*, a.a.O., Art. 45 Randnr. 11; *Dennewitz-Schneider*, in: Bonner Kommentar, Art. 45 Anm. II 1 a. E.; *Seifert-Geeb-Steiniger*, Erl. zu Art. 45 (S. 140 d).

[72] *Straßburg*, S. 53.

[73] So noch *Straßburg* (S. 53) für den Ausschuß nach Art. 35 II WV.

[74] *Maurer*, Wehrbeauftragter, S. 48.

[75] *Schweiger*, in Nawiasky-Leusser u. a., BV Art. 26 Randnr. 4.

[76] Berichterstater *Roßhaupter*, Verhandlungen des Verfassungsausschusses, Sten. Ber. Bd. I, S. 113/114; Abg. *Stang*, Bayer. LT, Verh. des Zwischenausschusses, 1. Wahlp., 1. Sitzung (31. 7. 1947), S. 1; Abg. *Hoegner*, ebd., 5. Sitzung (28. 11. 1950), S. 8; *Nawiasky-Leusser*, BV (1. Aufl.) Erl. zu Art. 26 (S. 104), die den Kreis der Ausnahmen aber auch erweitern; *Fr. Mayer*, in Mang-Maunz u. a., S. 43.

[77] *Schweiger*, a.a.O.

4. Weisungsfreiheit des Zwischenausschusses

Die Befugnisse des Zwischenausschusses können nicht dadurch eingeengt werden, daß das alte Parlament ihm verbindliche Weisungen erteilt[78]. Ob und wie der Ausschuß seine Informationsmöglichkeiten nutzt und welche Maßnahmen er trifft, ist ausschließlich seine Sache. Die Parlamentsausschüsse sind an Mandate und Instruktionen des Plenums nicht gebunden[79]. In dem verfassungsrechtlichen Status der Mitglieder des Zwischenausschusses tritt durch das Ende der Wahlperiode keine Änderung ein: sie bleiben an Aufträge und Weisungen nicht gebundene Abgeordnete (vgl. Art. 38 I 2 GG). Zudem hat der Zwischenausschuß nicht die Pflicht, ihm vom alten Parlament überwiesene Aufgaben alsbald zu erledigen bzw. dem neuen Parlament entsprechende Beschlüsse zu empfehlen (vgl. § 60 II GeschO BT), denn er ist außerhalb der Wahlperiode kein Organ eines konkreten Parlaments. Auch der bereits für die regelmäßigen Ausschüsse zu enge Grundsatz des § 60 III GeschO BT a. F., wonach diese sich nur mit den ihnen überwiesenen Gegenständen befassen durften[80], paßte nicht für den Zwischenausschuß. Dessen verfassungsrechtliche Zuständigkeit zur Regierungskontrolle, mit welcher schon aus der Natur der Sache eine Beschränkung auf in der Vergangenheit überwiesene Gegenstände nicht vereinbar wäre, darf nicht durch die Geschäftsordnung des Parlaments eingeschränkt werden.

Die Weisungsabhängigkeit ist für die Organstellung nicht erforderlich[81]. Der Zwischenausschuß ist ein unabhängiges Organ[82].

Schließlich wird eine Grenze der Befugnisse des Überwachungsausschusses darin gesehen, daß das Plenum selbst parlamentarische Maßnahmen gegen ein Verhalten der Regierung abgelehnt hat; der später in Funktion tretende Ausschuß dürfe nicht seinerseits dem widersprechende Schritte unternehmen; er sei für die Behandlung darauf abzielender Anträge unzuständig[83]. Eine solche präjudizierende Wirkung folgt nicht zwingend aus der Aufgabe des Ausschusses, die Rechte des Parlaments nur zu wahren[84]. Der Ausschuß als Organ der Institution Parlament ist

---

[78] Vgl. *Straßburg*, S. 45; *Troßmann*, Bundestag, S. 42: Der „ständige Ausschuß" „handelt... selbständig im Rahmen der ihm vom Grundgesetz eingeräumten Befugnisse".
[79] *Hatschek*, Parlamentsrecht, S. 240 ff.; *Dechamps*, Ausschüsse, S. 94 f.
[80] s. nunmehr aber § 60 II 3 GeschO BT in der Fassung der Änderungsbekanntmachung vom 25. 6. 1969 (BGBl. I S. 776).
[81] *Wolff*, Verwaltungsrecht II, § 74 I f 5 (S. 46) mit weiteren Nachweisen, sowie § 74 I f 6 (S. 47).
[82] Dazu *Nawiasky*, Staatsrechtslehre, S. 74.
[83] *Straßburg*, S. 59 unter Berufung auf *Hatschek*, Staatsrecht I, S. 706, wo es aber nur heißt, daß der Ausschuß nicht Dinge fordern „soll", die der RT in seiner unmittelbaren Tagung vorher von der Regierung zu fordern abgelehnt hat. Ähnliches galt von Verfassungs wegen für die „Landesdeputation" im Herzogtum Sachsen-Altenburg (oben 1. Teil § 7 I).
[84] So aber *Straßburg*, a.a.O.

nicht bloß Sachwalter des vergangenen konkreten Parlaments[85]. Berücksichtigt man weiter, daß selbst die regelmäßigen Ausschüsse an die Rechtsanschauung des Plenums nicht gebunden sind[86], so ist auch bei unveränderter Sachlage die Zulässigkeit von Maßnahmen des Zwischenausschusses zu bejahen, welche zwar dem vorangegangenen Verhalten des Plenums widersprechen, aber gleichwohl die Rechte der Volksvertretung objektiv wahren.

V. Übertragung der dem Zwischenausschuß versagten Rechte

Die dem „ständigen Ausschuß" nach Art. 45 GG nicht zustehenden Rechte kann der BT bzw. Bundesgesetzgeber nicht durch Beschluß oder einfaches Gesetz auf das Interimsorgan übertragen[87]. Eine Delegation kann „nur dann als zulässig angesehen werden", „wenn und soweit sie durch das Gesetz (hier durch die Verfassung) ausdrücklich vorgesehen wird"[88]. Das GG enthält keine Bestimmung, wonach der BT die ihm nach der Verfassung zustehenden Rechte auf einen Ausschuß übertragen dürfe[89]. Schließlich entspräche die Delegation wesentlicher parlamentarischer Zuständigkeiten an den Zwischenausschuß, welcher eben kein Ersatzparlament ist, nicht dem Gedanken der Repräsentation[90]. So ist insbesondere eine Übertragung der Gesetzgebungsbefugnis des Parlaments auf den Zwischenausschuß unzulässig[91].

Für den Ausschuß nach Art. 26 BV folgt dieses Verbot unmittelbar aus Art. 70 III BV, da er ein Ausschuß des LT ist (vgl. „seine Ausschüsse")[92].

---

[85] Vgl. dazu *Maunz*, a.a.O., Art. 45 Randnr. 5 a. E.
[86] *Dechamps*, a.a.O., S. 95.
[87] *v. Mangoldt-Klein*, S. 953 f.; *Maunz*, a.a.O., Art. 45 Randnr. 9; *Giese-Schunck*, Art. 45 Anm. II 2 (in bezug auf die in Art. 45 II GG ausdrücklich genannten Rechte).
[88] *Dagtoglou*, Kollegialorgane, S. 41 f.; *Wolff*, Verwaltungsrecht II, § 72 IV b 2 (S. 23); a. A. *Nawiasky*, in Festschrift f. Apelt (1958), S. 140 (in bezug auf die BV).
[89] „Die Erweiterung des Geschäftsbereichs einzelner Ausschüsse durch Beschluß des BT, die zu einer gewissen Verselbständigung dieser Ausschüsse gegenüber dem BT führt, ist nur im Rahmen des geltenden Verfassungsrechts zulässig. Der BT wäre z. B. nicht befugt, die ihm nach dem GG zustehenden Rechte auf einen Ausschuß zu delegieren." (*Lechner-Hülshoff*, Anm. 8 zu § 60 GeschO BT [S. 191].) Der daran anschließende Satz „Eine Sonderstellung nehmen hier nur die Ausschüsse nach Art. 44 und 45 GG ein" ist in bezug auf Art. 45 GG nur in dem Sinn zutreffend, daß der „ständige Ausschuß" gewisse während der Wahlperiode dem BT zustehende Rechte hat, unzutreffend aber, wenn damit das Delegationsverbot eingeschränkt werden soll.
[90] Vgl. *Goltz*, DÖV 1965, S. 616: „Darüber hinaus ist die Betrauung des HA (= Haushaltsausschusses) als eines unselbständigen Hilfsorgans mit selbständigen parlamentarischen Mitwirkungsrechten durch ‚einfaches' Gesetz ein Verstoß gegen die Grundsätze der demokratisch-parlamentarischen Repräsentation."
[91] Vgl. *Schmitt*, Verfassungslehre, S. 316 f.
[92] Hierzu *Schweiger*, in Nawiasky-Leusser u. a., BV Art. 70 Randnr. 6 a. E.; *Nawiasky-Leusser*, BV (1. Aufl.), S. 34.

B. V. Übertragung der dem Zwischenausschuß versagten Rechte 101

Aufschlußreich ist die zu § 30 III 2 BV 1919 vorgenommene Auslegung. Obwohl nach dieser Bestimmung der sog. Zwischentagungsausschuß, dem nicht schon von Verfassungs wegen Rechte zukamen[93], vom LT „mit bestimmten Befugnissen" betraut werden durfte bzw. mußte, so wurde doch der LT in der Auswahl der zu übertragenden Befugnisse nicht für ganz frei gehalten: er durfte dem Ausschuß nicht das Recht übertragen, Gesetze zu erlassen, dem Ministerium das Vertrauen zu entziehen, bei Volksbegehren und Volksentscheiden an Stelle des LT zu handeln u. ä.[94]. Dabei bestand zwischen den Funktionen des Zwischentagungsausschusses und denen des „ständigen Ausschusses" nach § 30 IV (vorher § 30 III 3) BV 1919 kein wesensmäßiger Unterschied[95].

Dagegen wäre eine Delegation kraft allgemeinen, verfassungsändernden, ermächtigenden Gesetzes gem. Art. 79 GG (75 BV) möglich[96].

§ 5 Informationsbefugnisse

Nachdem aus dem Kreis der Parlamentsrechte diejenigen ausgeschieden sind, zu deren Ausübung der Zwischenausschuß nicht befugt ist, lassen sich die Befugnisse des Ausschusses positiv als allgemeine Kontroll- und Beratungsrechte[1] umschreiben, die auf den Status der Regierungsorgane keinen unmittelbaren Einfluß haben. — Sie gehen über die Befugnisse der sonstigen Ausschüsse des Parlaments, welche dem Zwischenausschuß kraft seiner Rechtsstellung sämtlich zustehen[2], hinaus.

Die Befugnisse des Ausschusses zur Erfüllung seiner Aufgabe werden unterteilt in Informationsbefugnisse und in solche nach der Feststellung eines zu beanstandenden Verhaltens von Regierungsorganen. Hierbei sind die Übergänge allerdings fließend; so kann das Enquêterecht oder das Zitierungsrecht sowohl der Information als auch der Einwirkung auf die Regierung dienen.

---

[93] *Piloty*, § 30 Anm. 6.
[94] *Nawiasky*, Bayer. Verfassungsrecht, S. 137.
[95] *Nawiasky*, a.a.O., S. 137 f.
[96] *Maunz*, a.a.O.; *v. Mangoldt-Klein*, a.a.O.; *Giese-Schunck*, a.a.O.
[1] *Maunz*, in Maunz-Dürig, Art. 45 Randnr. 11; *Schmidt-Bleibtreu-Klein*, Art. 45 Randnr. 3.
[2] So im Ergebnis *Maunz*, a.a.O., Art. 45 Randnr. 12; *v. Mangoldt*, GG, S. 251; *Seifert-Geeb-Steiniger*, Erl. zu Art. 45 (S. 140 d); *Praß*, DV 1949, S. 319; *Finger*, Staatsrecht, S. 264; *Anschütz*, WV Art. 35 Anm. 4.

Da die Ausschußbefugnisse einen Ausschnitt aus den Mitteln des Plenums zur Regierungskontrolle[3] bilden, braucht auf die einzelnen Rechte nur insoweit näher eingegangen zu werden, als sich in bezug auf den Zwischenausschuß Besonderheiten ergeben.

Zur Erfüllung seiner Kontrollaufgabe hat der Ausschluß umfassende Informationsbefugnisse:

I. Rechte eines Untersuchungsausschusses

Begonnen sei mit dem Enquêterecht, da die Verfassung es dem Zwischenausschuß ausdrücklich einräumt (Art. 45 I 2 GG, 26 II BV) und diesem damit „ein nachdrückliches Kontrollmittel"[4], ja sogar „das wirksamste Mittel der Überwachung der Regierung durch das Parlament"[5] an die Hand gibt. Die Regelung trägt dem Umstand Rechnung, daß mit dem Ende der Wahlperiode das Recht des Plenums zur Einsetzung von Untersuchungsausschüssen endet[6] und infolge des Diskontinuitätsgrundsatzes die eingesetzten Untersuchungsausschüsse spätestens zu bestehen aufhören[7].

Aus der Formulierung sowohl des Art. 45 I 2 GG als auch des Art. 26 II BT ist zu entnehmen, daß der Ausschuß gegebenenfalls nicht erst in Wahrnehmung der Rechte des Parlaments einen Untersuchungsausschuß einsetzt, sondern selbst unter Wahrung seiner Identität als Untersuchungsausschuß fungiert[8]. Daraus ist weiter zu schließen, daß der Zwischenausschuß auch nicht zusätzlich die Befugnis zur Einsetzung eines Untersuchungsausschusses haben soll[9]. Er ist wie der Verteidigungsausschuß ein „geborener" Untersuchungsausschuß im Gegensatz zu den sonstigen, vom Parlament ad hoc zur Aufklärung bestimmter Einzelfragen eingesetzten Untersuchungsausschüssen, die man deshalb als „gekorene" Ausschüsse bezeichnen kann[10].

Das dem Zwischenausschuß gewährte Enquêterecht schließt die Befugnis ein, die Initiative zur Einleitung eines Untersuchungsverfahrens

---
[3] s. die Zusammenstellung bei *Möller*, RiA 1965, S. 82 ff.; *Leibholz*, Strukturprobleme, S. 296; *Wolff*, Verwaltungsrecht III, § 166 V b (S. 349 ff.).
Die Ausschlußbefugnisse umfassen Mittel zur Geltendmachung parlamentarischer Regierungsverantwortung, s. dazu M. v. *Bieberstein*, in: HdbDStR Bd. 1, S. 535 ff.; *v. Wick*, DÖV 1956, S. 114.
[4] *Loewenstein*, Verfassungslehre, S. 198.
[5] Vgl. *v. Mangoldt-Klein*, S. 941.
[6] Vgl. *Maunz*, a.a.O., Art. 44 Randnr. 30.
[7] Vgl. *Maunz*, a.a.O., Art. 44 Randnr. 42 mit weiteren Nachweisen.
[8] *Maunz*, a.a.O., Art. 45 Randnr. 12; *Wolff*, Verwaltungsrecht III, § 166 V b 2 (S. 351); *Schweiger*, in Nawiasky-Leusser u. a., BV Art. 26 Randnr. 5; s. auch *Hubrich*, S. 76; *Hatschek*, Staatsrecht I, S. 706; *F. Giese*, WV Art. 35 Anm. 1.
[9] *Maunz*, a.a.O.
[10] Vgl. *Dürig*, in Maunz-Dürig, Art. 45 a Randnr. 8 (unter 2).

zu ergreifen. Der Ausschuß kann im normalen Beschlußverfahren eine Angelegenheit zum Gegenstand seiner Untersuchung machen, ohne an einen Auftrag des Plenums gebunden zu sein[11].

Nach dem GG ist er allerdings nicht dazu verpflichtet, wenn eine Ausschußminderheit dies beantragt. Art. 45 I 2 GG hat allein zum Inhalt, daß der „ständige Ausschuß" zur Durchführung seiner Kontrollaufgabe die in Art. 44 GG genannten Befugnisse hat; Art. 44 GG ist auf den „ständigen Ausschuß" also nur insoweit anzuwenden, als er Rechte zuweist[12]. Art. 45 I 2 GG enthält nicht eine Verweisung auf Art. 44 GG insgesamt mit der Folge, daß der „ständige Ausschuß" auch zur Durchführung einer sog. Minderheitsenquête verpflichtet wäre. Es verbleibt bei dem für Kollegialorgane geltenden Mehrheitsprinzip[13]. Es verbietet sich auch eine analoge Anwendung von Art. 45 a II 2 GG, wonach der Verteidigungsausschuß auf Antrag eines Viertels seiner Mitglieder die Pflicht hat, eine Angelegenheit zum Gegenstand seiner Untersuchung zu machen. Vielmehr folgt eben aus der ausdrücklichen Zulassung einer Minderheitsenquête in Art. 45 a II GG, daß nach Art. 45 I GG, welcher im übrigen (Satz 2) beinahe wörtlich mit Art. 45 a II 1 GG übereinstimmt, allein die sog. Mehrheitsenquête möglich ist.

Die Minderheitsenquête dient einmal den Interessen einer qualifizierten parlamentarischen Minderheit gegenüber der parlamentarischen Mehrheit[14]. Da der Zwischenausschuß die Rechte des Parlaments gegenüber der Regierung zu wahren hat, erscheint es insoweit entbehrlich, daß bereits ein Viertel der Ausschußmitglieder die Durchführung einer Untersuchung erzwingen kann. Die Minderheitsenquête ist aber vor allem auch ein wichtiges Mittel zur Kontrolle der von der Parlamentsmehrheit gebildeten Regierung[15]. Gerade bei einem Organ, in dem sich das Mehrheitsverhältnis des Parlaments fortsetzt und das speziell der Regierungskontrolle dient, wäre die Ausgestaltung des Enquêterechts auch als „Minoritätsrecht" wie in Art. 45 a II 2 GG zweckmäßig.

Die Abweichung von der allgemeinen Regelung des parlamentarischen Untersuchungsrechts vermeidet Art. 26 II BV, indem er in vollem Umfang auf Art. 25 BV verweist. Dessen Abs. 1 bewirkt für den Zwischenausschuß,

---

[11] *Heuss*, Parlamentsausschuß, S. 147. Der „gekorene" Untersuchungsausschuß dagegen darf das Thema der Untersuchung nicht selbst bestimmen, s. etwa RStaatsGH RGZ 104, 423 ff. (430); Hess. StaatsGH, Urt. vom 24. 11. 1966 — P.St. 414 — JuS 1967, S. 185; *Möller*, RiA 1965, S. 85.
[12] So *Straßburg* in bezug auf Art. 35 III WV.
[13] Dazu etwa *Dagtoglou*, Kollegialorgane, S. 116 ff.; vgl. auch Art. 42 II GG.
[14] Vgl. *Maunz*, a.a.O., Art. 44 Randnr. 32 sowie Randnr. 4 mit weiteren Nachweisen; *v. Mangoldt-Klein*, S. 941. Ebenso im Verfassungsrecht der Weimarer Zeit, s. etwa *Anschütz*, WV Art. 34 Anm. 1; *Lammers*, Parlamentarische Untersuchungsausschüsse, in: HdbDStR Bd. 2, S. 461.
[15] Vgl. *Maunz*, a.a.O., Art. 44 Randnr. 4 mit weiteren Nachweisen.

daß dieser auf Antrag von einem Fünftel seiner Mitglieder die Pflicht hat, eine Angelegenheit zum Gegenstand seiner Untersuchung zu machen.

Für den Zwischenausschuß gilt wie für die Untersuchungsausschüsse nach Art. 44 GG (25 BV)[16] die sog. Korollartheorie, nach welcher mit dem Untersuchungsgegenstand der verfassungsmäßige Zuständigkeitsbereich des Parlaments nicht verlassen werden darf[17].

Art. 45 I 2 GG i. V. m. Art. 44 II und III GG bzw. Ar. 26 II BV i. V. m. Art. 25 II BV räumen den Zwischenausschüssen weitreichende, mit Zwangsgewalt versehene Befugnisse ein[18]; es sind staatshoheitsrechtliche, obrigkeitliche Funktionen[19]. Auf sie braucht im einzelnen[20] nicht eingegangen zu werden, da sie keine in der Natur des Zwischenausschusses begründete Besonderheiten aufweisen.

II. Zitierungsrecht und Zutritts- und Anhörungsrecht der Regierungsmitglieder

1. Art. 43 GG, Art. 24 BV

a) Zitierungsrecht

Die Verfassung räumt dem Zwischenausschuß weiter das Zitierungsrecht ein (Art. 43 I GG, Art. 24 I BV)[21]. Für den „ständigen Ausschuß" folgt das unmittelbar aus Art. 43 I GG (vgl. „seine Ausschüsse"), für den Zwischenausschuß des Bayerischen LT aus Art. 26 I 2 i. V. m. Art. 24 I BV. Der Ausschuß kann demnach das persönlich Erscheinen von Regierungsmitgliedern verlangen und Fragen an sie stellen. Die Anwesenheitspflicht zitierter Kabinettsmitglieder schließt die Verpflichtung ein, auf Anfragen

---

[16] H. M.; s. etwa *Partsch,* Verh. d. 45. DJT, Bd. I 3, S. 15 ff.; *v. Mangoldt-Klein,* S. 943; *Maunz,* a.a.O., Art. 44 Randnr. 15 mit weiteren Nachweisen in Fußn. 2; *Möller,* RiA 1965, S. 85; *Wolff,* Verwaltungsrecht III, § 166 V b 2 (S. 351); *Steffani,* in: Parlamentarismus, S. 265; Hess. StaatsGH, a.a.O., S. 184 (= DÖV 1967, S. 51) mit weiteren Nachweisen; aus dem Schrifttum zur WV vgl. etwa *Anschütz,* WV Art. 34 Anm. 3 mit weiteren Nachweisen; *Wittmayer,* WV, S. 91.
[17] s. auch oben § 4 B I. — In Verteidigungssachen führt nur der Verteidigungsausschuß die Untersuchung durch, oben § 3.2.
[18] Vgl. dazu *Straßburg,* S. 60 f.; *Hubrich,* S. 76.
[19] s. etwa *Lammers,* Parlamentarische Untersuchungsausschüsse, in: HdbDStR Bd. 2, S. 460; *Möller,* RiA 1965, S. 84.
[20] Es sei verwiesen auf die Bibliographie des Deutschen BT, Wissenschaftliche Abteilung: Bibliographie zu Stellung und Recht der parlamentarischen Untersuchungsausschüsse, Bonn 1963.
[21] *Maunz,* a.a.O., Art. 45 Randnr. 12; *Dennewitz-Schneider,* in: Bonner Kommentar, Art. 45 Anm. II 1; *Hamann,* GG, Erl. zu Art. 45 (S. 286); *v. Mangoldt,* GG, Art. 45 Anm. 2 (S. 251); *v. Mangoldt-Klein,* S. 953; *Schweiger,* a.a.O., BV Art. 26 Randnr. 4.

II. Zitierungsrecht sowie Zutritts- und Anhörungsrecht

Rede und Antwort zu stehen[22]. Das Zitierungsrecht umfaßt das Frage- bzw. Interpellationsrecht[23].

Gem. §§ 71 und 46.1 GeschO BT, §§ 46 und 130 I 1 GeschO LT kann jedes Mitglied des Zwischenausschusses die Herbeirufung eines Kabinettsmitglieds verlangen. Über den Antrag entscheidet nach § 73 Abs. 01 GeschO BT (entsprechend § 46.3 GeschO BT) bzw. nach § 130 I 3 GeschO LT der Ausschuß mit einfacher Mehrheit. Dieser Beschluß setzt nicht die Unterstützung des Antrags durch eine bestimmte Anzahl von Abgeordneten voraus, wie das § 46.2 GeschO BT[24] vorschreibt, vgl. § 73 Abs. 01 GeschO BT. Denn sonst bewirkte die Anwendung der GeschO BT, daß das dem Ausschuß von der Verfassung gewährte Zitierungsrecht durch die Geschäftsordnung des Parlaments praktisch beseitigt würde[25]. Die für die übrigen Parlamentsausschüsse behauptete[26], aber auch bestrittene[27] Beschränkung dahingehend, daß diese das Zitierungsrecht nur im Rahmen der ihnen vom Plenum überwiesenen Gegenstände geltend machen dürfen, gilt für den Zwischenausschuß nicht[28].

Das Zitierungsrecht nach Art. 43 I GG (24 I BV) ist einmal Bestandteil des allgemeinen Kontrollrechts des Parlaments[29]; es eröffnet dem Zwischenausschuß die Möglichkeit zu Überwachung und Einwirkung. Art. 43 GG (24 BV) dient zum anderen auch dazu, ein vertrauensvolles Zusammenarbeiten von Exekutive und Legislative zu fördern[30], also auch der weiteren Funktion des Ausschusses, Bindeglied zwischen Regierung und Parlament zu sein.

b) Zutritts- und Anhörungsrecht der Regierungsmitglieder

Der Pflicht der Kabinettsmitglieder zum persönlichen Erscheinen vor dem Ausschuß korrespondiert deren Zutritts- und Anhörungsrecht bei

---

[22] H. L.; so etwa *v. Mangoldt-Klein*, S. 936; *Maunz*, a.a.O., Art. 43 Randnr. 8 mit weiteren Nachweisen; *Möller*, RiA 1965, S. 82; *Criegee*, S. 115 ff.; *Anschütz*, WV Art. 33 Anm. 1; *M. v. Bieberstein*, in: HdbDStR Bd. 1, S. 536.
[23] *v. Mangoldt-Klein*, S. 936 f.; *Nawiasky*, Grundgedanken des GG, S. 89; *Möller*, a.a.O.; *Maunz*, a.a.O., Art. 43 Randnr. 1; *Anschütz*, WV Art. 33 Anm. 1.
[24] Vgl. demgegenüber § 130 I 2 GeschO LT: „Ein in der Vollversammlung gestellter Antrag."
[25] Vgl. *Straßburg*, S. 63 f.
[26] *Möller*, a.a.O.; *Maunz*, a.a.O., Art. 43 Randnr. 3; *v. Mangoldt-Klein*, S. 937; im Zusammenhang mit dem Fall John hat auch der Bundesminister des Innern diese Ansicht vertreten, s. *Groß*, DVBl 1955, S. 80.
[27] *Groß*, a.a.O.
[28] Vgl. oben § 4 B IV 4.
[29] *Maunz*, a.a.O., Art. 43 Randnr. 1; ders., Staatsrecht § 34 II 5 (S. 324); vgl. auch *v. Mangoldt-Klein*, S. 936; *Möller*, a.a.O.
[30] *v. Mangoldt-Klein*, S. 936 (Art. 43 Anm. II 2, III 1); *Maunz*, in Maunz-Dürig, Art. 43 Randnr. 1; *Schweiger*, a.a.O., BV Art. 24 Randnr. 2.

den Sitzungen des Zwischenausschusses[31]. Es ergibt sich auf Grund der Rechtsstellung dieses Interimsorgans als eines Ausschusses des Parlaments unmittelbar aus Art. 43 II GG bzw. Art. 24 II BV (vgl. „seiner Ausschüsse"). Die Unterorganschaft und die spezifisch parlamentarische Funktion des Zwischenausschusses sind maßgeblich dafür, daß dieser in das Mitwirkungsrecht (und in die Mitwirkungspflicht) der Regierung einbezogen ist; dagegen kommt es nicht darauf an, daß der Ausschuß wie hier an anderen Gegenständen der parlamentarischen Arbeit als der Gesetzgebung mitwirkt oder daß er ein Ausschuß kraft (Verfassungs-)Gesetzes und nicht nur geschäftsordnungsmäßig errichtet ist[32].

2. Fragerecht (Interpellationsrecht)

Das Recht des Art. 43 I GG bzw. Art. 24 I BV wird in den Geschäftsordnungen der Parlamente (§§ 105 ff. GeschO BT; §§ 74 ff. GeschO LT) konkretisiert[33]; hier werden Formen und Voraussetzungen des Frage-, insbesondere des Interpellationsrechts näher geregelt. Dieses zu den Mitteln politischer Regierungskontrolle gehörende Recht[34] hat zum Inhalt, daß das Parlament von den Regierungsmitgliedern, nicht aber von unterstellten Amtswaltern[35], über ihre Tätigkeit, ihre politischen Absichten und über die Arbeit der ihr unterstehenden Behörden Auskunft verlangen kann[36]. Außerhalb der Funktionszeit des Plenums steht es dem Zwischenausschuß zur Realisierung seiner Kontrollaufgabe zu[37].

Die für die Vollversammlung maßgeblichen Vorschriften der Geschäftsordnung gelten für die Ausschüsse nur insoweit, als nicht ausdrücklich etwas anderes bestimmt ist oder als sie anwendbar sind[38]. Demgemäß

---

[31] Vgl. *Straßburg*, S. 41 f.; *Abicht*, S. 26. Auch die Mitglieder des Bundesrats haben zu allen Sitzungen des „ständigen Ausschusses" Zutritt und müssen jederzeit gehört werden (Art. 43 II GG). Die gegenteilige Ansicht *Straßburgs* (S. 42) in bezug auf die Reichsratsmitglieder, die nicht auch Bevollmächtigte der Länder waren, hat sich aus Art. 33 II 2 WV ergeben. — Zur Frage des Zutritts der Regierungsvertreter und ihrer Beauftragten zu Ausschußsitzungen s. etwa Niedersächs. StaatsGH, Urteil vom 19. 12. 1957 — StGH 1/25 — AöR Bd. 83 (1958), S. 423 ff. mit Anlagen und einer Anm. von *Partsch* (S. 459 ff.).

[32] Vgl. Niedersächs. StaatsGH, a.a.O., S. 430 ff., der auch hervorhebt, daß der entsprechende „ständige Ausschuß" nach Art. 12 der Vorläufigen Niedersächsischen Verf. vom 13. 4. 1951 (GVBl S. 103) hinsichtlich der Mitwirkung der Regierung den übrigen Ausschüssen gleichgestellt ist (S. 431). s. auch *Seifert-Geeb-Steiniger*, Erl. zu Art. 43 GG (S. 140 c): „Das Zutrittsrecht ... gilt für alle Ausschüsse, auch die durch Gesetz eingerichteten."

[33] *Maunz*, a.a.O., Art. 43 Randnr. 1 a. E.; *v. Mangoldt-Klein*, S. 937; *Koellreutter*, Staatsrecht, S. 193; *Seifert-Geeb-Steiniger*, Erl. zu Art. 43 GG (S. 140 c); vgl. auch *Eschenburg*, Staat und Gesellschaft, S. 608.

[34] *Loewenstein*, Verfassungslehre, S. 198.

[35] *Eschenburg*, a.a.O.

[36] *Eschenburg*, a.a.O., S. 604 f.

[37] So für den Ausschuß nach Art. 35 II WV *Straßburg*, S. 62; *Abicht*, S. 26 und 27.

[38] s. unten 3. Teil § 2 I 3.

II. Zitierungsrecht sowie Zutritts- und Anhörungsrecht

sind die Vorschriften über Mindestzahlen von Abgeordneten, die eine Anfrage unterstützen müssen, auf den Zwischenausschuß nicht anzuwenden[39]. Die Große Anfrage (Interpellation)[40] muß von mindestens soviel Abgeordneten des BT, wie einer Fraktionsstärke (§ 10 I GeschO BT) entspricht (§ 105.2 GeschO BT), bzw. 15 Abgeordneten des LT (§ 74 I 1 GeschO LT) unterzeichnet sein. Die GeschO BT unterscheidet von Großen Anfragen die Kleinen Anfragen[41], welche ebenfalls von mindestens soviel BT-Abgeordneten eingereicht werden müssen wie einer Fraktionsstärke entspricht (§ 110 I 1 GeschO BT). Die Anwendung dieser Geschäftsordnungsvorschriften auf das Verfahren im Zwischenausschuß käme im Hinblick auf dessen Mitgliederzahl[42] einem Entzug des Fragerechts nahe oder gar gleich. Die Informationsbefugnisse verlören ihre Funktion als Minderheitenrechte[43].

Vielmehr kann jedes Mitglied des Ausschusses die Fragen dem Ausschußvorsitzenden einreichen, der sie der Regierung mitteilt und diese zur Beantwortung auffordert[44]. Die Gewährung des Fragerechts an das einzelne Ausschußmitglied schließt ein, daß der Zwischenausschuß als Gesamtheit befugt ist, auf Grund eines Mehrheitsbeschlusses Anfragen an die Regierung zu richten[45]. — Das einzelne Mitglied des Zwischenausschusses ist entsprechend § 111 GeschO BT[46] bzw §§ 79 f., 83 GeschO LT berechtigt, Anfragen an die Regierung zu richten.

Das Parlament ist nach der Geschäftsordnung schließlich befugt, von der Regierung Auskunft über die Ausführung von Parlamentsbeschlüssen zu verlangen[47]. Es liegt im Rahmen seiner Kontrollaufgabe, daß der Zwischenausschuß von dieser Möglichkeit Gebrauch macht, wenn das Plenum vor dem Ende der Wahlperiode oder der Schließung der Tagung die Regierung zu Maßnahmen von fortdauernder Bedeutung aufgefordert hat. Allerdings sind solche Auskunftsersuchen wie die vorangegangenen Beschlüsse für die Regierung rechtlich nicht bindend[48]. Zudem unter-

---

[39] Vgl. *Straßburg*, S. 39.
[40] Dazu *Eschenburg*, a.a.O., S. 605 f.; *Möller*, a.a.O., S. 82 f.; *Troßmann*, Bundestag, S. 68 f.; *Bäumlin*, S. 293; vgl. auch § 6 Gem GeschO II B Min.
[41] Dazu *Eschenburg*, a.a.O., S. 606 f.; *Möller*, a.a.O., S. 83; *Troßmann*, a.a.O., S. 68; vgl. auch §§ 7 f. Gem GeschO II B Min.
[42] s. Anlage 1.
[43] Vgl. *Hatschek*, Staatsrecht I, S. 739; *Straßburg*, S. 62.
[44] Vgl. §§ 105 ff., 110 GeschO BT; §§ 74 ff. GeschO LT; sowie *Straßburg*, S. 62 f.
[45] *Straßburg*, S. 63.
[46] s. dazu etwa *Eschenburg*, a.a.O., S. 607 f.; *Möller*, a.a.O.; vgl. auch §§ 9 f. Gem GeschO II B Min.
[47] §§ 115 f. GeschO BT; §§ 11 f. Gem GeschO II B Min; §§ 84 f. GeschO LT.
[48] *Möller*, a.a.O.; vgl. auch *Schweiger*, a.a.O., Art. 55 Randnr. 4, Art. 20 Randnr. 17 und oben § 4 B I.

liegen nicht erledigte Parlamentsbeschlüsse dem Diskontinuitätsgrundsatz, so daß die Regierung zu deren Weiterbehandlung nicht verpflichtet ist[49].

§ 6 Befugnisse bei Feststellung zu beanstandender Maßnahmen

Abgesehen von den Informationsbefugnissen stehen dem Zwischenausschuß zur Einwirkung auf die Regierung weiter die folgenden Rechte zu:

I. Vorbereitung von Beschlüssen des Plenums

Der Interimsausschuß ist zur Vorberatung und Vorbereitung von Beschlüssen des künftigen Parlaments (des zu Beginn einer neuen Tagung zusammentretenden LT) befugt[1]. Zu diesem Zweck darf er interne Beratungen pflegen und Verhandlungen mit Regierungsmitgliedern führen, Feststellungen treffen und Erklärungen abgeben[2]. Wenn er auch nicht auf eine bloß vorbereitende Funktion beschränkt ist, so kann er doch angesichts seiner kurzen Wirkungsdauer kaum mehr als ein vorbereitendes Organ sein.

II. Recht zur Einberufung des Parlaments

Das Recht, die Einberufung des Parlaments zu fordern, kommt für den bayerischen Zwischen-(Tagungs-)Ausschuß während der Zeit „außerhalb der Tagung" in Betracht.

Die landständischen Ausschüsse waren zu einer Selbstberufung des LT nur ganz vereinzelt befugt[3]. Für den Überwachungsausschuß nach Art. 35 II WV wurde dieses Recht abgelehnt mit der Begründung, daß der Ausschuß nur zur Wahrung der Rechte berufen sei, welche der Volksvertretung gegenüber der Regierung zustünden, während sich das Recht, eine Einberufung zu erzwingen, gegen den Präsidenten der Volksvertretung richte[4]; der Ausschuß sei auch nicht zuständig für ein Ersuchen

---

[49] *Schweiger*, a.a.O., Art. 16 Randnr. 2 a. E.
[1] *v. Mangoldt-Klein*, S. 953; *v. Mangoldt, GG*, S. 251; *Maunz*, in Maunz-Dürig, Art. 45 Randnr. 12; *Seifert-Geeb-Steiniger*, Erl. zu Art. 45 (S. 140 d); *Dennewitz-Schneider*, in: Bonner Kommentar, Art. 45 Anm. II 1; vgl. auch § 26 I Nr. 1 GeschO RT; *Anschütz*, WV Art. 35 Anm. 4; *Hoegner*, Bayer. Verfassungsrecht, S. 49.
[2] *v. Mangoldt-Klein*, S. 953; *Dennewitz-Schneider*, a.a.O.; *Maunz*, a.a.O.
[3] *F. Giese*, Annalen d. DR 1917, S. 325; oben 1. Teil § 7 I.
[4] *Straßburg*, S. 52; a. A. *von Freytagh-Loringhoven*, WV, S. 119.

II. Recht zur Einberufung des Parlaments

an die Regierung, daß diese das Parlament versammeln möge[5]. Es fehlt ein Recht des LT und damit des Zwischenausschusses gegenüber der Staatsregierung, daß *diese* die Volksvertretung einberuft, wozu sie gar nicht in der Lage ist (vgl. Art. 17 II BV), oder von der ihr in Art. 17 II 2 BV gewährten Befugnis Gebrauch macht, da hierüber sie allein entscheidet. Jedoch abgesehen davon, daß das dem LT durch Art. 17 BV garantierte Selbstversammlungsrecht[6] auch von der Staatsregierung zu respektieren ist, betrifft die Frage nach dem Einberufungsrecht des Zwischenausschusses nicht das Objekt der Ausschußtätigkeit, d. h. es geht nicht um die Wahrung des parlamentarischen Versammlungsrechts durch den Ausschuß, sondern sie ist wie folgt zu verstehen: steht dem Ausschuß das Einberufungsrecht als Mittel zur Erfüllung seiner Aufgabe, die Rechte des LT gegenüber der Staatsregierung zu wahren, zur Verfügung? Zwar verleiht Art. 17 III BV dem LT gegenüber den anderen Staatsorganen, aber auch gegenüber den eigenen Organen die alleinige Befugnis, den Zeitpunkt des Wiederzusammentritts zu bestimmen[7]; diese ausschließliche Zuständigkeit entfällt aber mit dem Schluß der Tagung. Während der Zeit außerhalb der Tagung ist Art. 17 II BV maßgeblich. Danach muß der Landtagspräsident das Parlament zu einer außerordentlichen Tagung oder zu einem früheren Beginn der ordentlichen Tagung einberufen, falls es die Staatsregierung oder mindestens ein Drittel der Landtagsmitglieder verlangt[8]. Wenn bereits ein Drittel der Abgeordneten ein solches Recht hat, dann steht erst recht dem LT insgesamt diese Befugnis zu. Da aber der Zwischenausschuß nach Art 26 I 2 BV ausdrücklich „die Befugnisse des Landtags" hat, d. h. die zur Erfüllung seiner Aufgabe geeigneten Parlamentsrechte, kann er auch die Einberufung der Vollversammlung verlangen, wenn ihm dies zur Wahrung der Parlamentsrechte etwa wegen besonderer Dringlichkeit erforderlich erscheint. Dem Einwand, der nicht versammelte LT bzw. ein Drittel seiner Mitglieder könne selbst die Einberufung fordern, ist entgegenzuhalten, daß der mit den politischen Ereignissen unmittelbar befaßte und kraft seiner Informationsbefugnisse eingehend unterrichtete Zwischenausschuß schneller die Einberufung des Parlaments zu veranlassen und deren Notwendigkeit besser zu beurteilen vermag als die nicht versammelten Abgeordneten. — Das Recht, die Einberufung des LT zu verlangen, scheitert auch nicht daran, daß der Präsident zur Einberufung zuständig ist (Art. 17 II 2 BV). Der Zwischenausschuß wahrt zwar allein die gegenüber der Staatsregierung bestehenden Rechte des Parlaments (Art. 26 I 1 BV); hierfür verfügt er aber grundsätzlich über die Rechte des LT schlechthin (Art. 26 I 2 BV), also nicht nur über solche, die sich unmittelbar gegen die Staatsregie-

---
[5] *Straßburg*, S. 52 unter Hinweis auf Fälle aus der Praxis des RT.
[6] Dazu *Schweiger*, in Nawiasky-Leusser u. a., BV Art. 17 Randnr. 2.
[7] *Schweiger*, a.a.O., BV Art. 17 Randnr. 5.
[8] s. auch § 101 GeschO LT.

rung richten[9]. — Anders als nach der für das Plenum geltenden Regelung (Art. 17 II 2 BV) reicht zur Begründung der Einberufungspflicht für den Präsidenten das Verlangen von einem Drittel der Ausschußmitglieder nicht aus, sondern es ist ein entsprechender Mehrheitsbeschluß zu fassen, weil nur der Zwischenausschuß insgesamt die Befugnisse des LT hat (Art. 26 I 2 BV).

III. Entschließungen an die Regierung

Die Organwalter eines Kollegialorgans vermögen dessen Zuständigkeiten nicht selbständig auszuüben[10]. Die organschaftliche Willensbildung auch des Zwischenausschusses erfolgt durch Beschlüsse, mittels derer er nach außen auftreten kann.

Der Zwischenausschuß hat das Resolutionsrecht[11]. Das Plenum kann durch schlichte Parlamentsbeschlüsse, deren Befolgung allerdings nicht erzwingbar ist, die Regierungspolitik zu beeinflussen suchen[12]. Uneinig ist man sich darüber, ob das Parlament der Regierung Weisungen erteilen darf[13]. Da aber auch die das parlamentarische Weisungsrecht befürwortende Ansicht einräumt, daß den Weisungen der Volksvertretung keine verfassungsrechtliche, justiziable Pflicht zur Befolgung durch die Regierung gegenübersteht[14], wird hier nicht näher darauf eingegangen, ob parlamentarische Willensäußerungen gegenüber der Regierung „Weisungen" genannt werden können.

Die Befugnis, solchermaßen Entschließungen an die Regierung zu richten, steht auch dem Zwischenausschuß zu[15]. Es eröffnet ihm die Möglichkeit, an dem Verhalten der Regierung ausdrücklich, nicht nur auf indirektem Weg durch Ausübung seiner Informationsbefugnisse oder durch Debatten innerhalb des Ausschusses[16] Kritik zu üben und sich mit Wün-

---

[9] Der Ausschuß kann sich auch an andere Stellen, z. B. an den VerfGH, wenden.
[10] *Wolff*, Verwaltungsrecht II, § 75 III d (S. 71).
[11] *Abicht*, S. 26/27; a. A. *Dennewitz-Schneider*, in: Bonner Kommentar, Art. 45 Anm. II 1 a. E.
[12] Dazu *Eschenburg*, Staat und Gesellschaft, S. 610; *Friesenhahn*, VVDStRL H. 16, S. 36 ff., insbes. Fußn. 70 mit weiteren Nachweisen; *Goltz*, DÖV 1965, S. 610; im einzelnen *Criegee*, S. 54 ff.; *Kratzer*, Bay VBl 1962, S. 297; s. auch §§ 115 f. GeschO BT und §§ 84 f. GeschO LT.
[13] Für die Zulässigkeit etwa *Friesenhahn*, a.a.O., S. 70 und 72 (Leitsätze II 2 und 13); s. auch *Jesch*, Gesetz und Verwaltung, S. 96 Fußn. 107 a. E. Der bayer. Zwischenausschuß war also befugt, die Staatsregierung zu „beauftragen", daß sie bestimmte Maßnahmen zur Brennstoffversorgung ergreife, vgl. Bayer. LT, Verh. des Zwischenausschusses, 1. Wahlp., 1. Sitzung (31. Juli 1947), S. 179 (Antrag) und 205 (Annahme). a. A. *Merk*, Z ges StW 114. Bd. (1958), S. 707; *Eschenburg*, a.a.O.; *Münch*, VVDStRL H. 16, S. 135; *Goltz*, a.a.O., S. 611.
[14] s. oben § 4 B I.
[15] Ausführlich hierzu und zum folgenden *Straßburg*, S. 64 ff.
[16] Dazu *Loewenstein*, Verfassungslehre, S. 199.

schen und Ansichten unmittelbar an die Regierung zu wenden[17]. Die Entschließungen können beispielsweise zum Inhalt haben, daß die Regierung dem Plenum einen bestimmten Gesetzentwurf vorlegen möge[18], oder sich als gutachtliche Äußerungen darstellen, indem der Zwischenausschuß seine Ansicht über die Vereinbarkeit von geplanten Regierungsmaßnahmen mit den Rechten der Volksvertretung kundgibt[19].

Insbesondere kann der Ausschuß in einem solchen Beschluß eine Maßnahme der Regierung mißbilligen[20]. Er vermag seiner Entschließung auch die Form eines Mißtrauensbeschlusses gegenüber einem Regierungsmitglied zu geben, für welches dadurch allerdings keine verfassungsrechtliche Abgangspflicht begründet wird. Die Zulässigkeit von solchen Mißbilligkeitsanträgen und -beschlüssen gründet sich auf das entsprechende Recht des Plenums. Obwohl dieses weder im GG noch in der BV erwähnt wird, so ist es doch Bestandteil des zum Wesen der parlamentarischen Demokratie gehörenden Rechts der Volksvertretung zur Kritik an der Regierung[21].

IV. Petitionsüberweisungsrecht

Das Petitionsüberweisungsrecht, welches zu den Kontrollmitteln des Parlaments gegenüber der Regierung gezählt werden kann[22], steht dem Zwischenausschuß ebenfalls zu[23], d. h. dieser kann an das Parlament oder an ihn selbst[24] gerichtete Petitionen (s. Art. 17 GG, 115 BV) der Regierung „zur Berücksichtigung, zur Erwägung, als Material oder zur Kenntnis-

---

[17] *Maunz*, a.a.O., Art. 45 Randnr. 12 a. E.
[18] Vgl. dazu auch *Eschenburg*, a.a.O.; oben § 2 II 3 b.
[19] Dazu auch *Straßburg*, S. 51 f.
[20] *Straßburg*, S. 66.
[21] Für die Zulässigkeit von parlamentarischen Mißbilligungsbeschlüssen die h. M., s. etwa *v. Mangoldt-Klein*, S. 1301—1303 mit ausführl. Literaturangaben und Hinweisen auf die Verfassungspraxis; Die Konstituierung d. westdeutschen Bundesorgane, AöR Bd. 75 (1949), S. 346; U. M., AöR Bd. 76 (1950/51), S. 338 ff.; *Jesch*, a.a.O., S. 97; *Friesenhahn*, a.a.O., S. 58/59 und Leitsatz I 25 (S. 69); *Wolff*, Verwaltungsrecht III, § 166 V b 3 (S. 352); *v. Wick*, DÖV 1956, S. 114; *Maunz*, Staatsrecht, § 38 I 6 (S. 349); *Schweitzer*, NJW 1956, S. 84 mit weiteren Nachweisen; der Bayer. LT erklärte am 20. 2. 1947 ein ausdrückliches Tadelsvotum in Gestalt eines förmliches Beschlusses der Mißbilligung gegen einen einzelnen Ressortminister für zulässig, s. *Nawiasky-Leusser*, BV (1. Aufl.) S. 37; vgl. auch *Schweiger*, in Nawiasky-Leusser u. a., BV Art. 45 Randnr. 3; a. A. *Münch*, Bundesregierung, S. 178 ff.; *Nawiasky-Leusser*, BV (1. Aufl.), S. 37, Erl. zu Art. 45 (S. 123) und Erl. zu Art. 47 (S. 126).
[22] Vgl. *Mattern*, Petitionsrecht, in: Die Grundrechte, 2. Bd., S. 636 mit weiteren Nachweisen; Bay VerfGHE n. F. Bd. 10, S. 20 (23).
[23] Unstreitig s. *Dennewitz-Schneider*, in: Bonner Kommentar, Art. 45 Anm. II 1; *Maunz*, in Maunz-Dürig, Art. 45 Randnr. 12; *Dürig*, ebd., Art. 17 Randnr. 59; *v. Mangoldt-Klein*, S. 953; *Hamann*, GG, Erl. zu Art. 45 (S. 287); *Schweiger*, a.a.O., Art. 26 Randnr. 4; *Abicht*, S. 26/27.
[24] Vgl. dazu *Dürig*, a.a.O., Art. 17 Randnr. 62.

nahme"[25] überweisen. Dazu gehört das aus dem Petitionsrecht folgende Recht, von der Exekutive die Informationen und Stellungnahmen zu verlangen, welche für eine sachgerechte Behandlung der Petitionen erforderlich sind[26]. Das Petitionsüberweisungsrecht des Interimsausschusses ist im Zusammenhang damit zu sehen, daß unbehandelte Petitionen am Ende der Wahlperiode oder im Fall der Auflösung des Parlaments nicht als erledigt angesehen werden dürfen[27]. Der Grundsatz der sachlichen Diskontinuität erstreckt sich nicht auf Petitionen, weil das Petitionsüberweisungsrecht nur das Korrelat zu einem von Wahlperioden unabhängigen Recht des Bürgers ist[28]; die in Art. 17 GG (115 BV) verwendete Einzahl „Volksvertretung" („Landtag") weist darauf hin, daß Petitionsadressat nicht „ein" Parlament in seiner jeweiligen Zusammensetzung ist, sondern „das" Parlament als Institution[29] (dessen Organ der Zwischenausschuß ist). — Auch das Petitionsüberweisungsrecht, ein Unterfall des Rechts, Entschließungen an die Regierung zu richten, bedeutet nicht, daß die Regierungsorgane zur Durchführung der entsprechenden parlamentarischen Beschlüsse rechtlich verpflichtet wären, selbst wenn die Petitionen der Regierung „zur Berücksichtigung" zugeleitet würden[30].

V. Kontrolle durch die „öffentliche Meinung"

Zur Wahrung der Rechte der Volksvertretung gegenüber der Regierung kann der Zwischenausschuß sich auch an die Öffentlichkeit wenden und dadurch auf die Regierung einzuwirken versuchen, daß er die „rechtlich kaum faßbare, faktisch aber überaus wirksame Kontrolle aller unmittelbaren und mittelbaren Staatsorgane durch die öffentliche Meinung"[31] zu aktivieren versucht. Daß der Ausschuß befugt ist, seiner Kontrolltätigkeit auf diese Weise eine zusätzliche und verstärkte Wirkung zu verschaffen, folgt aus dem Wesen eines an der Öffentlichkeit ausgerichteten parlamentarisch-demokratischen Rechtsstaats[32].

---

[25] § 113 II Buchst. a GeschO BT; ganz ähnlich: § 88 Buchst. b GeschO LT.
[26] Vgl. *Dürig*, a.a.O., Art. 17 Randnr. 75; *Möller*, RiA 1965, S. 83.
[27] Vgl. § 126 GeschO BT.
[28] *Maunz*, a.a.O., Art. 39 Randnr. 16 Fußn. 1.
[29] *Dürig*, a.a.O., Art. 17 Randnr. 59; *v. Mangoldt-Klein*, S. 899; *Ritzel-Koch*, § 126 Anm. 2.
[30] s. etwa *Möller*, a.a.O., S. 83/84; *Dürig*, a.a.O., Art. 17 Randnr. 74 mit weiteren Nachweisen; aber auch *Mattern*, a.a.O. Dasselbe gilt auch nach bayer. Verfassungsrecht trotz § 87 III GeschO LT (vom 27. 10. 1954); *Nawiasky* in Festschrift f. Apelt (1958), S. 148; *Dürig*, a.a.O., Art. 17 Randnr. 74 Fußn. 2; *Zacher*, JöR n. F. Bd. 15 (1966), S. 351 f. An die Stelle von § 87 III GeschO LT von 1954 ist der abgeänderte § 90 III GeschO LT getreten.
[31] *Wolff*, Verwaltungsrecht III, § 166 I b und II (S. 342 ff.); vgl. auch *Scholler*, Person und Öffentlichkeit, S. 96 ff.; *Krüger*, Staatslehre, S. 437 ff.
[32] Vgl. dazu etwa *Smend*, in: Gedächtnisschrift für W. Jellinek (1955), S. 11 ff., insbes. S. 14.

VI. Der Zwischenausschuß als Antragsteller in der Organstreitigkeit

1. Der Ausschuß nach Art. 45 GG

Als äußerstes Mittel zur Erfüllung seiner Aufgabe steht dem „ständigen Ausschuß" die Befugnis zu, in einer Organstreitigkeit das BVerfG anzurufen[33]. Damit wird ihm die Möglichkeit, welche der Überwachungsausschuß nach Art. 35 II WV nicht hatte[34], eröffnet, eine die Bundesregierung bindende Entscheidung des BVerfG (§§ 67, 31 I BVerfGG) herbeizuführen. Da der Ausschuß kein Mißtrauensvotum mit Rücktrittspflicht abgeben kann, ist jenes Antragsrecht die einzige über eine bloß versuchsweise Beeinflussung der Regierung hinausgehende Handhabe, um die Rechte des BT vor Beeinträchtigungen durch die Bundesregierung in der Interimszeit zu schützen. Es zeigt, daß die Funktion des Ausschusses nicht ausschließlich vorbereitender Natur ist[35].

Der in § 63 BVerfGG ausdrücklich genannte Ausschuß nach Art. 45 GG kann Antragsteller in einer Organstreitigkeit sein. Er ist parteifähig, nicht weil er ein oberstes Bundesorgan wäre, wie es § 63 BVerfGG nahezulegen scheint[36], sondern als „anderer Beteiligter" i. S. des Art. 93 I Nr. 1 GG, der durch das GG mit eigenen Rechten ausgestattet ist[37]. Diese Rechte sind allerdings nicht den subjektiven Privatrechten gleichzusetzen. Denn Träger von Rechten und Pflichten ist im Außenverhältnis die juristische Person Staat. Im Innenverhältnis, zumindest im Verfassungsbereich des Staates, also im Verhältnis der Verfassungsorgane und ihrer mit eigenen Zuständigkeiten ausgestatteten Teile untereinander, ist es jedoch gerechtfertigt, mit dem GG von „Rechten" der Staatsorgane zu sprechen[38]. Wenn nämlich eine Verfassung Staatsorganen die Möglichkeit eröffnet, ihre Rechte im Prozeßwege vor einem Verfassungsgericht gegen Beeinträchtigungen zu verteidigen, „tritt notwendig eine gewisse Subjektivierung der verfassungsrechtlichen Zuständigkeitsordnung ein"[39].

---

[33] Art. 93 I Nr. 1 GG, §§ 13 Nr. 5, 63 ff. BVerfGG.
[34] Vgl. Art. 19 I WV.
[35] s. oben § 4 B IV 3.
[36] s. oben 1. Teil § 4 B I 4 b.
[37] Vgl. *Goessl*, Organstreitigkeiten, S. 123 f.; *Maunz*, in Maunz-Dürig, Art. 40 Randnr. 6; *Hesse*, Grundzüge, S. 245.
[38] Hierzu und zum folgenden s. etwa *Friesenhahn*, Verfassungsgerichtsbarkeit, S. 38 f.; *Goessl*, Organstreitigkeiten, S. 54 ff. mit ausführlichen Literaturangaben; *Thoma*, Das System der subjektiven öffentlichen Rechte und Pflichten, in: HdbDStR Bd. 2, S. 612 ff.; für den BT im besonderen *Maunz*, in Maunz-Dürig, Art. 38 Randnr. 7. Ablehnung subjektiver Rechte und Pflichten: s. die Hinweise bei *Goessl*, Organstreitigkeiten, S. 55 Fußn. 230, sowie *Krüger*, Staatslehre, S. 264.
[39] *Friesenhahn*, a.a.O., S. 38; s. auch *Münch*, Bundesregierung, S. 51 ff.

Für das Organstreitverfahren sind die dem „ständigen Ausschuß" vom GG eingeräumten Rechte[40], z. B. das Zitierungsrecht, maßgebend, dagegen nicht die sich aus der GeschO BT ergebenden Befugnisse. Da der „ständige Ausschuß" im Gegegensatz zu den geschäftsordnungsmäßigen Ausschüssen zu den durch die Verfassung selbst eingerichteten ständigen Gliederungen des BT zählt, gilt für ihn nicht die Einschränkung[41], daß er Parteifähigkeit nur zur Vertretung der Rechte des Plenums besitze.

Andererseits ist in bezug auf den Ausschuß nach Art. 45 GG aber auch nicht der vom BVerfG gemachten Einschränkung zu folgen, die im GG mit eigenen Rechten ausgestatteten Teile des BT seien „nur aktiv legitimiert, eigene Rechte, nicht aber Rechte des Bundestages geltend zu machen"[42]. Der vom BVerfG gebrauchte Begriff Aktivlegitimation ist in diesem Zusammenhang als Prozeßführungsrecht, eine Zulässigkeitsvoraussetzung, zu verstehen[43]. Richtigerweise bedeutet Aktivlegitimation, die eine Seite der zur Begründetheit zählenden Sachbefugnis, das Zustehen eines Rechts[44]. Bei diesem Begriffsinhalt ergäben die Ausführungen des BVerfG, das selbst vom Geltendmachen der Rechte spricht, jedoch keinen Sinn. Als Teile eines Verfassungsorgans werden die Träger eigener Rechte und Pflichten bezeichnet; in Betracht kommen die einzelnen Mitglieder, bestimmte Gruppen von Mitgliedern oder sonstige Institutionen, die bei dem Verfassungsorgan gebildet sind[45]. Die genannte Einschränkung des BVerfG erstreckt sich demnach auch auf den „ständigen Ausschuß". Nach Art. 93 I Nr. 1 GG, konkretisiert durch § 64 I BVerfGG, ist der Antrag aber zulässig, wenn der Antragsteller geltend macht, daß er *oder das Organ, dem er angehört,* durch ein Verhalten des Antragsgegners, in seinen Rechten verletzt oder unmittelbar gefährdet ist. Es können also bestimmte Organteile (nicht notwendig nur solche, welche lediglich durch die Geschäftsordnung mit eigenen Rechten ausgestattet sind) verfassungsmäßige Rechte des Organs selbst in (aktiver) *Prozeßstandschaft,* welche der Wortlaut des Art. 93 I Nr. 1 GG umfaßt, für dieses geltend machen[46]. Voraussetzung hierfür ist, daß es sich um einen ständig existenten Organteil handelt[47], sowie das Vorliegen eines Rechtsschutzbedürfnisses des Prozeßführers[48]. Der „ständige Ausschuß" ist ein ständig

---

[40] Zum Umfang des Schutzes durch das Organstreitverfahren *Goessl,* a.a.O., S. 99.
[41] s. BVerfGE Bd. 2, S. 165; *Klein,* in Maunz-Sigloch u. a., BVerfGG § 63 Randnr. 4, § 64 Randnr. 6; *Lechner,* BVerfGG § 13 Ziff. 5 Anm. II; *Friesenhahn,* a.a.O., S. 39.
[42] BVerfGE Bd. 2, S. 144 Leits. 5, S. 165 f.; s. *Klein,* a.a.O., § 64 Randnr. 6.
[43] Zutreffend die Kritik an der Terminologie des BVerfG von *Goessl,* a.a.O., S. 145 ff. mit weiteren Nachweisen.
[44] Statt vieler *Baumbach-Lauterbach,* ZPO Grundzüge vor § 50 Anm. 4 A.
[45] *Goessl,* a.a.O., S. 98.
[46] *Friesenhahn,* a.a.O., S. 41; *Goessl,* a.a.O., S. 60 f., 156 ff.
[47] *Goessl,* a.a.O., S. 160.
[48] *Goessl,* a.a.O., S. 61.

VI. Der Zwischenausschuß als Antragsteller in der Organstreitigkeit 115

existentes Organteil[49]. Sein Rechtsschutzbedürfnis in dem Fall, daß das Parlament durch eine Maßnahme oder Unterlassung der Regierung in seinen ihm durch die Verfassung übertragenen Rechten und Pflichten verletzt oder unmittelbar gefährdet ist[50], folgt aus der dem Ausschuß vom GG übertragenen Aufgabe, die Rechte des Parlaments gegenüber der Regierung zu wahren. Der „ständige Ausschuß" kann also nicht nur für seine eigenen verfassungsmäßigen Rechte den Schutz des BVerfG nachsuchen, sondern auch und vor allem bestimmte verfassungsmäßige Rechte des BT in Prozeßstandschaft geltend machen[51].

2. Der Ausschuß nach Art. 26 BV

Nach Art. 64 BV[52] entscheidet der Bay VerfGH „über Verfassungsstreitigkeiten zwischen den obersten Staatsorganen oder in der Verfassung mit eigenen Rechten ausgestatteten Teilen eines obersten Staatsorgans". Der Zwischenausschuß zählt als in der BV mit eigenen Rechten ausgestattetes Unterorgan des LT zu letzteren; er kann demnach Beteiligter einer Verfassungsstreitigkeit sein[53]. Als gegnerischer Beteiligter in dem Verfassungsstreitverfahren kommt auf Grund der dem Ausschuß zugewiesenen Aufgabe die Staatsregierung oder deren Mitglieder in Betracht. Durch das Wort „oder" in Art. 64 BV soll nicht eine Verfassungsstreitigkeit zwischen einem obersten Staatsorgan „und" einem in der Verfassung mit eigenen Rechten ausgestatteten Teil eines solchen ausgeschlossen werden[54]. Gegenstand einer Verfassungsstreitigkeit zwischen dem Interimsausschuß und der Staatsregierung können insbesondere Meinungverschiedenheiten zwischen diesen Beteiligten über verfassungs-

---

[49] Oben 1. Teil § 6 III 1 a.
[50] Dazu *Klein*, a.a.O., § 64 Randnrn. 3 und 17.
[51] *Goessl*, a.a.O., S. 161: „Ein allgemeines Prozeßführungsrecht zur Geltendmachung von Rechten und Pflichten des Parlaments kommt dem ständigen Ausschuß nach Art. 45 GG für die Zeit der Handlungsunfähigkeit des Parlaments zu. Seine Aufgabe besteht gerade in der Wahrung der Rechte und Pflichten des Parlaments."
Vgl. auch *Friesenhahn*, Die Staatsgerichtsbarkeit, in: HdbDStR Bd. 2, S. 537: Die Überwachungsausschüsse „müssen das Recht haben, Verletzung eigener Rechte und eventuell solcher des Landtags im Klagewege zu verfolgen".
[52] s. auch §§ 2 Nr. 4, 42 f. VfGHG in der Fassung v. 26. 10. 1962 (GVBl, S. 337). — Die einschlägigen Bestimmungen des GG (Art. 93 I Nr. 4 GG, dazu §§ 13 Nr. 8, 71 f. BVerfGG; Art. 99 GG dazu §§ 13 Nr. 10, 73 ff. BVerfGG) kommen für Bayern nicht in Betracht, *Schweiger*, in Nawiasky-Leusser u. a., BV Art. 60 Randnr. 6, Art. 64 Randnr. 2 a. E. Für das Verfahren nach Art. 93 I Nr. 4 Fall 3 GG wäre außerdem die Prozeßstandschaft nicht vorgesehen, vgl. §§ 71 I Nr. 3, 72 II BVerfGG (*Goessl*, a.a.O., S. 156 Fußn. 640).
[53] *Schweiger*, a.a.O., Art. 64 Randnr. 4 mit vorsichtiger Formulierung: „ferner aber wohl auch ... der Zwischenausschuß nach Art. 26 BV".
[54] *Schweiger*, a.a.O., a. E.

mäßige Rechte des LT sein, weil der Ausschuß gerade zur Wahrung der Rechte der Volksvertretung gegenüber der Staatsregierung bestellt ist[55].

§ 7 Der Zwischenausschuß als Notstandsorgan?

I. Nach dem GG

Das GG hat bis zum Jahre 1968 keine umfassende Regelung des Ausnahmezustands enthalten, sondern nur eine Regelung einzelner gefahrvoller Situationen[1], aus der sich für den „ständigen Ausschuß" jedoch keine Rechte ergeben. Art. 111 HChE war nicht in das GG aufgenommen worden. Er sah ein Notverordnungsrecht vor. Die Notverordnungen sollten außer Kraft treten, wenn sie nicht binnen vier Wochen vom BT oder seinem ständigen Ausschuß bestätigt würden[2].

Auch die neue Notstandsverfassung[3] hat dem „ständigen Ausschuß" keine Notstandsbefugnisse gegeben, was an sich nahegelegen hätte. Sie schiebt sogar den Tätigkeitszeitraum des Ausschusses (auch des bayerischen) im Falle eines äußeren Notstands hinaus; denn nach Art. 115 h I 1 GG enden während des Verteidigungsfalles ablaufende Wahlperioden des BT oder der Volksvertretungen der Länder erst sechs Monate nach Beendigung des Verteidigungsfalles; außerdem verbietet Art. 115 h III GG für die Dauer des Verteidigungsfalles die Auflösung des BT.

Vielmehr wurde durch die Einfügung des Art. 53 a in das GG ein besonderes Notparlament, der aus Mitgliedern des BT und Bundesrats bestehende „Gemeinsame Ausschuß"[4] geschaffen, dem in den Art. 115 a ff.

---

[55] Gegenstand des Verfassungsstreits brauchen nicht notwendig Zuständigkeiten der Beteiligten zu sein, vgl. *Nawiasky*, Bayer. Verfassungsrecht, S. 468 (bezügl. § 70 I BV 1919); s. auch *Nawiasky-Leusser*, BV (1. Aufl.), S. 140: Unter Verfassungsstreitigkeiten sind „Streitigkeiten über verfassungsrechtliche Fragen" zwischen den Beteiligten zu verstehen.

[1] Art. 91 und 37; Art. 81 (sog. Gesetzgebungsnotstand); s. auch Art. 143 i. d. F. der GG-Novelle vom 19. 3. 1956; dazu *Maunz*, Staatsrecht, S. 185.

[2] Dazu *Berger*, DV 1948, S. 79.

[3] 17. Gesetz zur Änderung des GG vom 24. 6. 1968, BGBl I, S. 709.

[4] Vgl. dazu und zum folgenden aus dem neueren Schrifttum *Menzel*, DÖV 1968, S. 302 ff.; *H. Schäfer*, AöR Bd. 93, S. 41 f., 51 ff., 59 ff. mit weiteren Nachweisen; *Lohse*, ZgesStW Bd. 124, S. 383 ff. mit weiteren Nachweisen; *Delbrück*, in: Bonner Kommentar, Erl. zu Art. 53 a, mit weiteren Nachweisen unter IV; *Schunck*, Notstandsrecht, Erl. zu Art. 53 a; sowie Begründung des Entwurfs eines Gesetzes zur Ergänzung des GG vom 13. 6. 1967 (BT-Drucksache V/1879, S. 20 ff.) sowie Schriftlicher Bericht des Rechtsausschusses (12. Ausschuß) über den Gesetzentwurf vom 9. 5. 1968 (BT-Drucksache V/2873, S. 10 f.), abgedruckt bei *Töpfer* unter Nr. 303 (S. 52—57).

GG Notgesetzgebungs- und Kontrollbefugnisse für den Verteidigungsfall (Art. 115 a GG, nicht für den Fall eines inneren Notstandes) eingeräumt wurden. Dieses, wenn auch subsidiär gegenüber BT und Bundesrat tätig werdende Verfassungsorgan ist im Gegensatz zum „ständigen Ausschuß" kein Unterorgan (von BT und Bundesrat), sondern eigenständiges oberstes Bundesorgan, ein echtes Ersatzparlament, so daß die Bezeichnung „Ausschuß" anders als beim Interimsorgan mißverständlich ist[5].

Entsprechend dem Subsidiaritätsprinzip umfaßt die Kompetenz des Notparlaments grundsätzlich sämtliche Zuständigkeiten, die vom BT (und Bundesrat) ausgeübt werden könnten[6], während der Zwischenausschuß nur *eine* Funktion, die parlamentarische Regierungskontrolle ausübt, wofür ihm nicht einmal alle Kontrollbefugnisse des Plenums zur Verfügung stehen. So übernimmt — wie sich aus Art. 115 e I GG ergibt — im Verteidigungsfall der Gemeinsame Ausschuß, soweit feststeht, daß dem rechtzeitigen Zusammentritt des BT unüberwindliche Hindernisse entgegenstehen oder daß dieser nicht beschlußfähig ist, die gesamten Aufgaben der Gesetzgebung[7]; der „ständige Ausschuß" ist dagegen nicht mit rechtsetzender Gewalt ausgestattet. Das Notparlament ist u. a. nach Art. 115 h II 1 GG befugt, mit der Mehrheit seiner Mitglieder den Bundeskanzler zu wählen, wenn das normale in Art. 63 GG vorgeschriebene Verfahren nicht durchgeführt werden kann; es kann — ebenfalls im Gegensatz zu dem Unterorgan Zwischenausschuß — dem Bundeskanzler in entsprechender Anwendung des Art. 67 GG das Mißtrauen dadurch aussprechen, daß es mit der Mehrheit von zwei Dritteln seiner Mitglieder einen Nachfolger wählt (Art. 115 h II 2 GG).

II. Nach der BV

Dem Zwischenausschuß ist in Art. 26 I 1 BV als weitere Aufgabe die Behandlung dringlicher Staatsangelegenheiten aufgetragen. Daraus ist nicht zu folgern, daß er im Gegensatz zum LT auch Befugnisse auf dem Gebiet der regierenden und vollziehenden Gewalt hätte[8]. Der Ausschuß ist auch in dieser Funktion ein Unterorgan des LT und hierfür nicht mit andersartigen oder weitergehenden Befugnissen ausgestattet als zur Erfüllung seiner Kontrollaufgabe; Satz 2 von Art. 26 I BV bezieht sich auf dessen gesamten Satz 1.

---

[5] Vgl. *Menzel*, a.a.O., S. 303; *Delbrück*, a.a.O., Art. 53 a Randnrn. 5, 36.

[6] Vgl. Art. 115 e I GG; *Menzel*, a.a.O., S. 304; ihm obliegt also auch die Kontrolle der Exekutive, *Schunck*, a.a.O. (S. 44); *Lohse*, a.a.O., S. 383.

[7] *Delbrück*, a.a.O., Randnr. 33.

[8] *Schweiger*, in Nawiasky-Leusser u. a., BV Art. 26 Randnr. 3; s. auch oben § 4 B I.

Als Beispiel für die Behandlung einer dringlichen Staatsangelegenheit durch den Ausschuß sei dessen erste Sitzung[9] seit Bestehen der BV 1946 genannt, welche am 31. 7. 1947 „außerhalb der Tagung" stattfand. Der Ausschuß befaßte sich mit der beunruhigenden Lage der Brennstoffversorgung in Bayern für den Winter 1947/48, deren Behandlung keinen Aufschub duldete. Die Staatsregierung erstattete hierüber im Zwischenausschuß Bericht. Regierung und Ausschuß untersuchten gemeinsam Mittel und Wege, um die Notlage zu meistern. Der Sinn der vom Zwischenausschuß gefaßten Beschlüsse, in welchen die Staatsregierung zu bestimmten Maßnahmen aufgefordert wurde, bestand nicht zuletzt darin, den Regierungsmaßnahmen größeres Gewicht durch die Autorität des LT zu verleihen[10].

Nach der bundesrechtlichen Vorschrift des § 2 II 3 G. über die Wahl des Bundespräsidenten durch die Bundesversammlung vom 25. 4. 1959 (BGBl. I S. 230) hat der Zwischenausschuß die auf den LT entfallenden Mitglieder zur Bundesversammlung zu wählen, wenn der neue LT die Wahl nicht mehr rechtzeitig vornehmen kann.

Die Zuständigkeit des Zwischenausschusses zur Behandlung dringlicher Staatsangelegenheiten begründet nicht die Befugnis, die Aufhebung der von der Regierung nach Art. 48 I BV getroffenen Maßnahmen gem. Art. 48 II 1 BV zu verlangen oder deren Verlängerung gem. Art. 48 II 2 BV zu bewirken[11, 12]. In der Zeit außerhalb der Tagung hat der Ausschuß schon deshalb nicht diese Rechte, weil zum Zweck ihrer Wahrnehmung der lediglich nicht versammelte LT selbst einberufen werden muß (Art. 48 II 1 BV). Jener kann bloß — etwa auf dem Wege des Art. 64 BV — bewirken, daß die Regierung ihre Verpflichtung erfüllt, die Einberufung des LT zu veranlassen. Da er in keinem Fall bindende Gesetzesbeschlüsse fassen darf (Art. 26 I 2 BV), zu denen auch solche negativer Art zählen, kann er nicht mit rechtsverbindlicher Kraft die Aufhebung von Notstandsmaßnahmen verlangen, welche als Rechtsverordnungen[13] aufzufassen sind. Dafür spricht auch das Wort „Behandlung" in Art. 26 I 1 BV, das dem Ausschuß zwar gestattet, sich mit den Maßnahmen nach Art. 48 I BV zu befassen, nicht aber endgültige Entscheidungen zu treffen. Aus den genannten Gründen ist es dem Ausschuß insbesondere verwehrt,

---

[9] Bayer. LT, Verh. des Zwischenausschusses, 1. Wahlp., 1. Sitzung, S. 1 ff.; ein weiterer Fall: Bayer. LT, Verh. des Zwischenausschusses, 2. Wahlp., 2. Sitzung (11. 7. 1951), S. 1 ff.
[10] Bayer. LT, Verh. des Zwischenausschusses, 1. Wahlp., 1. Sitzung, S. 126 u. 153.
[11] a. A. *Schweiger*, a.a.O.
[12] Die eben genannte Sitzung des Zwischenausschusses vom 31. 7. 1947 hatte trotz der bei ihrer Ankündigung gebrauchten Worte „Erklärung des Notstandes in Bayern" nichts mit Maßnahmen nach Art. 48 BV zu tun, s. Vors. *Stang* und damal. stellvertret. Ministerpräsident *Hoegner*, Bayer. LT, Verh. des Zwischenausschusses, 1. Wahlp., 1. Sitzung, S. 4 bzw. 5.
[13] *Schweiger*, a.a.O., Art. 48 Randnr. 5.

durch eine Bestätigung der getroffenen Maßnahmen ihre Geltung um einen Monat zu verlängern. Anders als Satz 1 verlangt Satz 2 von Art. 48 II BV zudem, daß der LT mit der Mehrheit seiner gesetzlichen Mitgliederzahl die getroffenen Maßnahmen bestätigt. Art. 26 BV ist demgegenüber nicht lex specialis[14]. Innerhalb des Tätigkeitszeitraums des Zwischenausschusses treten die Notstandsmaßnahmen infolgedessen nach Ablauf der ersten Woche automatisch außer Kraft.

Dem Überwachungsausschuß nach Art. 35 II WV, dem allerdings nicht ausdrücklich die Behandlung dringlicher Staatsangelegenheiten übertragen war[15], wurden von der h. M. ebenfalls keine Notstandsbefugnisse zugebilligt; der Ausschuß hatte hatte auch nicht die Machtbefugnis, die Außerkraftsetzung von Maßnahmen nach Art. 48 WV, die gar nicht von der Regierung, sondern vom Reichspräsidenten getroffen wurden, zu erzwingen[16]. Die Verbindung von Aufgaben eines Überwachungsausschusses mit denen eines Notstandsorgans erfolgte dagegen z. B. in dem Ausschuß nach Art. 26 der Preuß. Verfassung vom 30. 11. 1920, deren Art. 55 den „ständigen Ausschuß" ausdrücklich bei dem Erlaß von Notverordnungen mitwirken ließ[17].

§ 8 Die Rechte der Mitglieder des Zwischenausschusses

Die Organwalter des Zwischenausschusses haben auch außerhalb der Funktionszeit des Parlaments die Rechtsstellung von Abgeordneten[1]. Art. 49 GG (32 BV[2]) verlängert für sie die wichtigsten Vorschriften über

---

[14] Vgl. oben § 4 B IV 2; sowie *Schweiger*, a.a.O., Art. 48 Randnr. 4 a. E.: „nur der Landtag kann die Geltung nach Maßgabe des Abs. 2 verlängern".

[15] s. aber *Grau*, in: HdbDStR Bd. 2, S. 292: „Da aber die Verfassung den Ausschuß (sc. nach Art. 35 II WV) geschaffen hat, damit die Möglichkeit besteht, daß von ihm an Stelle des Reichstages dringende Aufgaben wahrgenommen werden..."

[16] *Straßburg*, S. 58 f.; *Anschütz*, WV Art. 35 Anm. 4; *Poetzsch-Heffter*, WV Art. 48 Anm. 17 und DJZ 35. Jg. (1930), Sp. 990; sowie JöR Bd. 21 (1933/34), S. 94; s. auch *Grau*, a.a.O.; vgl. dagegen *Hatschek*, Staatsrecht I, S. 706.

[17] Dazu *Waldecker*, Art. 26 Anm. 3 u. die Anm. zu Art. 55; *Straßburg*, S. 66 ff. mit weiteren Nachweisen; *Stier-Somlo*, AöR 9. Bd. (n. F.), S. 219 ff.; *Peters*, in: Graf Hue de Grais-Peters, S. 85 f. und Verw.-Arch. 31. Bd., S. 375 ff.

[1] *Tatarin-Tarnheyden*, in: HdbDStR Bd. 1, S. 424; vgl. *Schweiger*, in Nawiasky-Leusser u. a., BV Art. 32 Randnr. 2; die Ausschußmitglieder sind keine Beamten, *Straßburg*, S. 46; zur Rechtsstellung der Abg. s. etwa *Maunz*, in Maunz-Dürig, Art. 38 Randnrn. 9 ff.; *v. Mangoldt-Klein*, S. 887 ff.; *Praß*, DV 1949, S. 319 f.; *Hatschek*, Parlamentsrecht, S. 568 ff.; *Tatarin-Tarnheyden*, a.a.O., S. 413 ff.; zum „Status" des Abg.: *Köttgen*, in Gedächtnisschrift für W. Jellinek, S. 195 ff.

[2] s. auch § 20 I 3 GeschO LT.

den besonderen Schutz der Abgeordneten vor Eingriffen der anderen Staatsgewalten. Die Sicherung der Ausschußmitglieder und ihrer Stellvertreter wird insbesondere dem Zweck der Immunität gerechter als das entsprechende Vorrecht des Plenums, da dessen Funktionsfähigkeit weit weniger von der Strafverfolgung gegen einzelne Abgeordnete abhängt als diejenige des zahlenmäßig viel schwächeren und über die ersten Stellvertreter hinaus nicht ergänzbaren Ausschusses[3]. Art. 49 GG (32 BV) verfolgt nicht zuletzt den Zweck, die parlamentarische Kontrolle über die Regierung außerhalb der Funktionszeit des Parlaments gegen Störungen abzusichern[4].

Als Vorbild für Art. 49 GG[5] diente der durch das Gesetz zur Ergänzung der Reichsverfassung vom 22. Mai 1926[6] eingefügte Art. 40 a WV[7]. Die Einfügung hatte sich als notwendig erwiesen, weil sich in den ersten Jahren der Geltung der WV Meinungsverschiedenheiten darüber ergeben hatten, ob auf die Mitglieder des Überwachungsausschusses als solche die Vorschriften der Art. 36 bis 39 WV anzuwenden seien[8].

Der geschützte Personenkreis des Art. 49 GG (32 BV) umfaßt die Mitglieder des Zwischenausschusses und deren erste Stellvertreter[9]. Für sie gelten im einzelnen folgende Parlaments- oder Abgeordnetenprivilegien:

1. Immunität

Im Interesse der Funktionsfähigkeit des Kontrollorgans bewirkt Art. 49 GG (32 BV) i. V. m. Art. 46 II—IV GG (28 BV) in vollem Umfang eine Verlängerung der Immunität der Organwalter des Zwischenausschusses Negative Folge dieser Ausdehnung der Immunitätsbestimmungen kann allerdings sein, daß Parteien einzelne ihrer Mitglieder durch Entsendung in den Zwischenausschuß unter Umständen für mehrere Wahlperioden ohne Unterbrechung einer drohenden Strafverfolgung entziehen[10].

---

[3] Vgl. dazu *Beyer*, Immunität als Privileg, S. 56 ff.

[4] *Maunz*, a.a.O., Art. 49 Randnr. 1; *v. Mangoldt-Klein*, S. 997 (unter III 1).

[5] Neu gefaßt durch Art. I Ziff. 6 des Gesetzes zur Änderung des GG vom 19. 3. 1956 (BGBl I, S. 111) auf Grund der Einfügung von Art. 45 a GG. — Zur Entstehungsgeschichte s. *Füßlein*, in JöR Bd. 1 n. F. (1951), S. 378 f.; *Schneider*, in: Bonner Kommentar, Art. 49 Anm. I; *v. Mangoldt*, GG, Art. 49 Anm. 1 (S. 260 f.).

[6] RGBl I, S. 243.

[7] Vgl. *v. Mangoldt-Klein*, S. 997 (unter II 2); *Schneider*, a.a.O., Art. 49 Anm. II a.

[8] *Straßburg*, S. 43 f.; zu der damaligen Streitfrage selbst s. oben 1. Teil § 4 B I 4 a).

[9] *Maunz*, a.a.O., Art. 49 Randnr. 3; *v. Mangoldt-Klein*, S. 997 f. (unter III 2); *Schneider*, a.a.O., Art. 49 Anm. II b; § 20 I 3 GeschO LT; *Schweiger*, a.a.O., Art. 32 Anm. 3.

[10] *Heuß*, Parlamentsausschuß, S. 148; *Straßburg*, S. 44; *Lammers*, DJZ 29 (1924), Sp. 975; vgl. auch *Beyer*, a.a.O., S. 57.

Nach Art. 32 II BV wird in Immunitätsangelegenheiten die Mitwirkung des LT durch die Mitwirkung des Zwischenausschusses ersetzt. Dieser erteilt oder versagt also die Genehmigung in den Fällen des Art. 28 I und II BV und entscheidet über ein Verlangen gem. Art. 28 III BV. Der Ausschuß wirkt jedoch allein in solchen Immunitätssachen mit, welche die Mitglieder des Präsidiums und des Zwischenausschusses selbst sowie dessen erste Stellvertreter betreffen[11], da im übrigen die Immunität auf die Zeit während der Tagung beschränkt ist (Art. 32 I, 28 I BV).

Im Gegensatz zur BV sowie zur WV (s. Art. 40 a III WV) fehlt im GG eine entsprechende Regelung für ein Mitwirkungsrecht des „ständigen Ausschusses" in den Fällen des Art. 46 II bis IV GG. Man kann daher fragen, ob dem „ständigen Ausschuß" dieses Mitwirkungsrecht bezüglich seiner Mitglieder, nicht aber der übrigen Bundestagsabgeordneten[12], zusteht und ob die Aufhebung der Immunität von dem „ständigen Ausschuß" auch für die Mitglieder des Präsidiums und der Ausschüsse nach Art. 45 a GG beschlossen werden kann[13]. Der „ständige Ausschuß" hat das Mitwirkungsrecht[14], und zwar in dem letzteren, weiteren Sinn, weil er die parlamentarischen Rechte zu wahren hat und ihm hierfür grundsätzlich die Befugnisse des Parlaments zustehen. Da jenes Recht unmittelbar aus Art. 45 GG abgeleitet werden kann, ist nicht anzunehmen, daß durch das Weglassen einer dem Art. 40 a III WV entsprechenden Bestimmung eine Änderung der Rechtslage eintreten sollte. Die Institution der Immunitätsaufhebung bildet ein gewisses Gegengewicht gegen den Mißbrauch der Immunität. Ließe man die Aufhebung nicht zu, so käme der in Art. 49 GG genannte Personenkreis in den Genuß einer größeren Immunität als die Abgeordneten während der Funktionsdauer des Plenums.

2. Die weiteren Rechte

Die weiteren privilegierenden Vorschriften, welche für die Mitglieder des Zwischenausschusses und deren erste Stellvertreter gelten, betreffen die Indemnität (Art. 46 I GG; 27 BV[15]), das Zeugnisverweigerungsrecht

---

[11] *Schweiger*, a.a.O., Art. 32 Randnr. 4, Art. 26 Randnr. 4.

[12] Vgl. die von *Füßlein*, JöR n. F. Bd. 1, S. 370, zitierte Anm. zur Fassung des Allg. Redaktionsausschusses vom 25. 1. 1949; sowie *Koch*, Immunitätsfragen bei Beendigung der Wahlperiode des Deutschen Bundestages, Bulletin 1957, S. 1852 f. A. A. wohl *Model-Müller*, Erl. zu Art. 45.

[13] Vgl. die entspr. Zweifelsfrage vor Einfügung des Art. 40 a WV, *Lammers*, a.a.O., Sp. 974 Fußn. 1.

[14] Vgl. *Maunz*, a.a.O., Art. 45 Randnr. 12; bezügl. Art. 46 II u. III GG: *Dennewitz-Schneider*, in: Bonner Kommentar, Art. 45 Anm. II 1; *Hamann*, GG, Erl. zu Art. 45; *v. Mangoldt-Klein*, S. 953 (unter 4 b 3); Dr. *von Brentano*, Hauptausschuß Sten. Ber., S. 632; in bezug auf den Ausschuß nach Art. 35 II WV *Anschütz*, WV Art. 35 Anm. 6 a. E.; *Abicht*, S. 26.

[15] Zum sachlichen Geltungsbereich von Art. 27 BV vgl. StaatsGH Bremen, Entsch. vom 12. 7. 1967 — St 2/1966 — JuS 1967, S. 572 f. mit weiteren Nachweisen = DVBl 1967, S. 622.

(Art. 47 GG; 29 I BV), die Freiheit der Amtsübernahme und -ausübung (Art. 48 II GG; 30 BV), die Entschädigung (Art. 48 III 1 GG[16]; 31 BV[17]) und den Freiverkehr (Art. 48 III 2 GG[18]; 31 BV).

In bezug auf den Umfang der Verlängerung der genannten Privilegien ist zu differenzieren[19]. Die Verweisung durch Art. 49 GG (32 BV) auf die Vorschriften über Immunität, Freiheit der Amtsübernahme und -ausübung, Entschädigungsanspruch und Freifahrt bedeutet eine Verlängerung in vollem Umfang. Die Erstreckung der Bestimmungen über Indemnität auf die Mitglieder des Zwischenausschusses äußert nicht Wirkungen auf die Dauer des Strafausschließungsgrundes, denn dieser ist zeitlich ohnehin nicht begrenzt, sondern sie verlängert den Zeitraum, in dem eine Abstimmung vorgenommen und eine Äußerung getan[20] werden können, ohne daß dafür zu irgendeiner Zeit eine gerichtliche oder dienstliche Verfolgung befürchtet werden müßte. Entsprechendes gilt für das Zeugnisverweigerungsrecht[21]. Art. 49 GG (32 BV) bewirkt hier eine Verlängerung des Zeitraumes, in dem privilegierte Mitteilungen gemacht werden können, ohne daß über sie jemals vor Gericht ausgesagt zu werden bräuchte.

Von den *Pflichten* der Ausschußmitglieder sei die aus der analogen Anwendung des § 16 I GeschO BT folgende Verpflichtung hervorgehoben, an den Arbeiten des Zwischenausschusses teilzunehmen.

§ 9 Der Zwischenausschuß als parlamentarisches Hilfsorgan

Nach der Darstellung von Aufgaben und Befugnissen des Zwischenausschusses kann die Rechtsstellung des Ausschusses auf Grund der Funktion wie folgt präzisiert werden.

I. Kein Verfassungsorgan im funktionellen Sinn

Verfassungsorgane im funktionellen Sinn geben durch ihr Vorhandensein, ihren Aufbau, ihre Zuständigkeiten und ihr Zusammenwirken dem

---

[16] s. dazu Gesetz über die Entschädigung der Mitglieder des Bundestages (Diätengesetz 1968) vom 3. 5. 1968 (BGBl I, S. 334) sowie *v. Mangoldt-Klein*, S. 992 ff.
[17] Dazu Art. 12 Gesetz über die Aufwandsentschädigung der Abgeordneten des Bayer. LT vom 23. 12. 1965 (GVBl, S. 358) i. d. F. vom 24. 5. 1968 (GVBl, S. 152).
[18] s. § 17 I 5 Diätengesetz 1968.
[19] s. hierzu und zum folgenden *Maunz*, a.a.O., Art. 49 Randnr. 4.
[20] Letzteres gilt nicht für Bayern, vgl. Art. 27 BV.
[21] s. dazu auch *Maunz*, a.a.O., Art. 47 Randnr. 7.

Verfassungsgefüge ihr Gepräge. Sie können nicht hinweggedacht werden, ohne daß der Staat seine spezifische Verfassungsstruktur ändert[1]. Der Zwischenausschuß erfüllt nur die Merkmale des formellen, nicht des funktionellen Begriffs Verfassungsorgan. In der spezifischen Struktur des GG und der BV träte keine Änderung ein, wenn es für die meistens recht kurze parlamentslose Zeit die Institution Zwischenausschuß nicht gäbe. Auch deshalb wird die Bezeichnung „eigenständiges Verfassungsorgan" für den Ausschuß abgelehnt.

II. Kein Parlament

Der Zwischenausschuß ist kein Neben- oder Ersatzparlament[2], kein den BT (LT) ersetzendes (Notstands-)Organ, kein „kleiner Landtag"[3] und kein Rumpfparlament[4]. Diese Umschreibungen der verfassungsrechtlichen Stellung sind deshalb unzutreffend, weil der Ausschuß ein bloßes Unterorgan des Parlaments ist und nur auf einem Teilgebiet parlamentarischer Funktionen tätig wird. Unter den Funktionen der Volksvertretung[5] steht an erster Stelle die Gesetzgebung[6]. Dafür ist der Interimsausschuß gerade nicht zuständig. Selbst in seinem Aufgabenbereich, der Kontrolle über die Regierung, fehlen ihm die einschneidendsten, dem Plenum vorbehaltenen Befugnisse. Für die weiteren Funktionen des Parlaments, etwa die Berufung der Amtswalter anderer Institutionen, ist der Ausschuß ebenfalls nicht kompetent. — Durch den Zwischenausschuß soll das Parlamentsinterregnum nicht beseitigt, sondern nur gemildert werden[7].

---

[1] BVerfG JöR n. F. Bd. 6, S. 194 ff. (198); *Goessl,* Organstreitigkeiten, S. 96.

[2] *Schreyer,* S. 43 „eine Art Reichstagsersatz".

[3] So aber *Waldecker,* Art. 26 Anm. 1 für den „ständigen Ausschuß" nach Art. 26 Preuß. Verf., der im Gegensatz zu den hier behandelten Ausschüssen am Rechtssetzungsverfahren beteiligt war (Art. 55 Preuß. Verf.); aber auch da war alleiniger Träger des Notverordnungsrechts das Staatsministerium, *Straßburg,* S. 72. Bezieht man jenen Ausdruck ausschließlich auf die personelle Zusammensetzung, so besteht kein Unterschied zu den anderen Ausschüssen, *Maunz,* in Maunz-Dürig, Art. 45 Randnr. 4. Abg. *Zietsch,* Bayer. LT, Verh. des Zwischenausschusses, 1. Wahlp., 5. Sitzung (28. 11. 1950), S. 7: Der Zwischenausschuß ist „nicht die Vertretung des Landtags, sondern der Landtag".

[4] Vgl. *Piloty,* § 30 Anm. 6; Reichsinnenminister Freiherr *von Gayl* vor dem Überwachungsausschuß am 25. 7. 1932, abgedruckt bei *Poetzsch-Heffter,* JöR Bd. 21 (1933/34), S. 94; *Nawiasky,* Grundgedanken des GG, S. 91: „kein Ersatzorgan des fehlenden Bundestags"; *Maunz,* a.a.O.; *Dennewitz-Schneider,* in: Bonner Kommentar, Art. 45 Anm. II 1; *v. Mangoldt-Klein,* S. 952 (unter III 2); *Giese-Schunck,* Art, 45 Anm. II 3.

[5] Dazu *Nawiasky,* Staatsgesellschaftslehre, 1. Bd., S. 255 ff.

[6] *Nawiasky,* a.a.O., S. 255; *Möller,* RiA 1965, S. 81; vgl. *Ellwein-Görlitz,* S. 42; *Glum,* Struktur der BRD, S. 209; *Zacher,* JöR n. F. Bd. 15 (1966), S. 351 (für BV).

[7] *Abicht,* S. 37.

III. Parlamentarisches Hilfsorgan

Der Zwischenausschuß ist ein parlamentarisches Hilfsorgan[8]. Diese Bezeichnung gibt zutreffend die funktionelle Stellung[9] des Ausschusses wieder. Bereits auf Grund seiner kurzen Wirkungsdauer wird das Interimsorgan in erster Linie vorberatend und vorbereitend tätig; es unterstützt die Arbeit des Plenums. Diesem bleibt es vorbehalten, auf Grund des Kontrollergebnisses tiefgreifende Maßnahmen wie Erhebung einer Ministeranklage (Art. 59 BV) zu treffen. Die großen politischen Aufgaben sind der Zuständigkeit des Ausschusses entzogen. Dessen Funktionen dienen letztlich der Vorbereitung der eigentlichen Entscheidung durch das Plenum.

IV. Der Zwischenausschuß als Behörde

Behörden sind die organisatorischen Einheiten, die in einer gewissen Selbständigkeit hoheitlich in der Form tätig werden, daß sie auch nach außen Entscheidungen mit verbindlicher Wirkung treffen können, sie insbesondere als die Subjekte von Verwaltungsakten anzusehen sind[10]. Der Zwischenausschuß — ebenfalls das Parlament[11] — ist grundsätzlich keine Behörde[12]. Er kann aber die Behördeneigenschaft erhalten, wenn er bestimmte der ihm übertragenen parlamentarischen Hilfsakte vornimmt[13]. So wird der Ausschuß als Behörde tätig, wenn er die Strafverfolgung eines Ausschußmitglieds freigibt oder versagt[14]. Gleiches gilt in

---

[8] *Maunz*, a.a.O., Art. 45 Randnr. 4 a. E.; *Hamann*, GG, Erl. zu Art. 45; *Nawiasky*, Grundgedanken des GG, S. 91; *Dennewitz-Schneider*, a.a.O.; *v. Mangoldt-Klein*, a.a.O.; *Giese-Schunck*, a.a.O.; *v. Mangoldt*, GG, S. 251; so schon die h. M. in der Weimarer Zeit, etwa *Anschütz*, WV Art. 35 Anm. 4; *Finger*, Staatsrecht, S. 264; *F. Giese*, WV Art. 35 Anm. I 1.

[9] *Maurer*, Wehrbeauftragter, S. 19 f., versteht den durch Art. 45 b GG in das GG aufgenommenen Begriff „Hilfsorgan" nicht organisationsrechtlich, sondern funktionell; zum Begriff „Hilfsorgan" s. weiter *Maunz*, a.a.O., Art. 40 Randnr. 5; *Kipp*, DÖV 1957, S. 513 ff.; *Wolff*, Verwaltungsrecht II, § 75 I e 2 (S. 62).

[10] Dazu *Wolff*, Verwaltungsrecht II, § 76 I (S. 74 ff.); *Forsthoff*, Verwaltungsrecht 1. Bd., S. 411; BVerfGE 10, 20 (48); *Bachof*, Teilrechtsfähige Verbände, AöR Bd. 83, S. 253, 254 (Fußn. 56).

[11] *Maunz*, a.a.O., Art. 38 Randnr. 8; *v. Mangoldt-Klein*, S. 871 mit weiteren Nachweisen, Bay VerfGHE n. F. 10, 20 (23); 12, 119 (122) mit weiteren Nachweisen; *Schweiger*, a.a.O., Art. 13 Randnr. 3.

[12] Vgl. *Straßburg*, S. 46.

[13] *F. Giese*, WV Art. 35 Anm. II 1: Die Ausschüsse nach Art. 35 WV „tragen aber behördlichen Charakter und besitzen obrigkeitliche Befugnisse, insbesondere das selbständige Beweiserhebungsrecht und das unittelbare Requisitionsrecht". Für den BT *Maunz*, a.a.O.; vgl. für den LT Bayer. VerfGHE n. F. 12, 119 (122).

[14] Vgl. für den BT *Maunz*, a.a.O., Art. 38 Randnrn. 4 und 8; für den LT Bay VerfGHE n. F. 1, 38; der Bay VerfGH vertritt aber den gegenteiligen Standpunkt in Bay VerfGHE n. F. 5, 216; wieder wie in Bd. 1: BayVBl 1966, S. 128.

IV. Der Zwischenausschuß als Behörde

bezug auf die Behandlung von Petitionen durch den Ausschuß[15]. Dieser nimmt schließlich obrigkeitlich-vollziehende Funktionen wahr, welche ihn zur Behörde machen, wenn er die Rechte eines Untersuchungsausschusses ausübt[16].

---

[15] Vgl. Bay VerfGHE n. F. 10, 20 (bezüglich des LT); kritisch hierzu *Dürig*, in Maunz-Dürig, Art. 17 Randnr. 81.
[16] Vgl. *F. Giese*, a.a.O.; *Hubrich*, S. 76; *Waldecker*, Preuß. Verf. Art. 26 Anm. 1 („behördenähnliche Stellung"); *Möller*, RiA 1965, S. 84; a. A. *Straßburg*, S. 46; s. auch *Lammers*, Parlamentarische Untersuchungsausschüsse, in: HdbDStR Bd. 2, S. 460 f.

Dritter Teil

Die Bestellung, die Organisation und das Verfahren des Zwischenausschusses

§ 1 Bestellung und Zusammensetzung

1. Bestellung

Aus der Formulierung „der Bundestag bestellt..." in Art. 45 I 1 GG und „der Landtag bestellt..." in Art. 26 I 1 BV folgt für das konkrete Parlament die verfassungsrechtliche Pflicht, den Zwischenausschuß einzusetzen[1]. Dieser ist ein obligatorisches Unterorgan des Parlaments[2]. Während § 26 I GeschO RT bestimmt hatte, daß der Ausschuß für die Wahrung der Rechte der Volksvertretung nach den Vorstandswahlen eingesetzt werde[3], fehlen im GG und in der GeschO BT, in der BV und der GeschO LT Vorschriften über den Zeitpunkt der Bestellung. Nach der bisherigen Praxis des BT wurde der „ständige Ausschuß" zu Beginn einer Wahlperiode eingesetzt[4]. Im Bayerischen LT erfolgte die Bestellung zu verschiedenen Zeitpunkten. In der ersten Wahlperiode 1946/50 wurde der Zwischenausschuß ebenfalls zu Beginn und für die gesamte Legislaturperiode, in der zweiten Wahlperiode 1950/54 jeweils am Ende einer Tagung eingesetzt. Nach der faktischen Gleichsetzung von Tagung und Wahlperiode durch § 97 I GeschO LT vom 27. 10. 1954 erfolgte die Bestellung von der dritten Wahlperiode 1954/58 an einmalig (§ 20 I 2 GeschO LT) am Ende einer Wahlperiode.

---

[1] *Schlochauer*, Öffentliches Recht, S. 57; *Praß*, DV 1949, S. 319; *Troßmann*, Parlamentsrecht, S. 28; *Schäfer*, Bundestag, S. 106; *Maunz*, in Maunz-Dürig, Art. 45 Randnr. 3; *Seifert-Geeb-Steiniger*, I A 10 Erl. zu Art. 45 (S. 140 d); *Giese-Schunck*, Art. 45 Anm. II 1; *v. Mangoldt*, GG, Art. 45 Anm. 2; *v. Mangoldt-Klein*, S. 952 (unter II 1); *Model-Müller*, Erl. zu Art. 45; *Schweiger*, in Nawiasky-Leusser u. a., BV Art. 26 Randnr. 3; ebenso für Art. 35 II WV: *Perels*, in: HdbDStR Bd. 1, S. 454; *Straßburg*, S. 26 ff.; *Heuß*, Parlamentsausschuß, S. 129; *F. Giese*, WV Art. 35 Anm. II 1; *Hubrich*, S. 76; *Anschütz*, WV Art. 35 Anm. 2.

[2] *Maunz*, a.a.O., Art. 40 Randnr. 7.

[3] Vgl. *Straßburg*, S. 27.

[4] s. Anlage 1.

2. Stärke und Zusammensetzung

Die Stärke des „ständigen Ausschusses", die ebenfalls wie die Zusammensetzung im GG nicht geregelt ist, bestimmt gem. §§ 60 I 3, 68 I GeschO BT der (alte) BT[5]. Außer in der 2. Wahlperiode (31 Mitglieder) wurden bisher jeweils 27 Ausschuß-Mitglieder eingesetzt[6]. Die Stärke des bayerischen Zwischenausschusses bestimmt nach der speziellen Vorschrift des § 20 I 1 GeschO LT ebenfalls das Parlament. Die Zusammensetzung beider Interimsausschüsse ist im Verhältnis der Stärke der einzelnen Fraktionen vorzunehmen (§§ 12.1, 60 I 2 GeschO BT; § 20 II GeschO LT). Für die Berechnung der Stellenanteile der Fraktionen im Verhältnis der Stärke der einzelnen Fraktionen wird das d'Hondtsche Verfahren angewandt[7]. Der Zwischenausschuß ist danach ein verkleinertes Spiegelbild des Plenums[8].

3. Die Ausschußmitglieder

Die Ausschußmitglieder und deren Stellvertreter werden von den Fraktionen nach ihrem Anteil benannt (§ 68 II GeschO BT; § 20 I 2 GeschO LT)[9]. Im Verhältnis zu den sonstigen Parlamentsausschüssen ist die Bestellung von Stellvertretern für die Mitglieder der Interimsausschüsse besonders wichtig, weil nach Ende der Wahlperiode oder Schließung der Tagung Mitglieder des Zwischenausschusses nicht mehr ernannt werden können[10].

Zu Organwaltern des Zwischenausschusses dürfen nur, allerdings nicht alle Mitglieder des Parlaments bestellt werden. Regierungsmitglieder können gleichzeitig Abgeordnete sein[11]. Es wäre mit dem Sinn von Art. 45 GG (26 BV) unvereinbar, wenn sie dem Zwischenausschuß angehörten; dies würde Kontrolle durch den Kontrollierten bedeuten[12].

Eine weitere Inkompatibilität normiert § 20 III GeschO LT, wonach in Bayern der Landtagspräsident und die Vizepräsidenten des LT dem Zwischenausschuß nicht angehören dürfen. § 20 III GeschO LT gibt selbst den Grund für dieses Verbot an durch den Hinweis auf Art. 44 III BV, nach dessen Satz 4 der Landtagspräsident nach einem Rücktritt der

---

[5] *Maunz*, a.a.O., Art. 45 Randnr. 6; *v. Mangoldt-Klein*, S. 953; *Ritzel-Koch*, § 131 Anm. 4; *Schmidt-Bleibtreu-Klein*, Art. 45 Randnr. 1; *Hamann*, GG, Erl. zu Art. 45; vgl. auch § 28 I GeschO RT und *Perels*, in: HdbDStR Bd. 1, S. 454.
[6] s. Anlage 1.
[7] Vgl. § 68 I GeschO BT; *Ritzel-Koch*, § 12 Anm. 2 ff., § 68 Anm. 2; *Lohmann*, Bundestag, S. 75; § 20 II GeschO LT; Abg. *Simmel*, Bayer. LT, Ausschuß für die GeschO, II. Wahlperiode, 1. Lesung, 4. Beratung Nr. 40 (24. 5. 1954), S. 12.
[8] s. dazu *Straßburg*, S. 31.
[9] So auch § 28 II GeschO RT; dazu *Straßburg*, S. 30 f.; *Perels*, a.a.O., S. 454 f.
[10] Vgl. *Straßburg*, S. 33 und 35 f.
[11] s. etwa *v. Mangoldt-Klein*, S. 1201 f.; *Maunz*, a.a.O., Art. 38 Randnr. 16.
[12] *Straßburg*, S. 34.

Staatsregierung Regierungsfunktionen ausübt[13]. Im Gegensatz hierzu ist es seit dem BT der 2. Wahlperiode Übung, daß der Bundestagspräsident dem „ständigen Ausschuß" angehört, obwohl weder das GG noch die GeschO BT dies vorschreiben[14].

4. Konstituierung und Vorsitz

Die Konstituierung des Zwischenausschusses erfolgt spätestens bei einem Tätigwerden des Ausschusses in seiner ersten Sitzung. — Der Vorsitzende des „ständigen Ausschusses" und sein Stellvertreter werden nicht gewählt, sondern nach den Vereinbarungen im Ältestenrat vom Ausschuß bestimmt[15]. Auf Grund der Mitgliedschaft des Bundestagspräsidenten im Ausschuß ist allerdings de facto entschieden, daß dieser den Vorsitz führt[16]. Dagegen wählt der bayerische Zwischenausschuß selbst für die Dauer seines Bestehens aus seinen ordentlichen Mitgliedern einen Vorsitzenden und dessen ersten und zweiten Stellvertreter (§ 21 GeschO LT).

§ 2 Geschäftsordnung und Geschäftsgang

I. Geschäftsordnung

Die Geschäftsordnung des Parlaments regelt — in Bayern sogar ausdrücklich — die Bestellung des Zwischenausschusses. Dies ist möglich, weil die Volksvertretung kraft der Verfassung das Recht und die Pflicht zur Bestellung des Interimsorgans hat, und diese zu einer Zeit erfolgt, in der ein konkretes Parlament besteht. Davon abgesehen fehlen aber unmittelbar geltende Vorschriften über die innere Ordnung des Zwischenausschusses, nämlich Normen, welche zu den die Organ-Kompetenz bestimmenden Vorschriften der Verfassung treten und u. a. das Verfahren innerhalb des Kollegialorgans näher bestimmen[1].

---

[13] Vgl. *Schweiger*, a.a.O., Art. 26 Randnr. 3; Abg. *v. Prittwitz* und *Gaffron*, Bayer. LT, Ausschuß für die GeschO, II. Wahlperiode, 1. Lesung, 4. Beratung Nr. 40 (24. 5. 1954), S. 11. Es mußte daher ein neuer Ausschußvorsitzender gewählt werden, als der bisherige Vorsitzende Präsident des LT wurde, s. Bayer. LT, Verh. des Zwischenausschusses, 1. Wahlp., 3. Litzung (9. 11. 1950).
[14] *Troßmann*, Parlamentsrecht, S. 29.
[15] § 69 I GeschO BT; dazu *Ritzel-Koch*, § 69 Anm. 1; *Lechner-Hülshoff*, § 69 Anm. 1; *Lohmann*, Bundestag, S. 75 f.; zum Stellenanteil der Fraktionen s. § 12 GeschO BT und *Ritzel-Koch*, § 69 Anm. 2 und § 10 Anm. 6 b; *Lechner-Hülshoff*, a.a.O.
[16] *Troßmann*, a.a.O.
[1] a. A. wohl *Straßburg*, S. 39, der die grundsätzliche Geltung der GeschO RT

I. Geschäftsordnung

1. Keine unmittelbare Geltung der Geschäftsordnung des Parlaments für den Zwischenausschuß

Die unmittelbare Geltung der Geschäftsordnung des Parlaments für den Zwischenausschuß zwischen zwei Wahlperioden oder nach Auflösung des Parlaments scheitert einmal daran, daß die Geschäftsordnung allein die inneren Angelegenheiten des Parlaments regelt; sie ist nicht in der Lage, andere Staatsorgane zu binden[2]. Sie ist die Geschäftsordnung des Parlaments in seiner jeweiligen Zusammensetzung; denn jeder neue BT und jeder neue LT entscheidet selbst über sein Verfahren[3]. Die Bindung lediglich der Mitglieder und Organe des (konkreten) Parlaments folgt aus der Rechtsnatur der Geschäftsordnung als einer autonomen Satzung[4]. Der Zwischenausschuß ist zwischen zwei Wahlperioden aber nicht Organ eines konkreten Parlaments, sondern Organ des Parlaments als Institution. Zum anderen spricht gegen die unmittelbare Geltung der Geschäftsordnung der Volksvertretung für den zwischen zwei Wahlperioden tätigen Ausschuß ein mit dem genannten eng zusammenhängender Grund: die Wirkung der Geschäftsordnung endet mit der Legislaturperiode[5], also genau dann, wenn der Tätigkeitszeitraum des Interimsorgans beginnt. — In bezug auf den bayerischen Zwischen*tagungs*ausschuß — einem Unterorgan des konkreten LT — bestehen diese Einwände nicht.

Es ist dem Zwischenausschuß aber unbenommen, daß er die einschlägigen Vorschriften der Geschäftsordnung des Parlaments übernimmt[6]. Die Übernahme kann auch stillschweigend geschehen[7].

---

für den Ausschuß nach Art. 35 II WV voraussetzt: § 26 GeschO RT ordnete den Ausschuß nach Art. 35 II WV den für die Ausschüsse schlechthin geltenden Vorschriften unter. — Zum Verhältnis der Geschäftsordnung von Kollegialorganen zu anderen Normengruppen s. etwa *Wolff*, Vertretung, S. 244; *Thoma*, in: HdbDStR Bd. 2, S. 615.

[2] *Maunz*, in Maunz-Dürig, Art. 40 Randnr. 18 mit ausführlichen Nachweisen in Fußn. 3; *Kl. Arndt*, S. 110 ff.; *Perels*, in: HdbDStR Bd. 1, S. 449; *Laband*, Staatsrecht I, S. 344 f.

[3] Vgl. *Kl. Arndt*, S. 126 ff. mit weiteren Nachweisen; *Perels*, a.a.O., S. 450; *Laband*, a.a.O., S. 345.

[4] Vgl. *Schweitzer*, NJW 1956, S. 86 („aus ihrer autonomen Natur"); *Schweiger*, in Nawiasky-Leusser u. a., BV Art. 20 Randnr. 16. Zur rechtl. Natur der GeschO als autonomer Satzung (h. M.) s. etwa *Maunz*, a.a.O., Art. 40 Randnr. 21 mit weiteren Nachweisen; *Koellreutter*, Staatsrecht, S. 186 f.; *Perels*, a.a.O., S. 449 f.; ders., Reichstagsrecht, S. 3; *Kl. Arndt*, S. 136 ff. mit weiteren Nachweisen; aber auch *Schweitzer*, a.a.O., S. 85 ff.; *Altmann*, DÖV 1956, S. 751 ff., je mit weiteren Nachweisen.

[5] *Schweitzer*, a.a.O., S. 85; *Maunz*, a.a.O., Art. 40 Randnr. 19 mit ausführl. Nachweisen in Fußn. 4; *Kl. Arndt*, S. 126 ff. mit weiteren Nachweisen; BVerfGE 1, 144 ff. (148); *Schweiger*, a.a.O., Art. 20 Randnr. 14.

[6] Vgl. *Maunz*, a.a.O., mit weiteren Nachweisen.

[7] Vgl. *Maunz*, a.a.O., mit weiteren Nachweisen; *Schweiger*, a.a.O.; vgl. auch *Perels*, a.a.O., S. 450; *Laband*, Staatsrecht I, S. 345 Fußn. 2.

2. Die „Ständigkeit" der Ausschüsse nach Art. 45 GG und § 61 GeschO BT

Die unmittelbare Geltung der GeschO BT für den „ständigen Ausschuß" nach Art. 45 GG folgt nicht aus § 61 GeschO BT; für die hier ebenfalls „ständige Ausschüsse" genannten Fachausschüsse sind die §§ 60 ff. GeschO BT verbindlich. Die Bezeichnung „ständig" hat im GG und in der GeschO BT je einen anderen Sinn[8]. Der Ständigkeit in Art. 45 GG können verschiedene Bedeutungen beigemessen werden[9]. Einmal bringt sie bei rein zeitlicher Betrachtungsweise zum Ausdruck, daß der Ausschuß den Schluß der Legislaturperiode überdauert, also eine Ausnahme vom Grundsatz der Diskontinuität darstellt[10]. Zum anderen kann der Begriff in einem funktionellen Sinn zum Inhalt haben, daß der Ausschuß die ständige Wahrung der Rechte des Parlaments ermöglicht. Schließlich wird die Bedeutung der Ständigkeit darin gesehen, daß jedes neue Parlament die verfassungsrechtliche Pflicht hat, den Zwischenausschuß zu bestellen[11]. Demgegenüber ist in § 61 GeschO BT mit „ständig" gemeint, daß die so bezeichneten Ausschüsse dauernd, d. h. während der gesamten Wahlperiode, grundsätzlich nicht aber darüber hinaus, auf abgegrenzten, möglichst den Geschäftsbereichen der Fachministerien entsprechenden Sachgebieten tätig werden[12]. Den Gegensatz hierzu bilden die „Sonderausschüsse", die der BT für einzelne Angelegenheiten einsetzt und nach deren Erledigung wieder abschafft (§ 61.2 GeschO BT). Gemeinsam ist diesen beiden Fachausschüssen, daß ihre Einsetzung grundsätzlich in das Belieben des Parlaments gestellt ist[13]. — Trotz des gleichen Namens bestehen also viele Unterschiede; der „ständige Ausschuß" nach Art. 45 GG zählt deshalb nicht zu den „ständigen Ausschüssen" i. S. des § 61 GeschO BT[14].

3. Anwendbarkeit der Vorschriften der Geschäftsordnung über die Ausschüsse

Der Zwischenausschuß teilt allerdings Merkmale, die ihn von den geschäftsordnungsmäßigen Fachausschüssen unterscheiden, mit zwei als Fachausschüsse und Unterorgane des BT anerkannten Institutionen, dem Ausschuß für auswärtige Angelegenheiten und dem Verteidigungsaus-

---

[8] Auch deshalb ist die Bezeichnung „ständiger Ausschuß" für das Interimsorgan abzulehnen. Diese Benennung ist aber auch für die Ausschüsse nach § 61 GeschO BT mißverständlich, v. *Mangoldt-Klein*, S. 901.
[9] Vgl. auch *Dennewitz-Schneider*, in: Bonner Kommentar, Art. 45 Anm. II 2.
[10] So *Maunz*, in Maunz-Dürig, Art. 45 Randnr. 1.
[11] *Giese-Schunck*, Art. 45 Anm. II 1; ebenso für die Ausschüsse nach Art. 35 WV *Straßburg*, S. 26 f.
[12] Vgl. *Lohmann*, Bundestag, S. 73; *Troßmann*, Bundestag, S. 34 f.
[13] *v. Mangoldt-Klein*, S. 911; *Dürig*, in Maunz-Dürig, Art. 45 a Randnr. 1.
[14] *Lohmann*, a.a.O.; *Troßmann*, Parlamentsrecht, S. 28 und 234; ders., Bundestag, S. 42; für Art. 35 II WV *Abicht*, S. 13

schuß¹⁵. Beide Ausschüsse müssen ebenfalls von Verfassungs wegen bestellt werden und sind —allerdings zusätzlich — für die Zeit zwischen zwei Wahlperioden zuständig. Dennoch sind die §§ 60 ff. GeschO BT auf sie anwendbar¹⁶. Gem. § 60 II 2 GeschO BT sind die Ausschüsse „vorbereitende Beschlußorgane des Bundestages"; sie durften sich bis 1969 grundsätzlich nur mit den ihnen überwiesenen Gegenständen befassen (§ 60 III GeschO BT a. F.)¹⁷. Tatsächlich sind aber auch in diesem Punkt die Unterschiede zwischen den übrigen Ausschüssen und dem Zwischenausschuß nicht grundsätzlicher Natur. Einerseits hat dieser gleichfalls vorbereitende Funktionen¹⁸, wenn ihm auch vom Plenum keine Gegenstände überwiesen werden. Andererseits üben die übrigen Parlamentsausschüsse ebenfalls parlamentarische Kontrolle aus¹⁹ und manche von ihnen befassen sich nicht nur mit den ihnen überwiesenen Gegenständen, was nach der Änderung der GeschO BT vom 25. 6. 1969 im Rahmen von § 60 II 3 GeschO BT nunmehr zulässig ist, und treten im Verhältnis zur Regierung oft an die Stelle des BT²⁰. Wenn § 60 GeschO BT (vor allem in seiner alten Fassung) bereits den übrigen Ausschüssen zu einseitig eine bloße Vorbereitungsfunktion zuteilt²¹, so sind diese Bestimmungen mit der Rechtsstellung und den Funktionen des Interimsausschusses erst recht nicht vereinbar, wohl aber die weiteren Vorschriften der GeschO über die Ausschüsse.

Nach § 71 GeschO BT und § 46 GeschO LT gelten grundsätzlich die für die Vollversammlung maßgeblichen Vorschriften der GeschO für die Ausschüsse entsprechend, und zwar insoweit, als nicht ausdrücklich etwas anderes bestimmt ist oder als sie anwendbar sind²². Auch der Zwischenausschuß kann die allgemeinen Geschäftsordnungsgrundsätze — soweit es seine besondere Natur erlaubt²³ — anwenden, zumal er bestimmte Funktionen hat, die während der Wahlperiode das Parlament insgesamt ausübt.

II. Das Verfahren im einzelnen

1. Einberufung

Wo die Verfassung einem Organ Aufgaben zuweist, stellt ihre Erfüllung nicht nur ein Recht, sondern auch eine Pflicht dar. Auch wenn

---
¹⁵ Vgl. *Dürig*, in Maunz-Dürig, Art. 45 a Randnrn. 1 und 3; *v. Mangoldt-Klein*, S. 955.
¹⁶ *Dürig*, a.a.O., Art. 45 a Randnrn. 5 und 7.
¹⁷ Dazu *Goltz*, DÖV 1965, S. 615 f.
¹⁸ Oben 2. Teil § 2 II 3 b und § 6 I.
¹⁹ Oben 2. Teil § 3 unter 1.
²⁰ *Lohmann*, Bundestag, S. 76 ff. und 82 f.
²¹ Oben 2. Teil § 3 unter 1.
²² *Ritzel-Koch*, § 71 Anm. 2; *Hatschek*, Parlamentsrecht, S. 235 (betr. die Kommissionen des kaiserl. RT).
²³ Vgl. *Straßburg*, S. 39.

zutreffend in der parlamentarischen Kontrolle eine Pflicht gesehen wird, so ist diese im Einzelfall doch schwer feststellbar. Um so wichtiger erscheint es, daß auch eine Ausschußminderheit wenigstens die Einberufung des Zwischenausschusses verlangen kann, wenn eine sich mit der Regierung verbunden fühlende Ausschußmehrheit lieber untätig bleiben will.

Der Vorsitzende des Zwischenausschusses beruft die Sitzungen ein und gibt Ort, Zeit und Tagesordnung bekannt[24]. Nach § 38 I GeschO LT muß der Vorsitzende auf Verlangen von einem Viertel der Mitgliederzahl des Ausschusses binnen zwei Wochen eine Ausschuß-Sitzung einberufen, wenn mindestens ein Tagungsordnungspunkt vorliegt. Eine ähnliche, auf den Zwischenausschuß des BT anwendbare Vorschrift fehlt in der GeschO BT[25]. Aus dem genannten Grund ist auf den Ausschuß nach Art. 35 II WV als Vorbild hinzuweisen, der in seiner Sitzung vom 6. Juli 1921 beschloß, daß der Antrag von zwei Ausschußmitgliedern einen für den Vorsitzenden zwingenden Einberufungsgrund bilde[26]. Die Praxis der Weimarer Zeit hat jedoch gezeigt, daß die Rechtsgarantien für die Einberufung ungesichert geblieben sind[27].

In diesem Zusammenhang sei schließlich auf einen Vorgang in der Endphase des Weimarer Reichstags hingewiesen[28]. Nach Auflösung des 5. Reichstags weigerte sich der damalige Vorsitzende des Überwachungsausschusses entgegen dem Willen der Ausschußmehrheit, den Ausschuß einzuberufen. Auf die Weigerung antwortete Reichstagspräsident *Löbe* u. a.: „Da es ein völlig unhaltbarer Zustand ist, daß der wichtigste Ausschuß des Reichstages, der die Rechte der Volksvertretung in der parlamentslosen Zeit wahrnehmen soll, einfach außer Kraft gesetzt wird, weil der Vorsitzende ihn nicht einberuft, habe ich, da ein Stellvertreter zur Zeit nicht vorhanden ist[29], das an Jahren älteste Mitglied ersucht, die Einberufung zu veranlassen..." Gemäß diesem Ersuchen, das auf Art. 27 RV und § 19 GeschO RT gestützt wurde, trat der Ausschuß unter dem Vorsitz des ältesten Mitglieds zusammen.

2. Öffentlichkeit

Die Sitzungen des Ausschusses nach Art. 45 GG sind anders als die des Plenums (Art. 42 I GG, § 23 GeschO BT) grundsätzlich nicht öffentlich

---

[24] Vgl. *Ritzel-Koch*, § 69 Anm. 3; *Lohmann*, Bundestag, S. 79; § 38 GeschO LT.
[25] Eine entspr. Anwendung von § 25 II GeschO BT (Art. 39 III 3 GG) wird durch § 71 GeschO BT nicht gedeckt.
[26] s. *Straßburg*, S. 39; *Schreyer*, S. 64.
[27] *Heuß*, Parlamentsausschuß, S. 148.
[28] Abgedruckt bei *Poetzsch-Heffter*, JöR Bd. 21 (1933/34), S. 95 f.; vgl. auch *Schreyer*, S. 140 ff.
[29] Der Ältestenrat hatte im Febr. und Okt. 1931 beschlossen, die stellvertretenden Ausschuß-Vorsitzenden zur Sitzungseinberufung zu ermächtigen,

(§ 73 I GeschO BT)[30]. Ihnen können öffentliche Informationssitzungen vorangehen, zu denen Sachverständige, Interessenvertreter und andere Auskunftspersonen geladen werden (§ 73 II GeschO BT)[31]. Die Erklärung zu einem sog. geschlossenen Ausschuß[32] (§ 73 IV 2 GeschO BT) erübrigt sich, da außer den ordentlichen und stellvertretenden Ausschußmitgliedern die Organwalter des alten BT mit dem Ende der Wahlperiode ihre Abgeordnetenstellung[33] und damit das Recht zur Teilnahme als Zuhörer (§ 73 IV 1 GeschO BT) ohnehin verloren haben. Für einen Beratungsgegenstand oder für Teile desselben kann der Ausschuß die Geheimhaltung oder die Vertraulichkeit beschließen (§ 73 VI GeschO BT)[34].

Dagegen sind die Sitzungen des bayerischen Zwischenausschusses wie diejenigen des LT selbst (Art. 22 I BV) öffentlich[35]. Ausnahmen sind durch einfachen Mehrheitsbeschluß (nach § 32 I 2 GeschO LT) möglich[36]. Das Recht jedes Abgeordneten, auch bei nichtöffentlichen Sitzungen des Zwischenausschusses anwesend zu sein (§ 32 III GeschO LT), kommt für die Zeit außerhalb der Tagung in Betracht.

3. Weitere Verfahrensregeln

Beschlußfähig ist der Zwischenausschuß, wenn mehr als die Hälfte seiner Mitglieder anwesend sind[37]. In diesem Zusammenhang braucht nicht auf weitere Einzelheiten eingegangen zu werden, da der Geschäftsgang im Zwischenausschuß weitgehend mit demjenigen der übrigen Parlamentsausschüsse übereinstimmt[38].

---

wenn die Vorsitzenden sich an der Parlamentsarbeit nicht beteiligen, vgl. *Schreyer*, S. 134 f.

[30] Dazu *Lohmann*, a.a.O., S. 78 f.; *Straßburg*, S. 41; *Perels*, in: HdbDStR Bd. 1, S. 455; vgl. demgegenüber *Poetzsch-Hefter*, WV Vorbem. zu Art. 34, 35 (S. 181); *Bäumlin*, S. 317 f.
[31] Dazu *Ritzel-Koch*, § 73 Anm. 1.
[32] s. *Lohmann*, a.a.O., S. 78.
[33] Vgl. *Tatarin-Tarnheyden*, in: HdbDStR Bd. 1, S. 424.
[34] Dazu *Ritzel-Koch*, § 73 Anm. 4.
[35] *Nawiasky-Leusser*, BV (1. Aufl.) Erl. zu Art. 26 (S. 104); vgl. § 32 I 1 GeschO LT; im Untersuchungsverfahren: Art. 26 II, 25 III BV, § 50 II GeschO LT.
[36] Über Geheimhaltung s. §§ 33 f. GeschO LT; *Schweiger*, in Nawiasky-Leusser u. a., BV Art. 20 Randnr. 17 und Art. 22 Randnr. 4.
[37] §§ 71, 49 I GeschO BT; dazu *Lohmann*, a.a.O., S. 80; § 37 GeschO LT.
[38] Vgl. etwa *Straßburg*, S. 39 ff.; *Lohmann*, a.a.O., S. 79 f.; *Hatschek*, Parlamentsrecht, S. 227 ff.

Schlußbetrachtung

Staatspolitische Zweckmäßigkeit des Zwischenausschusses

„Und zum Überfluß, als ob eine heutige ohnehin genossenschaftlich orientierte Reichsregierung nicht Fleisch vom Fleisch, nicht Blut vom Blut des Reichstags wäre, gibt es auch noch eigene Organe, um die Reichsregierung an einer kurzen Leine zu halten...[1]." Mit solchen und ähnlichen Worten wurde von manchen zu Beginn der Weimarer Zeit der ständige Ausschuß zur Wahrung der Rechte der Volksvertretung als Anachronismus verworfen. Denn — so wurde argumentiert — während die landständischen Ausschüsse in der konstitutionellen Frühzeit erstanden seien, als Parlament und Regierung sich vollkommen selbständig und einigermaßen feindlich gegenübergestanden hätten, gäbe es nunmehr keine Regierung, die nicht das Vertrauen des Parlaments besitzen müßte[2].

Diese prinzipielle Ablehnung der Existenzberechtigung des Zwischenausschusses beruht jedoch auf einer unzutreffenden Beurteilung des Verhältnisses zwischen Parlament und Regierung. Die Regierung wird zwar im parlamentarischen Regierungssystem von den gleichen politischen Kräften getragen, welche die Mehrheit im Parlament innehaben; das bedeutet aber nicht, daß die Bundesregierung oder die bayerische Staatsregierung zu einem Vollzugsausschuß des Parlaments herabsänke[3]. Der

---

[1] *Wittmayer*, WV, S. 320 f.
[2] *Preuß*, RT Verh. Bd. 336, S. 267 (Verf. A.); Abg. *v. Delbrück*, ebd., S. 455; Abg. *Heinze*, RT Verh. Bd. 327, S. 1291 D, 1292 C; Abg. *Schücking*, ebd., S. 1293 D; *Preuß*, ebd., S. 1296 C; *F. Giese*, WV Art. 35 Anm. II 4; *v. Freytagh-Loringhoven*, WV, S. 116, 118; *Stier-Somlo*, in: HdbDStR Bd. 1, S. 410; *Preuß*, JöR Bd. X (1921), S. 267; *Nawiasky*, Bayer. Verfassungsrecht, S. 78, 136; vgl. *Straßburg*, S. 18 mit weiteren Nachweisen.
[3] Vgl. etwa *Friesenhahn*, VVDStRL H. 16, S. 33 ff. mit weiteren Nachweisen, sowie S. 67 Leits. 12; *Schmitt*, Verfassungslehre, S. 212, 266 f. u. 304 mit weiteren Nachweisen; *Leibholz*, Wesen der Repräsentation, S. 79 ff.; ders., Strukturprobleme, S. 298 f. u. 160 ff.; *Goltz*, DÖV 1965, S. 609 u. 611; *Schanze*, AöR Bd. 42 (1922), S. 257 ff.; *F. Giese*, Parlament und Regierung, DÖV 1957, S. 638; *Schmid*, Der Deutsche BT in der Verfassungswirklichkeit, in Festschrift Schoettle (1964), S. 283; *Bäumlin*, S. 173; *v. Mangoldt*, Regierung und Parlament, S. 823; *Hoegner*, Bayer. Verfassungsrecht, S. 82; *Schweiger*, in Nawiasky-Leusser u. a., BV Art. 43 Randnr. 4; *Kratzer*, BayVBl 1962, S. 297. s. auch oben 2. Teil § 4 B I (Regierung ist nicht an parlamentarische Weisungen gebunden).

Volksvertretung stehen nicht die Entschlüsse über das Handeln zu, sondern nur dessen Kontrolle. Das parlamentarische Regierungssystem entfaltet seine besonderen Vorzüge, wenn ein gesundes Spannungsverhältnis zwischen beiden obersten Staatsorganen erhalten bleibt. Auch personell braucht die Regierung kein Ausschuß des Parlaments zu sein[4]. Daher kann die Notwendigkeit des Zwischenausschusses damit begründet werden, daß die Regierung während längerer Parlamentspausen nicht ohne parlamentarische Kontrolle bleiben dürfe[5]. Eine solche dauernde Kontrolle braucht nicht auf einem Mißtrauen zu beruhen, sondern bringt nur den Charakter des Parlaments als des überwachenden Organs besonders deutlich zum Ausdruck[6].

Die Verfassung mißt dem Zwischenausschuß eine nicht unerhebliche Bedeutung bei[7]. So gehört dieser beispielsweise zu den wenigen Parlamentsorganen, die zwingend vorgeschrieben sind. Wenn auch seiner Zuständigkeit „die großen politischen Aufgaben" entzogen sind, so verfügt er doch über eine Vielzahl parlamentarischer Kontrollmittel. Seine Position wird dadurch gestärkt, daß er kraft seiner Organstellung und seiner Zusammensetzung mit der Autorität der ganzen Volksvertretung handeln sowie daß er nicht abberufen werden kann.

Ursprünglich setzte der Zwischenausschuß in politischer Bedeutung die Tradition des Reichshaushaltsausschusses fort. Seine Wichtigkeit spiegelt die ihm mitunter gegebene Bezeichnung „Hauptausschuß" wider[8]. Durch die GeschO RT vom 12. Dez. 1922 wurde das System der Parlamentsausschüsse vereinheitlicht. Zu Beginn der Legislaturperiode 1924—1928 kam die in der GeschO RT vorgesehene Reihenfolge der Ausschüsse, die bis zum Jahre 1933 im wesentlichen beibehalten wurde, erstmals zur Geltung[9]. Auf Grund seiner politischen Bedeutung rückte der Überwachungsausschuß damals an die erste Stelle[10].

Während der Überwachungsausschuß in der Weimarer Republik verhältnismäßig häufig in Funktion trat[11], ist der „ständige Ausschuß" nach Art. 45 GG bisher noch nie tätig geworden[12]. Der bayerische Zwischen-

---

[4] Auch andere Persönlichkeiten als Abgeordnete können dem Kabinett angehören, *Meder,* in: Bonner Kommentar, Art. 62 Anm. II 3 (vgl. auch Anm. III); *Friesenhahn,* a.a.O., S. 34 f.; *v. Mangoldt,* a.a.O., S. 826; *Schweiger,* a.a.O., Art. 45 Randnr. 3; Abg. *Katzenstein,* RT Verh. Bd. 327, S. 1294 B.
[5] Vgl. *Straßburg,* S. 18 und oben 1. Teil § 5 II.
[6] Berichterstatter *Katzenstein,* RT Verh. Bd. 327, S. 1264 D.
[7] *Nawiasky,* Grundgedanken des GG, S. 90.
[8] So der Abg. Dr. *Lehr* in der 2. Sitzung des Organisationsausschusses vom 16. 9. 1948, s. *Füßlein,* JöR n. F. Bd. 1 (1951), S. 369.
[9] *Schreyer,* S. 34.
[10] Vgl. *Heuß,* Parlamentsausschuß, S. 129; *Poetzsch,* JöR Bd. 13 (1925), S. 125 und Bd. 17 (1929), S. 80.
[11] Vgl. *Schreyer,* S. 64 ff.
[12] *Troßmann,* Parlamentsrecht, S. 29 (Stand vom 1. 1. 1967).

ausschuß ist mit Ausnahme seiner Konstituierung nur in den beiden ersten Wahlperioden 1946/50 und 1950/54 zusammengetreten. In der politischen Wirklichkeit hat das Interimsorgan weitgehend die ihm von der Verfassung beigemessene und zunächst auch in der Praxis innegehabte Bedeutung trotz vergleichbar vieler formaler Kontrollinstrumente verloren.

Die Gründe dafür liegen zunächst allgemein in der wachsenden Schwäche parlamentarischer Kontrolle. Einzelne ihrer Ursachen seien angedeutet. Das Verhältnis von Parlament und Regierung hat sich in der politischen Wirklichkeit weitgehend von dem Grundsatz der strengen Gewaltenteilung entfernt[13]. Das enge Bündnis von Parlamentsmehrheit und Regierung läßt den Willen zur Kontrolle erlahmen[14]. Da die Trennungslinie zumeist zwischen Regierung und Regierungsfraktion einerseits und Opposition andererseits verläuft, hat sich die parlamentarische Kontrolle, die ja Aufgabe des Gesamtparlaments ist, jetzt bei der Opposition konzentriert[15]. Effektive Kontrollmaßnahmen bedürfen jedoch eines Mehrheitsentscheids, den die Opposition allein gerade nicht herbeiführen kann. Die Parlamentskontrolle wird zunehmend von der Parteien- und der Fraktionenkontrolle abgelöst. An die Stelle des frei entscheidenden und nur seinem Gewissen unterworfenen Abgeordneten, der den Anspruch, das ganze Volk zu repräsentieren, erhebt, sind weitgehend die politische Partei und die Fraktion getreten, die das politische Verhalten der Abgeordneten beeinflussen. — Vor allem erschweren die Fülle der Regierungsgeschäfte und die sich immer mehr ausbreitende Verwaltung, welche ebenso wie ihr Apparat ständig komplizierter und unübersichtlicher wird, dem Parlament eine wirkungsvolle Kontrolle[16]. Nicht immer ist das Parlament ausreichend informiert und hat es Einblick in die jeweiligen Unterlagen. Die Abgeordneten vermögen der Natur der

---

[13] Zahlreiche Autoren halten die klassische Gewaltenteilung und ihre Anwendbarkeit auf das heutige Staatsleben für unmöglich oder überholt, z. B. *W. Weber*, Spannungen und Kräfte, S. 42 ff. mit weiteren Nachweisen; ders., in: Festschrift für Niedermeyer (1953), S. 267; *Loewenstein*, Verfassungslehre, S. 31 ff.; s. auch *Friesenhahn*, a.a.O., S. 37 f. Fußn. 71 und S. 69 f. (Leitsatz II 1); *Blücher*, Bundesregierung und Parlament, S. 7 ff.; *Sternberger*, Parlamentarische Regierung und parlamentarische Kontrolle, PVS 1964, S. 6 ff.

[14] Näheres hierzu und zum folgenden bei *Eschenburg*, Staat und Gesellschaft, S. 609; *Ellwein-Görlitz*, S. 43 ff. mit weiteren Nachweisen; *Ellwein*, Regierungssystem, S. 218 ff.; *Leibholz*, Strukturprobleme, S. 299 ff.; = Macht und Ohnmacht der Parlamente, Schriftenreihe der F. Naumann-Stiftung zur Politik und Zeitgeschichte, Nr. 9, S. 62 ff.; *Maurer*, Wehrbeauftragter, S. 11 f.; *Sternberger*, a.a.O., S. 16 ff.

[15] Dazu auch *Ellwein-Görlitz*, S. 225 f.; *Landshut*, in: Parlamentarismus, S. 404.

[16] Dazu auch *Kern*, Bundestag und Bundesregierung, MDR 1950, S. 656; *Pikart*, Probleme der deutschen Parlamentspraxis, Zeitschrift für Politik Bd. IX n. F. (1962), S. 203 f.; *Creutzig*, DVBl 1967, S. 225; *Partsch*, in: VVDStRL H. 16,

Sache nach der Bürokratie eine gleichmäßige Sachkunde nicht entgegenzustellen, so daß ein deutlicher Gegensatz zwischen dem hochspezialisierten Sachverstand und dem Prinzip demokratischer Kontrolle besteht.

Den gleichen Schwierigkeiten steht der Zwischenausschuß, in dem die gleichen politischen Kräfteverhältnisse wie im Plenum herrschen, gegenüber. Nimmt man zu der allgemeinen Schwäche parlamentarischer Kontrolle noch den sehr kurzen Tätigkeitszeitraum des Ausschusses nach Beendigung der Wahlperiode durch Zeitablauf hinzu[17], so wird deutlich, warum der „ständige Ausschuß" im Regelfall geradezu zur Bedeutungslosigkeit[18] verurteilt ist, die sich in seiner bisherigen völligen Untätigkeit äußert[19]. Entsprechendes gilt für den bayerischen Interimsausschuß seit Einführung der praktisch permanenten Tagung des LT. Der Überwachungsausschuß der Weimarer Zeit ist dagegen sogar bei einer bloßen Vertagung des Plenums in Funktion getreten. Eine solche Erweiterung der praktischen Bedeutung ist angesichts der eindeutigen Regelung im GG und in der BV nicht mehr möglich[20].

Der Zwischenausschuß wird wegen seines kurzen Tätigkeitszeitraumes beispielsweise kaum in der Lage sein, als Untersuchungsausschuß wichtige, einer Enquête bedürftige Fragen zu behandeln, da ein solches Verfahren erfahrungsgemäß viel Zeit beansprucht[21].

Es ist deshalb nach der verbleibenden Bedeutung des Zwischenausschusses oder nach Fällen, in welchen dieser praktische Bedeutung erlangen könnte, zu fragen. Eine gewisse, allerdings kaum belegbare Bedeutung kann man dem Ausschuß zumessen, indem man ihn zu jenen Rechtseinrichtungen zählt, die allein schon durch die Tatsache ihrer Existenz wirken. Vor allem kann die Beteiligung der Minderheit dem Interimsorgan politische Bedeutung verschaffen und rechtfertigt seine verfassungsmäßige Errichtung, denn der Schutz der Minderheiten erfordert, daß diesen auch während der parlamentsfreien Zeit die Möglichkeit zur Kontrolle über die Regierung offenbleibt, zu der sie in Opposition

---

S. 76 ff. und 110; *Friedrich*, S. 114 ff.; *Bracher*, Gegenwart und Zukunft der Parlamentsdemokratie in Europa, in: Parlamentarismus, S. 72 ff.; *Bäumlin*, S. 171 ff., 175.

[17] s. oben 2. Teil § 1 und unten Anlage 2.
[18] Vgl. *Maunz*, in Maunz-Dürig, Art. 45 Randnrn. 3 und 7: „Seine Bedeutung ist ... sehr gering", „durch die geringe zeitliche Wirkungsdauer stark eingeschränkt".
[19] Vgl. *Troßmann*, Parlamentsrecht, S. 29.
[20] Vgl. oben 2. Teil § 1 B.
[21] Vgl. *Straßburg*, S. 61. Zur Frage, ob der Untersuchungsausschuß überhaupt taugliches Instrument parlamentarischer Kontrolle ist, *Ellwein*, Regierungssystem, S. 224 ff.; *Steffani*, in: Parlamentarismus, S. 259; *Zacher*, JöR n. F. Bd. 15 (1966), S. 350; *Sternberger*, a.a.O., S. 17.

stehen[22]. Der sog. Minderheitsschutz ist wegen der engen parteipolitischen Verflechtung von Parlamentsmehrheit und Regierung unerläßlich.

Eine nicht unerhebliche politische Bedeutung kann der Ausschuß nach Art. 45 GG bei einer Bundestagsauflösung nach Art. 68 I 1 GG erlangen[23], weil hier die Auflösung auf Betreiben des Bundeskanzlers erfolgt, nachdem der BT diesem gegenüber das Vertrauen verweigert hat. Das liegt an dem in diesem Fall relativ langen Wirkungszeitraum des Ausschusses[24] und vor allem daran, daß solche Situationen politisch sehr bewegt sein werden, da es sonst nicht zur Auflösung des BT gekommen wäre. Gerade bei einem sog. „klebenden" Bundeskanzler, der dank seiner starken Stellung (Art. 67, 68 GG) im Amt bleibt, obwohl er nicht mehr das Vertrauen der Parlamentsmehrheit genießt[25], ist es notwendig, daß der Regierung ein parlamentarisches Kontrollorgan gegenübersteht. Aus der im Vergleich zur WV erheblich gestärkten Stellung des Kanzlers gegenüber dem Parlament folgt insoweit sogar eine größere Bedeutung des Ausschusses nach Art. 45 GG, als sie der Ausschuß nach Art. 35 II WV hatte.

Angesichts der im Regelfall jedoch recht untergeordneten Bedeutung des Zwischenausschusses erscheint dessen im ersten Teil der Arbeit vorgenommene Einordnung in die Unterorgane des Parlaments und nicht in die eigenständigen Verfassungsorgane als angemessen.

---

[22] Vgl. *Hatschek*, Staatsrecht I, S. 707; *Straßburg*, S. 18; Abg. *Katzenstein*, RT Verh. Bd. 336, S. 267 (Verf. A.), *Nawiasky*, Bayer. Verfassungsrecht, S. 136 u. 78; zum Minderheitsschutz in Parlamentsausschüssen s. *Neumann-Hofer*, Kommissionen, S. 63 f.
[23] *Schäfer*, Bundestag, S. 106; *Maunz*, a.a.O., Art. 45 Randnr. 3; vgl. auch *Heuß*, Parlamentsausschuß, S. 148; *Schreyer*, S. 45; *Abicht*, S. 9.
[24] s. oben 2. Teil § 1 A.
[25] Zur Minderheitsregierung *v. Mangoldt*, Regierung und Parlament, S. 823.

Leitsätze

1. Die Bestellung des Zwischenausschusses durch das Parlament, die Bezeichnung „Ausschuß" in Art. 45 GG (26 BV), die systematische Stellung des Artikels in der Verfassung sowie die durchgehende organisatorische Verknüpfung mit dem Parlament sprechen dafür, daß der Ausschuß Unterorgan des Parlaments ist.

2. Der Sinn der Wahrung der parlamentarischen Rechte gegenüber der Regierung durch den Ausschuß ist, die Regierung außerhalb der Wirkungsdauer des Plenums nicht ohne parlamentarische Kontrolle zu lassen. Der Ausschuß, der im Rahmen des in Art. 20 II 2 GG bzw. Art. 5 BV statuierten Gewaltenteilungsprinzips den Organen der Gesetzgebung zuzuordnen ist, hat Organzuständigkeit; sein Handeln ist dem Parlament zuzurechnen.

3. Das Parlament als abstrakt-institutionelles Staatsverfassungsorgan besteht auch während der Zeit vom Ende der Wahlperiode des zuletzt amtierenden Abgeordnetenkollegiums bis zum konstiutierenden Zusammentritt der neugewählten Abgeordnetenschaft. In dieser Zeit existiert auch dann kein konkretes Parlament, wenn die Organwalter des neuen Parlaments bereits gewählt sind. Wohl aber besteht in der „Zeit außerhalb der Tagung" (Art. 26 I 1 BV) ein konkreter LT; er ist lediglich nicht versammelt.

4. Zwischen zwei Wahlperioden ist der Ausschuß ein (Unter-)Organ allein des Parlaments als Institution. Der bayerische Zwischenausschuß hat eine Doppelnatur: er ist Unterorgan des konkreten LT während der Wahlperiode („außerhalb der Tagung"), nach jener Unterorgan der Institution LT als solcher.

   Die Einordnung als parlamentarisches Unterorgan und nicht als eigenständiges Verfassungsorgan wird bei Berücksichtigung der historischen Wurzeln des Zwischenausschusses bestätigt.

5. Die Wirkungsdauer des „ständigen Ausschusses" nach Art. 45 GG endet wie bei Art. 26 BV erst mit dem ersten Zusammentritt des neuen Parlaments, nicht schon mit dem Wahltag.

6. Die Zuständigkeit „für die Zeit außerhalb der Tagung" (Art. 26 I 1 BV) ist wegen der praktisch permanenten Tagung des LT, die sich aus dem mit der BV vereinbaren § 100 GeschO LT ergibt, bedeu-

tungslos geworden; während einer bloßen Vertagung des Plenums darf der Ausschuß nicht tätig werden.

7. Unter „Bundesregierung" in Art. 45 I 1 GG sind nicht nur das Kollegialorgan, sondern entgegen Art. 62 GG auch der Bundeskanzler bzw. die einzelnen Bundesminister zu verstehen. Entsprechendes gilt für „Staatsregierung" in Art. 26 I 1 BV. Mit „Regierung" ist die Regierung als Organ, nicht als Funktion gemeint; die Verwaltungskontrolle zählt ebenfalls zu den Aufgaben des Ausschusses. Der Kontrollfunktion des Ausschusses entspricht eine parlamentarische Verantwortung der Regierungsmitglieder.

8. Der Ausschuß hat grundsätzlich die Kontrollrechte der Volksvertretung gegenüber der Regierung *wahrzunehmen*. Seine Kontrolle erfaßt nicht nur die Rechtmäßigkeit, sondern auch die Effektivität von Regierungsmaßnahmen.

9. Für die parlamentarische Kontrolle in auswärtigen Angelegenheiten — hier mit Ausnahme von Enquêten — und in Verteidigungssachen ist der „ständige Ausschuß" nicht zuständig.

10. Im Grundsatz hat der Ausschuß die Kontrollbefugnisse des Parlaments. Wie dieses kann der der vollziehenden Gewalt ermangelnde Zwischenausschuß nicht durch den Erlaß oder die Aufhebung von Verwaltungs- und Regierungsmaßnahmen oder durch rechtsverbindliche Weisungen in den Bereich der Exekutive eingreifen.

11. Gegenüber Verfassungsvorschriften über ein bestimmtes Verfahren oder besondere Stimmerfordernis im Plenum ist Art. 45 GG (26 BV) grundsätzlich nicht lex specialis.

12. Der Ausschuß darf grundsätzlich keine irreparablen Maßnahmen treffen. Er ist deshalb aber nicht *nur* vorbereitendes Organ.

13. Er ist nicht an Mandate und Instruktionen des Plenums oder an von diesem überwiesene Gegenstände gebunden. Er ist zu Maßnahmen befugt, welche zwar dem vorangegangenen Verhalten des Plenums widersprechen, aber gleichwohl die Rechte der Volksvertretung objektiv wahren.

14. Die Befugnisse des Ausschusses lassen sich positiv als allgemeine Kontroll- und Beratungsrechte umschreiben, die auf den Status der Regierungsorgane keinen unmittelbaren Einfluß haben. Im einzelnen sind es

— die Rechte von Untersuchungsausschüssen (Eine sog. Minderheitsenquête ist bei Art. 26 BV, nicht aber bei Art. 45 GG möglich.);

— das Zitierungsrecht;

- die Befugnis, Beschlüsse des Plenums vorzubereiten (Der Ausschuß ist auch für die Vorberatung und Vorbereitung von Gesetzen zuständig, wenn ein Bezug zu seiner Kontrollaufgabe besteht.);
- das Recht, Entschließungen an die Regierung zu richten, einschließlich des Petitionsüberweisungsrechts;
- das Mitwirkungsrecht in Immunitätsangelegenheiten;
- das Recht, Beteiligter einer Organstreitigkeit zu sein (Der „ständige Ausschuß" kann nicht nur für seine eigenen verfassungsmäßigen Rechte um den Schutz des BVerfG nachsuchen, sondern auch und vor allem bestimmte verfassungsmäßige Rechte des BT geltend machen.);
- der bayerische Zwischenausschuß kann schließlich außerhalb der Tagung die Einberufung des LT verlangen.

15. Der Zwischenausschuß ist kein Verfassungsorgan im funktionellen Sinn, kein Notstandsorgan und kein Ersatz- oder Rumpfparlament, sondern parlamentarisches Hilfsorgan.

16. Die Geschäftsordnung des Parlaments gilt für den Zwischenausschuß außerhalb der Wahlperiode nicht unmittelbar. Sie gilt — wenn sie nicht vom Ausschuß übernommen wird — nur für dessen Bestellung und in der Zeit außerhalb der Tagung für den bayerischen Zwischenausschuß.

17. Praktische Bedeutung kann der Ausschuß im wesentlichen nur noch nach einer vorzeitigen Auflösung des Parlaments erlangen.

Anlage 1

Bestellung des „ständigen Ausschusses" nach Art. 45 GG

I. Wahlperiode
BT-Drucksache Nr. 45
interfraktioneller Antrag betr. Einsetzung von Ausschüssen, Ausschuß zur Wahrung der Rechte der Volksvertretung
angenommen: 10. Sitzung, 29. Sept. 1949, Sten. Bericht S. 188 C, 27 Mitglieder, BT-Drucksache Nr. 48
angenommen: 11. Sitzung, 30. Sept. 1949, S. 208 B

II. Wahlperiode
BT-Drucksache Nr. 47
Antrag der Fraktionen der CDU/CSU, SPD, FDP, GB/BHE, DP betr. Einsetzung eines Ausschusses zur Wahrung der Rechte der Volksvertretung
angenommen: 6. Sitzung, 11. Nov. 1953, Sten. Bericht S. 111 A, 31 Mitglieder

III. Wahlperiode
BT-Drucksache Nr. 454
Antrag der Fraktionen der CDU/CSU, SPD, FDP, DP betr. Einsetzung eines Ausschusses zur Wahrung der Rechte der Volksvertretung
angenommen: 32. Sitzung, 19. Juni 1958, Sten. Bericht S. 1755 B, 27 Mitglieder

IV. Wahlperiode
BT-Drucksache IV/73
Antrag der Fraktionen der CDU/CSU, SPD, FDP betr. Einsetzung eines Ausschusses zur Wahrung der Rechte der Volksvertretung
angenommen: 8. Sitzung, 13. Dez. 1961, Sten. Bericht S. 171 B, 27 Mitglieder

V. Wahlperiode
BT-Drucksache V/213
Antrag der Fraktionen der CDU/CSU, SPD, FDP betr. Einsetzung eines Ausschusses zur Wahrung der Rechte der Volksvertretung
angenommen: 16. Sitzung, 26. Jan. 1966, Sten. Bericht S. 646 A, 27 Mitglieder

Anlagen

Anlage 2

Zeiten „zwischen zwei Wahlperioden", in denen ein „ständiger Ausschuß" hätte tätig werden können

1. Ende der I. Wahlperiode, 7. Sept. 1953, 24 Uhr
   Beginn der II. Wahlperiode, 6. Okt. 1953 (28 Tage)

2. Ende der II. Wahlperiode, 6. Okt. 1957, 24 Uhr
   Beginn der III. Wahlperiode, 15. Okt. 1957 (8 Tage)

3. Ende der III. Wahlperiode, 15. Okt. 1961, 24 Uhr
   Beginn der IV. Wahlperiode, 17. Okt. 1961 (1 Tag)

4. Ende der IV. Wahlperiode, 17. Okt. 1965, 24 Uhr
   Beginn der V. Wahlperiode, 19. Okt. 1965 (1 Tag)

Literaturverzeichnis

Abicht, Ernst: Die Rechte des Überwachungsausschusses (Art. 35 II, III; Art. 40a III der Reichsverfassung), jur. Diss., Breslau 1930

Abraham, H. J., P. *Badura* und R. *Bernhardt* u. a.: Kommentar zum Bonner Grundgesetz (Bonner Kommentar), Hamburg 1950 ff. (Stand: Juli 1969)

Adamovich, L. und Hans *Spanner:* Handbuch des österreichischen Verfassungsrechts, 5. Aufl., Wien 1957

Altmann, Rüdiger: Zum Rechtscharakter der Geschäftsordnung des Bundestages, DÖV 1956, S. 751—753

Anschütz, Gerhard: Die Parlamentarisierung der Reichsleitung, DJZ 1917, Sp. 697—702

— Die Verfassung des Deutschen Reichs, Bad Homburg vor der Höhe 1960, unveränderter Nachdruck der 14. Aufl., Berlin 1933

AöR: Die Konstituierung der westdeutschen Bundesorgane (unter: Berichte und Dokumente), AöR Bd. 75 (1949), S. 332—346

Apelt, Willibalt: Geschichte der Weimarer Verfassung, München 1946 (2. Aufl. ist unverändert)

Arndt, Adolf: Die Verfassungsurkunde für den Preußischen Staat, 7. Aufl., Berlin 1911

Arndt, Klaus Friedrich: Parlamentarische Geschäftsordnungsautonomie und autonomes Parlamentsrecht, Berlin 1966

Bachof, Otto: Teilrechtsfähige Verbände des öffentlichen Rechts, AöR Bd. 83 (1958), S. 208—279

Baumbach, Adolf, Wolfgang *Lauterbach* und Jan *Albers:* Zivilprozeßordnung, 30. Aufl., München 1970

Bäumlin, Richard: Die Kontrolle des Parlaments über Regierung und Verwaltung, Referat, in: Referate und Mitteilungen des Schweizerischen Juristenvereins, Heft 3, Basel 1966

Beck, Karl Josef: Der rechtliche Einfluß des Bayerischen Landtags auf die Exekutive, jur. Diss., München 1960

Berger, Hans: Der Verfassungsentwurf von Herrenchiemsee, DV 1948, S. 76—80

Bernatzik: Kritische Studien über den Begriff der juristischen Person und über die juristische Persönlichkeit der Behörden insbesondere, AöR Bd. 5 (1890), S. 169—318

Beyer, Wilhelm Raimund: Immunität als Privileg. Eine verfassungsrechtliche Studie gegen die Abgeordneten-Immunität, Berlin, Neuwied 1966

Blücher, Franz: Bundesregierung und Parlament, Vortrag über „Probleme der verfassungsrechtlichen Stellung von Bundesregierung und Parlament" am 12. 11. 1955 vor der Freien Universität Berlin, hrsg. vom Presse- und Informationsamt der Bundesregierung

Böckenförde, Ernst-Wolfgang: Die Organisationsgewalt im Bereich der Regierung, Berlin 1964

Bracher, Karl Dietrich: Gegenwart und Zukunft der Parlamentsdemokratie in Europa, hrsg. von Kurt Kluxen, Köln, Berlin 1967, S. 70—87

Brünneck, Wiltraut v.: Können Rechtsverordnungen, zu deren Erlaß ein Bundesminister ermächtigt ist, von der Bundesregierung erlassen werden?, DÖV 1951, S. 257—260

Bühler, Ottmar: Die Reichsverfassung vom 11. August 1919, 2. Aufl., Leipzig, Berlin 1927

Bundesverfassungsgericht: Bemerkungen des Bundesverfassungsgerichts zu dem Rechtsgutachten von Professor *Richard Thoma,* JöR n. F. Bd. 6, S. 194—207

Creutzig, Jürgen: Die parlamentarischen Hilfsdienste im Bund und in den Ländern, DVBl 1967, S. 225—230

Criegee, Jürgen: Ersuchen des Parlaments an die Regierung. Grundlagen im Verfassungsrecht, Zulässigkeit und Verbindlichkeit, jur. Diss., Tübingen 1965

Dagtoglou, Prodromos: Kollegialorgane und Kollegialakte der Verwaltung, Stuttgart 1960

Dechamps, Bruno: Die Verlagerung der parlamentarischen Arbeit und Entscheidung aus den Plenarversammlungen in die Ausschüsse, phil. Diss., Heidelberg 1952

— Macht und Arbeit der Ausschüsse (= Parteien, Fraktionen, Regierungen, Bd. IV), Meisenheim am Glan 1954

Deutscher Bundestag, Wissenschaftliche Abteilung: Bibliographie zu Stellung und Recht der parlamentarischen Untersuchungsausschüsse, Bonn 1963

Doemming, Klaus-Berto v., Rudolf Werner *Füßlein* und Werner *Matz:* Entstehungsgeschichte der Artikel des Grundgesetzes, JöR n. F. Bd. 1 (1951)

Dreier, Ralf: Organlehre, in: Evangelisches Staatslexikon, hrsg. von Hermann Kunst und Siegfried Grundmann in Verbindung mit Wilhelm Schneemelcher und Roman Herzog, Stuttgart - Berlin 1966, Sp. 1424—1430

Ellwein, Thomas: Das Regierungssystem der Bundesrepublik Deutschland, 2. Aufl., Köln, Opladen 1965

Ellwein, Thomas und Axel *Görlitz* (in Zusammenarbeit mit Andreas *Schröder):* Parlament und Verwaltung, 1. Teil: Gesetzgebung und politische Kontrolle, Stuttgart, Berlin, Köln, Mainz 1967

Eschenburg, Theodor: Die Richtlinien der Politik im Verfassungsrecht und in der Verfassungswirklichkeit, DÖV 1954, S. 193—202

— Staat und Gesellschaft in Deutschland, 5. Aufl., Stuttgart 1962

Feldmann, Horst und Margot *Geisel:* Deutsches Verfassungsrecht des Bundes und der Länder, Stuttgart 1954

Finger, August: Das Staatsrecht des Deutschen Reichs, Stuttgart 1923

Forsthoff, Ernst: Lehrbuch des Verwaltungsrechts, 1. Bd., Allgemeiner Teil, 9. Aufl., München und Berlin 1966

Freytagh-Loringhoven, Axel v.: Die Weimarer Verfassung in Lehre und Wirklichkeit, München 1924

Friedrich, Carl J.: Zur Theorie und Politik der Verfassungsordnung, Heidelberg 1963

Friesenhahn, Ernst: Die Staatsgerichtsbarkeit, in: HdbDStR Bd. 2, S. 523—545

— Parlament und Regierung im modernen Staat, VVDStRL Heft 16 (1958), S. 9—65 und S. 66—73 (Leitsätze)

— Die Verfassungsgerichtsbarkeit in der Bundesrepublik Deutschland, Köln, Berlin, Bonn, München 1963

Fuchs, Arthur: Wesen und Wirken der Kontrolle, Tübingen 1966

Gebhard, Ludwig: Handkommentar zur Verfassung des Deutschen Reichs, München, Berlin, Leipzig 1932

Geiger, Willi: Gesetz über das Bundesverfassungsgericht, Berlin, Frankfurt/M. 1952
Gierke, Otto: Die Genossenschaftstheorie und die deutsche Rechtsprechung, Berlin 1887
— Deutsches Privatrecht, 1. Bd.: Allgemeiner Teil und Personenrecht, Leipzig 1895
Giese, Friedrich: Ist der Hilfsdienstausschuß des Reichstages eine staatsrechtliche Neubildung?, in: Annalen des Deutschen Reichs 1917, S. 316—326
— Verfassung des Deutschen Reiches, 6. Aufl., Berlin 1925
— Grundgesetz für die Bundesrepublik Deutschland, 4. Aufl., Frankfurt 1955
— Parlament und Regierung, DÖV 1957, S. 638—639
Giese, Friedrich und Egon *Schunck:* Grundgesetz für die Bundesrepublik Deutschland, 7. Aufl., Frankfurt/M. 1965
Glum, Friedrich: Die staatsrechtliche Struktur der Bundesrepublik Deutschland, Bonn 1965
Goessl, Manfred: Organstreitigkeiten inerhalb des Bundes (Schriften zum Öffentlichen Recht, Bd. 5), Berlin 1961
Goltz, Horst: Mitwirkung parlamentarischer Ausschüsse beim Haushaltsvollzug, DÖV 1965, S. 605—616
Graf Hue de Grais-Peters, Hans: Handbuch der Verfassung und Verwaltung, 25. Aufl., Berlin 1930
Grau, Richard: Die Diktaturgewalt des Reichspräsidenten, in: HdbDStR Bd. 2, S. 274—295
Groß, Werner: Die Entwicklung des öffentlichen Rechts, Betrachtungen, DVBl 1955, S. 79—81
Hahnenfeld, Günter: Bundestag und Bundeswehr, NJW 1963, S. 2145—2150
Hamann, Andreas: Das Grundgesetz, 2. Aufl., Neuwied, Berlin 1961
— Öffentlicher Dienst und politischer Bereich. 35. Staatswissenschaftliche Tagung in Speyer, DVBl 1967, S. 655—656
Hatschek, Julius: Das Parlamentsrecht des Deutschen Reiches, 1. Teil, Berlin, Leipzig 1915
— Deutsches und preußisches Staatsrecht, 1. Bd., 2. Aufl., Berlin 1930
Henke, Wilhelm: Parlament, Parlamentarismus, in: Evangelisches Staatslexikon, Sp. 1473—1479
Hesse, Konrad: Grundzüge des Verfassungsrechts der Bundesrepublik Deutschland, 3. Aufl., Karlsruhe 1969
Heuss, Theodor: Der Parlamentsausschuß, in: Jahrbuch für politische Forschung, Bd. I, hrsg. von Fritz Berber, Berlin 1933, S. 129—150
Hoegner, Wilhelm: Lehrbuch des Bayerischen Verfassungsrechts, München 1949
Hubmann, Heinrich: Entstehung und Außerkrafttreten von Gewohnheitsrecht, JuS 1968, S. 61—65
Hubrich, Eduard: Das demokratische Verfassungsrecht des Deutschen Reiches, Greifswald 1921
Jellinek, Georg: System der subjektiven öffentlichen Rechte, Darmstadt 1963 (Fotomechanischer Nachdruck der 2. Aufl., Tübingen 1905)
— Allgemeine Staatslehre, 3. Aufl. (5. Neudruck der Ausgabe von 1914), Berlin 1929
Jesch, Dietrich: Gesetz und Verwaltung, Tübingen 1961
Kassimatis, Georg: Der Bereich der Regierung, Berlin 1967
Kaufmann, Erich: Die Reichsregierung, in: Handbuch der Politik, 3. Bd.: Die politische Erneuerung, hrsg. von Gerhard Anschütz, Fritz Berolzheimer u. a., 3. Aufl., Berlin, Leipzig 1921

Kelsen, Hans: Allgemeine Staatslehre, Berlin 1925
Kern, Ernst: Bundestag und Bundesregierung, MDR 1950, S. 655—657
Kipp, Heinrich: Entstehung, Aufgaben und Rechtsstellung von Hilfseinrichtungen von Regierung und Parlament, DÖV 1957, S. 513—521
Koch, H.: Immunitätsfragen bei Beendigung der Wahlperiode des Deutschen Bundestages, in: Bulletin des Presse- und Informationsamtes der Bundesregierung, Nr. 202, Bonn 1957, S. 1852—1853
Koellreutter, Otto: Deutsches Staatsrecht, Stuttgart, Köln 1953
Köttgen, Arnold: Abgeordnete und Minister als Statusinhaber, in: Forschungen und Berichte aus dem Öffentlichen Recht, Gedächtnisschrift für Walter Jellinek, 2. Aufl., München o. J., S. 195—220
Kratzer, Jakob: Die Verfassungsurkunde des Freistaates Bayern, München, Berlin, Leipzig 1925
— Über die Zuständigkeit zum Erlaß allgemeiner Verwaltungsvorschriften des Bundes, DÖV 1952, S. 230—234
— Die Gewaltentrennung in Bayern, BayVBl 1962, S. 293—302
Krüger, Herbert: Allgemeine Staatslehre, Stuttgart 1964 (2. Aufl. 1966 weist außer einem neuen Vorwort keine Änderungen auf)
Küchenhoff, Günther und Erich *Küchenhoff:* Allgemeine Staatslehre, 6. Aufl., Stuttgart, Berlin, Köln, Mainz 1967
Laband, Paul: Das Staatsrecht des Deutschen Reiches, Bd. 1, Neudruck der 5. Aufl., Tübingen 1911, Aalen 1964
Lammers, Hans-Heinrich: Die Immunität der Mitglieder der Zwischenausschüsse des Reichstags, DJZ 29 (1924), Sp. 973—975
— Parlamentarische Untersuchungsausschüsse, in: HdbDStR Bd. 2, S. 454—474
Landshut, Siegfried: Formen und Funktionen der parlamentarischen Opposition, in: Parlamentarismus, hrsg. von Kurt Kluxen, Köln, Berlin 1967, S. 401—409
Laun, Rudolf: Allgemeine Staatslehre, 9. Aufl., Schloß Bleckede a. d. Elbe 1964
Lechner, Hans: Bundesverfassungsgerichtsgesetz, 2. Aufl., München 1967
Lechner, Hans und Klaus *Hülshoff:* Parlament und Regierung, 2. Aufl., München, Berlin 1958
Leibholz, Gerhard: Das Wesen der Repräsentation und der Gestaltwandel der Demokratie im 20. Jahrhundert, 3. Aufl., Berlin 1966
— Die Kontrollfunktion des Parlaments, in: Macht und Ohnmacht der Parlamente, Schriftenreihe der F. Naumann-Stiftung zur Politik und Zeitgeschichte, Nr. 9, S. 57—80 (= Strukturprobleme der modernen Demokratie, S. 295—313)
— Strukturprobleme der modernen Demokratie, 3. Aufl., Karlsruhe 1967
Lerche, Peter: Grundrechte der Soldaten, in: Die Grundrechte, hrsg. von Bettermann, Nipperdey, Scheuner, 4. Bd.: Grundrechte und institutionelle Garantien, 1. Halbband, Berlin 1960, S. 447—535
Loewenberg, Gerhard: Parlamentarismus im politischen System der Bundesrepublik Deutschland, Tübingen 1969
Loewenstein, Karl: Verfassungslehre, Tübingen 1959
— Zum Begriff des Parlamentarismus, in: Parlamentarismus, hrsg. von Kurt Kluxen, Köln, Berlin 1967, S. 65—69
Lohmann, Karl: Der Deutsche Bundestag, Frankfurt/M., Bonn 1967
Lohse, Volker Heinrich: Der Entwurf 1967 der Notstandsverfassung und seine Vorläufer, ZgesStw Bd. 124, S. 369—402
Lukas, Josef: Die rechtliche Stellung des Parlamentes, Graz 1901

M., U.: Mißbilligungsvoten gegen Bundesminister, AöR Bd. 76 (1950/51), S. 338—342

Mangoldt, Hermann v.: Das Verhältnis von Regierung und Parlament. Deutsche Landesreferate zum III. Internationalen Kongreß für Rechtsvergleichung in London 1950, Sonderveröffentlichung der Zeitschrift für Ausländisches und Internationales Privatrecht, Berlin, Tübingen 1950, S. 819—833
— Die Auflösung des Bundestages, DÖV 1950, S. 697—699
— Das Bonner Grundgesetz, Berlin, Frankfurt a. M. 1953

Mangoldt, Hermann v. und Friedrich *Klein:* Das Bonner Grundgesetz, 2. Aufl., 2 Bände, Berlin, Frankfurt a. M. 1957 bzw. 1964

Marschall von Bieberstein, Fritz Freiherr: Die Verantwortlichkeit der Reichsminister, in: HdbDStR Bd. 1, S. 520—544

Matthias, Erich und Rudolf *Morsey:* Der interfraktionelle Ausschuß 1917/18, Erster Teil, in: Quellen zur Geschichte des Parlamentarismus und der politischen Parteien, Düsseldorf 1959

Maunz, Theodor: Deutsches Staatsrecht, 16. Aufl., München 1968

Maunz, Theodor, Günter *Dürig* und Roman *Herzog:* Grundgesetz, Kommentar, 2 Bände (Loseblattausgabe, Stand: Mai 1969), München 1969

Maunz, Theodor, Heinrich *Sigloch,* Bruno *Schmidt-Bleibtreu* und Franz *Klein:* Bundesverfassungsgerichtsgesetz, München, Berlin 1967

Maurer, Hartmut: Wehrbeauftragter und Parlament (Recht und Staat, Heft 317/318), Tübingen 1965

Mayer, Franz: Bayerische Verfassung, in: Johann *Mang,* Theodor *Maunz,* Franz *Mayer* und Klaus *Obermayer,* Staats- und Verwaltungsrecht in Bayern, 3. Aufl., München 1968, S. 25—101

Menzel, Eberhard: Der Kieler Entwurf zur Notstandsverfassung, DÖV 1968, S. 297—308

Merk, Wilhelm: Kann der Bundestag der Bundesregierung Weisungen erteilen?, Zeitschrift für die gesamte Staatswissenschaft, 114. Bd. (1958), S. 705—708

Meyer, Franz: Der Begriff der Regierung im Rechtsstaat, Zürich 1948

Meyer, Georg und Gerhard *Anschütz:* Lehrbuch des deutschen Staatsrechts, 7. Aufl., München, Leipzig, 1. Teil: 1919; 2. Teil: 1917

Model, Otto und Klaus *Müller:* Grundgesetz für die Bundesrepublik Deutschland, 4. Aufl., Köln, Berlin, Bonn, München 1965

Möller, Franz: Die parlamentarischen Kontroll- und Untersuchungsrechte des Bundestages, RiA 1965, S. 81—86

Müller, Klaus: Kontinuierliche oder intervallierte Gesetzgebung?, DÖV 1965, S. 505—510

Münch, Fritz: Die Bundesregierung, Frankfurt a. M. 1954

Nawiasky, Hans: Bayerisches Verfassungsrecht, München, Berlin, Leipzig 1923
— Die Grundgedanken des Grundgesetzes für die Bundesrepublik Deutschland, Stuttgart, Köln 1950
— Der Einfluß des Bundespräsidenten auf Bildung und Bestand der Bundesregierung, DÖV 1950, S. 161—163
— Allgemeine Staatslehre, II. Teil: Staatsgesellschaftslehre, 1. Bd., Einsiedeln, Zürich, Köln 1952
— Allgemeine Staatslehre, III. Teil: Staatsrechtslehre, Einsiedeln, Zürich, Köln 1956
— Die Verpflichtung der Regierung durch Beschlüsse des Landtags nach bayerischem Verfassungsrecht, in: Staat und Bürger, Festschrift für Willibalt Apelt zum 80. Geburtstag, München, Berlin 1958, S. 137—148

Nawiasky, Hans unter Mitarbeit von Hans *Lechner:* Die Verfassung des Freistaates Bayern, Ergänzungsband, München 1953
Nawiasky, Hans und Claus *Leußer:* Die Verfassung des Freistaates Bayern, 1. Aufl., München, Berlin 1948
Nawiasky, Hans, Claus *Leußer,* Erich *Gerner,* Karl *Schweiger* und Hans *Zacher:* Die Verfassung des Freistaates Bayern, 2. Aufl. (Loseblattausgabe, Stand: Dez. 1967), München 1967
Neumann, Franz L., Hans Carl *Nipperdey* und Ulrich *Scheuner* (Hrsg.): Die Grundrechte. Handbuch der Theorie und Praxis der Grundrechte, Zweiter Band, Berlin 1954
Neumann-Hofer, Adolf: Die Wirksamkeit der Kommissionen in den Parlamenten, in: Zeitschrift für Politik, 4. Bd., Berlin 1911, S. 51—85
Noll, Alfons: Öffentlicher Dienst und politischer Bereich. 35. Staatswissenschaftliche Tagung in Speyer, DVBl 1967, S. 653—655
Partsch, Karl Josef: Parlament und Regierung im modernen Staat, VVDStRL H. 16, S. 74—112
— Empfiehlt es sich, Funktion, Struktur und Verfahren der parlamentarischen Untersuchungsausschüsse grundlegend zu ändern?, Verhandlungen des 45. Deutschen Juristentages, Bd. I (Gutachten), Teil 3, München, Berlin 1964
Perels, Kurt: Das autonome Reichstagsrecht, Berlin 1903
— Der Reichstag. Geschäftsgang und Geschäftsformen, in: HdbDStR Bd. 1, S. 449—466
Peters, Hans: Das Notverordnungsrecht nach Art. 55 der Preußischen Verfassung, Verw.Arch. 31. Bd. (1926), S. 375—427
— Die Gewaltentrennung in moderner Sicht (Arbeitsgemeinschaft für Forschung des Landes Nordrhein-Westfalen, Geisteswissenschaften, Heft 25), Köln, Opladen 1954
Pikart, Eberhard: Probleme der deutschen Parlamentspraxis, Zeitschrift für Politik, Bd. IX n. F. (1962), S. 201—211
Piloty, Robert: Die Verfassungsurkunde des Freistaates Bayern, München, Berlin, Leipzig 1919
Poetzsch-Heffter, Fritz: Handkommentar der Reichsverfassung, 3. Aufl., Berlin 1928
— Organisation und Geschäftsformen der Reichsregierung, in: HdbDStR Bd. 1, S. 511—520
— Zur Handhabung des Art. 48 der Reichsverfassung, DJZ 35. Jg. (1930), Sp. 985—990
— Vom Staatsleben unter der Weimarer Verfassung (vom 1. Jan. 1920 bis 31. Dez. 1924), JöR Bd. 13 (1925), S. 1—248
— Vom Staatsleben unter der Weimarer Verfassung, II. Teil (vom 1. Jan. 1925 bis 31. Dez. 1928), JöR Bd. 17 (1929), S. 1—141
Poetzsch-Heffter, Fritz in Zusammenarbeit mit Carl-Hermann *Ule,* Karl *Dernedde* und Joachim *Brennert:* Vom Staatsleben unter der Weimarer Verfassung, III. (letzter) Teil (vom 1. Jan. 1929 bis 31. Jan. 1933), JöR Bd. 21 (1933/34), S. 1—204
Prass: Die Bundesorgane, DV 1949, S. 317—324
Preuß, Hugo: Verfassung des Freistaates Preußen vom 30. November 1920, JöR Bd. X (1921), S. 222—279
— Deutschlands Republikanische Reichsverfassung, 2. Aufl., Berlin 1923
Redeker, Konrad: Kann gemäß Art. 84 Abs. 2 GG auch der einzelne Fachminister allgemeine Verwaltungsvorschriften mit Zustimmung des Bundesrates erlassen?, DÖV 1952, S. 235—237

Rilinger, Bruno: Der Ausschuß für den Reichshaushalt, Diss. (Handelshochschule) Berlin 1933

Ritzel, Heinrich G. und Helmut *Koch:* Geschäftsordnung des Deutschen Bundestages, Frankfurt/Main 1952

Schäfer, Friedrich: Der Bundestag, Köln, Opladen 1967

Schäfer, Hans: Die lückenhafte Notstandsverfassung, AöR Bd. 93 (1968), S. 37—80

Schanze: Die Landesregierung und ihr verfassungsrechtliches Verhältnis zum Landtage, AöR Bd. 42 (1922), S. 257—320

Scheuner, Ulrich: Der Bereich der Regierung, in: Rechtsprobleme in Staat und Kirche, Festschrift für Rudolf Smend, Göttingen 1952, S. 253—301

— Das parlamentarische Regierungssystem in der Bundesrepublik, DÖV 1957, S. 633—638

— Vom Nutzen der Diskontinuität zwischen Legislaturperioden, DÖV 1965, S. 510—513

Schlochauer, Hans-Jürgen: Öffentliches Recht, Karlsruhe 1957

Schmid, Carlo: Der Deutsche Bundestag in der Verfassungswirklichkeit, in: Finanzwissenschaft und Finanzpolitik, Festschrift für Erwin Schoettle, Tübingen 1964, S. 269—284

Schmidt-Bleibtreu, Bruno und Franz *Klein:* Kommentar zum Grundgesetz für die Bundesrepublik Deutschland, Neuwied, Berlin 1967

Schmitt, Carl: Verfassungslehre, München, Leipzig 1928

Schneider, Richard: Die Fortführung der Geschäfte des Bundestages zwischen zwei Wahlperioden in der Geschäftsordnung des Deutschen Bundestages, DÖV 1953, S. 369—370

Scholler, Heinrich: Person und Öffentlichkeit (Münchener öffentlich-rechtliche Abhandlungen, 3. Heft), München 1967

— Öffentlicher Dienst und politischer Bereich. Bericht über die 35. Staatswissenschaftliche Tagung der Hochschule für Verwaltungswissenschaften Speyer, BayVBl 1967, S. 192—194

Schornstein, Hans J.: Organpersönlichkeit und Organkompetenz (Bonner rechtswissenschaftliche Abhandlungen, Heft 28), Bonn, Köln 1933

Schreyer, Hermann: Die Bedeutung der Zwischenausschüsse als ständige Überwachungsorgane des deutschen Reichstags 1918—1933, Diss. (Humboldt-U., Phil. F.), Berlin 1961

Schulze, Hermann: Lehrbuch des deutschen Staatsrechtes, 1. Buch: Das deutsche Landesstaatsrecht, Leipzig 1881

Schunck, Egon: Das Notstandsrecht (Ergänzungsband zu *Giese-Schunck*, Kommentar zum Grundgesetz), Frankfurt a. M. 1969

Schunck, E. und H. *De Clerck:* Allgemeines Staatsrecht und Staatsrecht des Bundes und der Länder, 2. Aufl., Siegburg 1967

Schweiger, Karl: Die Diskontinuität der Legislaturperioden, DÖV 1954, S. 161—163

Schweitzer, G. B.: Aktuelle Probleme des parlamentarischen Geschäftsordnungsrechts, NJW 1956, S. 84—88

Seifert, *Geeb* und *Steiniger:* In: Das Deutsche Bundesrecht, Baden-Baden

Smend, Rudolf: Zum Problem des Öffentlichen und der Öffentlichkeit, in: Forschungen und Berichte aus dem Öffentlichen Recht, Gedächtnisschrift für Walter Jellinek, München 1955, S. 11—20

Steffani, Winfried: Über die parlamentarischen Untersuchungsausschüsse, in: Parlamentarismus, hrsg. von Kurt Kluxen, Köln, Berlin 1967, S. 249—271

Sternberger, Dolf: Parlamentarische Regierung und parlamentarische Kontrolle, PVS 1964, S. 6—19

Stier-Somlo, Fritz: Deutsches Reichs- und Landesstaatsrecht, Bd. 1, Berlin, Leipzig 1924
— Geschäftsministerium, laufende Geschäfte, ständiger Ausschuß und Notverordnungen nach preußischem Verfassungsrecht, AöR 9. Bd. (n. F., 1925), S. 211—224
— Der Reichstag. Allgemeine Kennzeichnung, in: HdbDStR Bd. 1, S. 381—386
— Übersicht über die Zuständigkeit des Deutschen Reichstages, in: HdbDStR Bd. 1, S. 407—413
Straßburg, Heinrich: Der Ständige Ausschuß zur Wahrung der Rechte der Volksvertretung gegenüber der Regierung im Reich und in Preußen, jur. Diss. Leipzig 1933
Tatarin-Tarnheyden, Edgar: Die Rechtsstellung der Abgeordneten; ihre Pflichten und Rechte, in: HdbDStR Bd. 1, S. 413—439
Thiele, Willi: Die staatliche Mittelinstanz und die parlamentarische Kontrolle, DVBl 1967, S. 501—505
Thoma, Richard: Grundbegriffe und Grundsätze, in: HdbDStR Bd. 2, S. 108—159
— Das System der subjektiven öffentlichen Rechte und Pflichten, in: HdbDStR Bd. 2, S. 607—623
— Rechtsgutachten betreffend die Stellung des Bundesverfassungsgerichts, JöR n. F. Bd. 6, S. 161—194
Töpfer, Richard: Notstandsrecht der Bundesrepublik Deutschland, Kommentar (Stand: 1. Jan. 1970), München, Percha 1968
Triepel, Heinrich: Der Weg der Gesetzgebung nach der neuen Reichsverfassung, AöR Bd. 39 (1920), S. 456—546
Troßmann, Hans: Der Deutsche Bundestag, Organisation und Arbeitsweise, Darmstadt 1963
— Parlamentsrecht und Praxis des Deutschen Bundestages, Bonn 1967
Ule, Carl Hermann: Der Wehrbeauftragte des Bundestages, JZ 1957, S. 422—429
Waldecker, Ludwig: Die Verfassung des Freistaates Preußen, 2. Aufl., Berlin 1928
Weber, Werner: Die Körperschaften, Anstalten und Stiftungen des öffentlichen Rechts, 2. Aufl., München, Berlin 1943
— Das Richtertum in der deutschen Verfassungsordnung, in: Festschrift für Hans Niedermeyer, Göttingen 1953, S. 261—277
— Spannungen und Kräfte im westdeutschen Verfassungssystem, 2. Aufl., Stuttgart 1958
Wessel, Franz: Der Vermittlungsausschuß nach Artikel 77 des Grundgesetzes, AöR Bd. 77 (1951/52), S. 283—313
Wick, Georg v.: Die Verantwortung der Bundesminister, DÖV 1956, S. 113—115
Wittmayer, Leo: Die Weimarer Reichsverfassung, Tübingen 1922
Wolff, Hans J.: Organschaft und Juristische Person, 2. Bd.: Theorie der Vertretung, Berlin 1934
— Staatsorganisation, in: Evangelisches Staatslexikon, hrsg. von Hermann Kunst und Siegfried Grundmann, Stuttgart, Berlin 1966, Sp. 2198—2201
— Verwaltungsrecht, München, Berlin. Bd. I 7. Aufl. 1968; Bd. II 2. Aufl. 1967; Bd. III 2. Aufl. 1967
Zacher, Hans: Verfassungsentwicklung in Bayern 1946 bis 1964, JöR n. F. Bd. 15 (1966), S. 321—406
Zachariä, Heinrich Albert: Die deutschen Verfassungsgesetze der Gegenwart, sowie Erste Fortsetzung dazu, Göttingen 1855 bzw. 1858

Literaturverzeichnis

Materialien

Verhandlungen der verfassunggebenden Deutschen Nationalversammlung:
Bd. 327, Stenographische Berichte
(zitiert: RT Verh. Bd. 327, S.)
— Bd. 336, Anlagen zu den Stenographischen Berichten, Aktenstück Nr. 391, Bericht des Verfassungsausschusses
(zitiert: RT Verh. Bd. 336 [Verf. A.])
Verhandlungen des Reichstags: Stenographische Berichte und Anlagen zu den Stenographischen Berichten
(zitiert: RT Verh. Bd.)
Parlamentarischer Rat: Verhandlungen des Hauptausschusses, Bonn 1948/49
(zitiert: Hauptausschuß Sten. Ber. S.)
— Grundgesetz für die Bundesrepublik Deutschland (Entwürfe), Formulierungen der Fachausschüsse, des Allgemeinen Redaktionsausschusses, des Hauptausschusses und des Plenums, Bonn 1948/1949
Verhandlungen des Deutschen Bundestages: Stenographische Berichte
(zitiert: Sten. Bericht S.)
und Anlagen zu den stenographischen Berichten
(zitiert: BT-Drucksache ...)
Bayerische Verfassung: Verhandlungen des Verfassungsausschusses, Stenographische Berichte, Band I und II
Bayerischer Landtag: Verhandlungen des Ausschusses für die Geschäftsordnung
— Verhandlungen des Zwischenausschusses
Recht und Organisation der Parlamente: Herausgegeben im Auftrage der Interparlamentarischen Arbeitsgemeinschaft, Loseblatt-Ausgabe, Stand: November 1968, 3 Bände, Bielefeld

Printed by Libri Plureos GmbH
in Hamburg, Germany